歷史群像

秦始皇

旭日東昇的大秦帝國

徐楓 主編

秦始皇

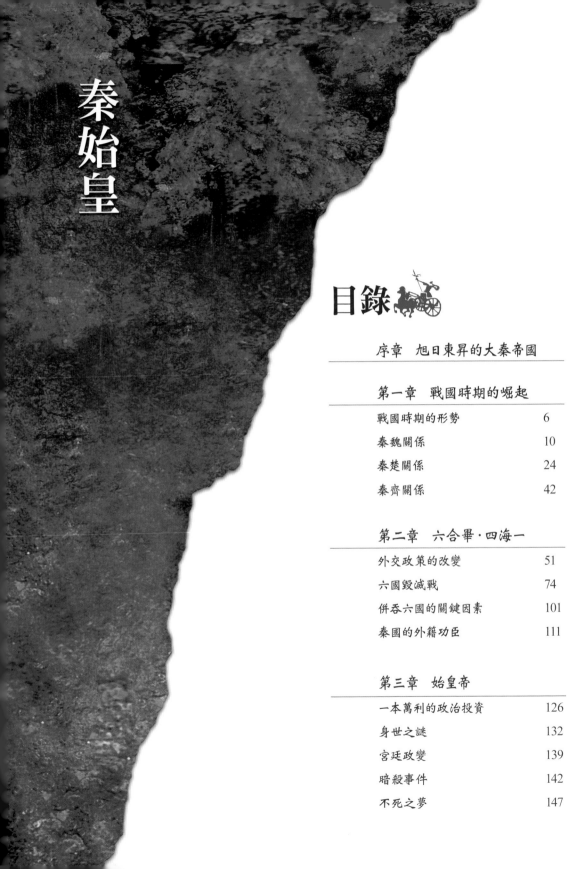

目錄

第四章　帝國的初成

第五章　戰具與戰術

序章
旭日東昇的大秦帝國

戰國時期，魏、趙、韓、齊、秦、楚、燕七國縱橫捭闔，虎爭天下，在中國上演一幕幕謀略的競爭。

長平之戰後，伊闕之戰、鄢之戰、華陽之戰，秦以關中之地，日夜東獵六國，逐漸造就強秦地位。

自秦昭王時，併吞六國的基礎已然由秦具備。漢賈誼於《過秦論》中描述秦帝國為：

振長策而御宇內，吞二周而亡諸侯。

莊襄王三年（公元前二四七年），秦王政即位。八年後，親主朝政，平定內亂，藉先祖遺留下的政治經濟基礎和龐大武力，開始吞併六國的征伐戰。

始皇二十六年（公元前二二一年），秦始皇奮六世餘烈，一舉殲滅六國，中國歷史出現第一個中央集權統治的大帝國——秦。

兼併六國後，秦始皇廢除分封制，確立郡縣制，使地方官的任命權收歸中央，實行中央集權統治。中央政治制度則以三公九卿為核心，綜合戰國時期的官僚體制。對官吏的考核則用「上計」制（年度述職）。諸項政治事，確立了而後中國政治制度的基礎。

此外，秦帝國統整度量衡和文字，使中國經濟與文化的發展傾於單一。為防衛匈奴，更在秦、燕、趙三國長城的基礎上，增築萬里長城，阻絕異族。

中國自秦帝國起，在政治、經濟及文化上蘊成單一統整的中國式價值。

戰國 錯金銀銅虎噬鹿屏風座

七國形勢圖

秦皇掃六合，虎視何雄哉——全唐詩，古風。

匈奴

東胡

濊貊

月氏

燕

趙

渤海

齊

韓

魏

黃海

秦

楚

夜郎

東甌

東

滇

閩越

第一章

戰國時期的崛起

戰國時期的形勢

周威烈王二十三年至始皇元年（公元前四〇三年～前二二一年），歷史上稱為戰國時期。

「戰國」一詞最早出現於《尉繚子·兵教下篇》：

今戰國相攻，大伐有德

即是指當時參加連年交戰的幾個大諸侯國。西漢末劉向編纂《戰國策》一書，開始把「戰國」作為特定歷史時代的名稱。

戰國初期，除韓、趙、魏、齊、楚、燕、秦等七個大國之外，還有一些小的諸侯國，如宋、越、魯、鄭、衛、莒、鄒、杞、蔡、郯、任等，這些小國夾在大國之間，成為最初的兼併對象。

這一時期，鐵製工具普遍使用、牛耕推廣，工藝技術發展與農業生產力比「春秋時期」為成熟，七大國在日益激烈的兼併戰爭中，依因於生產與工藝技術的進步而先後進行變法革新，經濟、政治、軍事形勢開始發生不同於春秋時期的變化。各諸侯國間的兼併戰爭較過去更加激烈、頻繁。

戰國時期，按戰爭進行過程大致可分為兩個時期，以周顯王二十八年（公元前三四一年）的齊、魏馬陵之戰為界：

此戰以前，秦國僻於西戎，因國力限制，無法向東擴展。東方六國處於相互兼併的局面。其中，魏國率先變法成為強國，獨霸中原。

馬陵之戰以後，形勢發生變化。

秦國因商鞅變法而國富兵強，一躍成為能與齊國對峙的諸侯國。並隨魏國的日益衰敗，秦國不斷向東擴張。

秦昭襄王四十七年（公元前二六〇年），秦國取得長平之戰勝利，而後愈戰愈強，殲吞六國的局勢大致抵定。

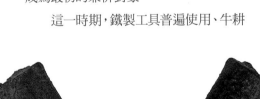

鐵鏵
「鏵」，為耕犁破土用的鋒刃，用於耕翻土地和開溝作壟。鐵鏵沉重需用牛隻挽拉，戰國時期鐵鏵出土，意指農作方式已有牛耕。

三家分晉

秦國在穆公時代，為春秋五霸之一，國力傲視一方，但穆公過世後，輝煌成就如一團煙火，轉瞬而逝。秦國的發展開始漫長的停滯期。

貴族政治的社會，依賴「大有為」的領導者。穆公的繼任者康公不若前輩的雄才大略，卻繼續進行穆公晚年時期的秦晉交惡戰爭，民間批判康公：

「饑召兵，疾召兵，勞召兵，亂召兵」，人民對康公的作為極不滿。

我們不能將今論古來批評在那個「姦淫擄掠、燒殺搜刮」的年代以武力搶奪土地與人力如何不當，但是連年爭戰失利，使秦國開發國力的戰爭投資與報酬不成正比。

秦康公六年（公元前六一五年）河曲之戰敗於晉。秦桓公二十五年（公元前五八○年），秦晉兩國雖進行會盟，表面上約定停戰，其實互不信任。晉國並未放棄攻秦的企圖。

次年，晉厲公與楚國召開「弭兵大會」，約定停戰，解除攻秦的後顧之憂，即派大臣呂相到秦國宣布：晉國欲與秦國絕交。

晉國在《呂相絕秦書》上，列舉從秦穆公不參加晉文公葬禮到秦晉連年交戰的衝突，指責秦國是雙方無法和平共處的罪魁。

秦晉關係由此變得緊張，秦桓公也與狄、楚聯絡，放棄秦晉盟約。而後兩國在麻隧（陝西涇陽附近）大戰，秦國再次大敗，被晉軍一直追到侯麗。

秦軍於麻遂大敗，使晉軍得以深入秦國內地，晉厲公更親自到新占領的秦地，迎接晉軍回歸，意氣風發。

秦景公十八年（公元前五五九年）晉國軍隊又深入秦國。這次晉國聯合宋、齊、鄭、衛、曹、邾、滕、薛、杞、小邾等諸侯國攻秦，突破秦軍防線，一直攻到棫林（陝西華縣）。

這是晉國繼麻遂之戰後，第二次對秦國作戰取得重大的勝利。

兩次慘敗，令秦軍實力每況愈下。

纍纍赤字，無從自秦國審計部年度公告報表中得見，只好反應在秦王無法規範統理貴族行為的失權。景公的弟弟後子鍼甚至跑到楚國大罵「秦國無道」，對政治不滿的風暴已吹至貴族間。

秦厲公在位期間，晉國內部動亂，分裂為韓、趙、魏，秦國因此在與晉國的戰爭中取得些微的優勢，也因略微擺脫與晉國的紛爭，得以攻掠其他鄰近小國。

秦厲公元年（公元前四七七年），秦國攻占魏城。秦厲公十六年（公元前四六一年），伐大荔，占領大荔王城（陝西大荔）。但秦厲公二十四年（公元前四五三年），晉國軍隊又攻占秦國武城，秦國對外武力優勢只是一時。

秦厲公在位三十四年後，躁公繼位，秦國日趨衰弱。此時，東鄰魏國任用李悝實行變法，壯大實力。

秦國距春秋五霸之一秦穆公的輝煌時代，已經歷十五代君王。這段期間，秦國內部發生數次大臣政變、貴族間搶奪王位的政爭。附屬國南鄭與秦脫離關係。舊敵戎、狄在邊境侵攻不斷，義渠戎更是向秦侵至渭水。

在弱肉強食的年代裡，這時候的秦國像一塊腐爛的壞肉，正好勾引東邊魏國那隻翅膀剛硬起來的小烏鴉。

三家分晉，魏成為諸侯國之後，便開始向西攻掠秦國。

秦失河西地

秦簡公在位時，魏奪取秦國河西地區，秦被迫守於洛水以西固守，與魏軍對峙。

繁龐

BC 412

BC 409

合陽

黃

元里

中經山

洛陰

BC 408

臨晉

河

BC 413

崤山

戎

熊耳山

魏

魏都
安邑

黃

秦魏關係

秦簡公二年（公元前四一三年），魏往西進攻秦，一直打到鄭（陝西華縣）。次年，魏又派太子擊包圍秦國繁龐（陝西韓城西南），並占有其地。

秦簡公六年（公元前四〇九年），魏將吳起率軍攻取秦國河西數城，築城臨晉（陝西大荔縣東南）、元里（陝西澄城縣東南）。

秦簡公七年（公元前四〇八年）魏再伐秦，秦國河西地區全部都被魏國奪去，魏國於此地築洛陰（大荔縣西南）、合陽（陝西合陽東南）等城。

從此，秦國迫守於洛水一線，並沿洛水修建防禦工事，築重泉城（陝西蒲城東南）。

挨打的局面，一直到因大臣政變流亡於魏國的公子師隰被擁立回秦即位後，才開始改變。

公子師隰，原是秦靈公的太子。靈公去世後，大臣政變，太子師隰被廢。發動政變的大臣從晉國接回靈公的叔父悼子，立為國君，即秦簡公，師隰於是逃亡魏國。

秦簡公在位十六年後去世，其子惠公即位。惠公去世後，兩歲的出子即位，由出子的母親主持朝政，這種狀況引起大臣不滿，再次發動政變，殺死出子與太后，擁立師隰。

秦出子二年（公元前三八五年），師隰結束流亡，回秦即位，即秦獻公。秦獻公二年（公元前三八三年），秦獻公將都城自雍城（陝西鳳翔）東遷櫟陽（陝西臨潼北）。

遷都櫟陽是秦獻公的政治態度。

因為關中東部的黃河西岸已經被魏國所占，秦國需要經常對魏作戰，而雍城遠在關中西部，不利於秦獻公指揮對魏國的戰爭。櫟陽距離魏國很近，是東西

秦國大事紀

梁赫之戰　馬陵之戰

齊、宋攻魏東圖平陽　趙攻魏北

BC342
孝公
20年

BC341
孝公
21年

河西地之爭

河西地這筆帳，不只從秦簡公二年（公元前四一三年）魏國攻秦算起，說來話長。

河西之地位於今陝西渭南，河南靈寶、陝縣一帶。河西的桃林塞（函谷關以西）是秦國東進的軍事要隘，秦國幾乎每一代君主都想要占據河西，走出桃林，向東爭霸，卻一直被晉國所阻。河西之爭是秦晉兩國關係的主要線索，在春秋、戰國時期，秦晉兩國之間的歷史事件幾乎都與河西之爭相關。

晉獻公是最早盯上河西地的人，他派兵滅掉虢國等河西上十餘個小國，取得河西之地。

晉獻公死後，國內政局混亂，太子被逼自殺，公子重耳和夷吾逃往他國。

此時的秦國因秦穆公任用百里奚、蹇叔等人實行改革，逐漸強盛。流亡在外的晉公子夷吾為借助秦穆公的力量回國奪位，許諾穆公：「一旦我即位，就割讓河西八城給秦國。」

穆公於是派兵送夷吾回晉即位，為惠公。

晉惠公即位後立刻令使臣答謝秦國相挺。但是，對於說好的八個城，據《史記‧晉世家》載，惠公的說法是這樣：

「始夷吾以河西地許君，今幸得入立。大臣曰：『地者先君之地，君亡在外，何以得擅許寡者？』寡人爭之弗能得，故謝秦。」

非不為是不能的說詞，可信度如何先不論。不過，秦穆公大概能體諒新君初登之不易，沒再多計較，而且在惠公即位第四年，晉國鬧饑荒時，送糧給晉國接濟饑民。

可是，晉國饑荒後的第二年，秦國也鬧饑荒，此時晉惠公非但不救濟秦國，反而聯合梁國趁機攻秦。

這遍怨仇結了有夠深。

秦穆公非常憤怒，親自率大軍迎戰晉軍於韓原（陝西韓城）。交戰時晉軍勢大，穆公陷入重圍，處境危急，恰巧有「岐下野人」救出穆公，使局勢扭轉。而後晉軍節節敗退，晉惠公反被穆公俘虜。

這下子不掉城就要掉腦袋。晉惠公在腦袋與城之間，只能擇其重而棄其輕，將河西八城送給秦國。

晉惠公死後，晉國又進入政爭的局面，秦穆公支持公子重耳返晉取得王位。

重耳即位後，為晉文公，秦晉進入和平時。此時秦穆公專心經營河西，為以後東進做準備。晉文公一則忙於向東爭霸，另則感激秦穆公相助即位之恩，不再提起河西之地。

只是，人在人情在，人亡人情亡。

晉文公死後，秦穆公不顧百里奚與蹇叔的反對，執意越過晉國偷襲鄭國。結果，秦軍在半路上走到崤山，中晉軍的埋伏，全軍覆沒。秦國歸還河西的部分地方。晉國開始掌握洛河以東。

崤山慘敗後，秦國並不死心。

第四年，秦穆公親自率領軍隊進攻晉國，大勝。穆公回到當年崤谷戰敗的地方，收集秦軍陣亡將士的屍骨，發喪三日才回國。

這次秦國雖然取勝，但由於晉國對河西的緊密看守，一直到穆公去世，秦國向東發展的要道，始終被晉國控制。

接下來的幾十年間，秦晉連年交戰，雖然互有勝負，但秦國內政軍事漸趨衰弱，以致而後魏國得以連年派兵攻下整個河西。

秦獻公的偷襲

秦獻公九年（公元前376年）韓、趙、魏分晉地後，三方一直思謀吞併其一。

秦獻公十六年（公元前369年）魏國內亂，韓、趙趁機出兵攻魏，韓欲瓜分魏國，趙擬擁立新魏王後割地退兵，韓、趙因利益未達共識而退兵，此後韓、趙、魏衝突益深。

秦獻公十九年至秦獻公二十三年（公元前366年～公元前362年），秦獻公向東用兵，均是在韓、趙攻魏時趁火打劫。

繁龐

BC 362

元里

石門

BC 364

臨晉

中經山

黃河

洛

水

秦

渭

水

秦都
櫟陽

魏

魏都
安邑

BC 366

BC 366

黃

河

宅陽

BC 366

BC 366

洛陽

韓都
鄭

崤山

耳

韓

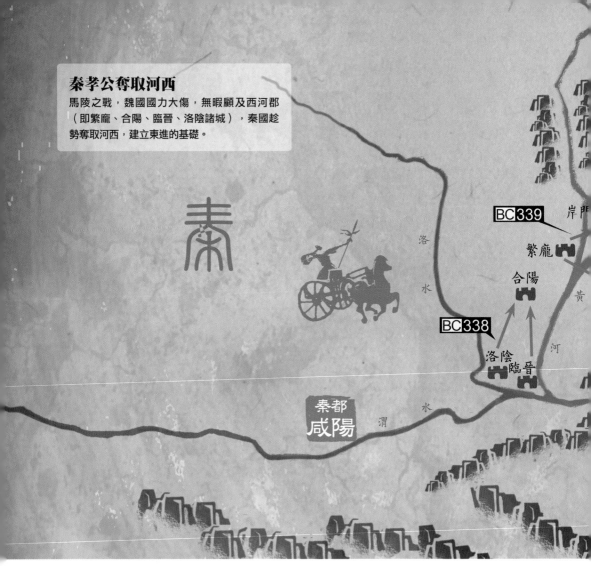

秦孝公奪取河西

馬陵之戰，魏國國力大傷，無暇顧及西河郡（即繁龐、合陽、臨晉、洛陰諸城），秦國趁勢奪取河西，建立東進的基礎。

秦

BC 339

繁龐

合陽

BC 338

洛陰 臨晉

洛 水

黃 河

秦都 咸陽

渭 水

往來的必經之路，經濟比較發達，為戰略要地，秦獻公將都城向東遷移到櫟陽，正是準備向魏國復仇的怒目。

秦獻公十九年（公元前三六六年），秦國趁韓、魏兩國國君在宅陽（河南鄭州北）相會，出兵擊敗韓、魏聯軍於洛陽（河南洛陽縣東北）。

秦獻公二十一年（公元前三六四年）秦軍乘勝深入河東，與魏軍戰於石門（陝西

運城縣西南），斬首六萬大勝。

這兩次的勝利給秦國莫大的信心。

秦獻公二十三年（公元前三六二年），韓、趙、魏正彼此攻伐。秦國趁著魏國疲於應付韓、趙聯軍時，背襲魏國，大敗魏軍於少梁（陝西韓城西南），攻取龐城（即繁龐，陝西韓城東南），俘虜魏將公叔痤。

秦獻公曾經流亡外國幾近三十年。

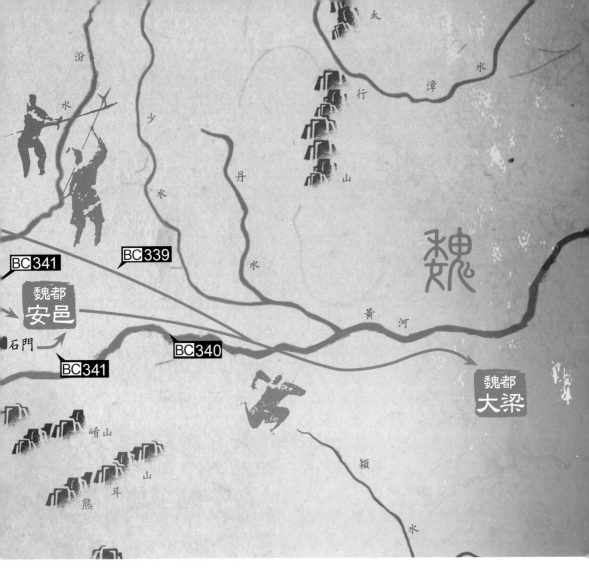

分
水

少
水

丹
水

太

水

漳

行

山

魏

魏都
安邑

石門

黃　河

魏都
大梁

崤山

山

耳

熊

穎

水

在位二十三年後，老得時間到了，公元三六一年，秦獻公去世，有點壯志未酬的味道。不過，秦獻公也不必走得太遺憾。

秦獻公在位時進行許多改革。首先廢除秦國流傳幾百年的人殉制度。其次，打破奴隸與平民、奴隸主分居「國」、「野」的區別，統一編製戶籍。

同時，秦獻公把蒲、藍田、善、明氏等邊境地區改建成縣，由自己直接掌管，執行春秋時期興起的縣制。此一時期，秦國更開始允許工商業自由發展，收取營業稅，為國庫帶來大量的收入。

雖然這些社會、經濟、政治的結構變化並未完全改善秦國貧弱的情況，失於魏國手中的河西之地也沒有被收回。但是這些改變，已經提升秦國的國力，為後來孝公的商鞅變法奠定基礎。

秦孝公元年（公元前三六一年），太

子渠梁繼位，是為秦孝公。

秦孝公總是想到「三晉攻奪我先君河西地，諸侯卑秦」，深感「醜莫大焉」，「常痛於心」，便發出《招賢令》。

而後，商鞅入秦。

秦孝公於六年（公元前三五六年）和十二年（公元前三五〇年）兩次下令變法，由商鞅主持改革，以實行獎勵軍功、廢井田、開阡陌、鼓勵耕織、推行縣制、實行什伍連坐、制定秦律等措施，使秦國「兵革大強，諸侯畏懼。」

在秦國發展史上，兩次變法的實行，使原本貧窮落後的秦國，成為先進富裕的國家。然而秦孝公的政治目標不止於完成獻公收復河西失地的願望，更想削弱魏國，向東擴張。

為實現目標，秦孝公用商鞅提出的「內修守戰之具，外聯橫而鬥諸侯」，採中立楚、韓，聯合齊、趙，以孤立魏國的策略。

秦孝公二十年（公元前三四二年），魏國受到齊、趙兩國夾擊，在馬陵之戰中大敗。秦國嗅見不可失的機會。

商鞅建議孝公應該趁機會將魏國逐出河西。孝公非常贊同，自馬陵之戰的第二年起，秦國開始不停向魏攻伐。

秦孝公二十一年（公元前三四一年），商鞅趁齊、趙兩國向魏進攻之際，率軍攻打魏國西部。秦孝公二十二年（公元前三四〇年），商鞅耍詐，用計誘捕魏公子，魏軍大敗。魏國禁不起秦、齊、趙屢屢侵擾，不敢再戰，只得還給秦國一部分河西土地，並將國都從安邑遷到大梁（河南開封）。

這是秦在河西之爭中的最大勝利。取得河西之地，對秦國來說意義重大。

河西之地能歸於秦國，使得進可攻、退可守的關中地區得以穩定發展生產，支援秦國對外戰爭，保證充足的糧食來滿足戰事需要。另則，占據桃林、崤函要塞，將打通東進的南北通道，改變秦國過去被晉國阻擋在西部的戰略劣勢。

秦國大事紀

趙攻魏

秦孝公卒，秦惠文王即位
齊、魏、韓昭侯會於東阿

BC339
孝公
23年

BC338
孝公
24年

秦公二十三年（公元前三三九年），秦國再攻敗魏軍於岸門（山西河津南），虜其將魏錯。次年，秦國再發洛陰、臨晉之戎族，進圍合陽。

這是秦孝公的最後一役。秦孝公畢生致力於秦國打開向東的通道，取得河西之地是秦孝公未竟之功，秦惠文君即位後，依舊心計河西。

秦惠文王七年（公元前三三一年），秦公子卬與魏軍戰，打敗魏軍，斬首四萬，俘獲魏將龍賈，迫使魏國交還河西地。

秦惠文王八年（公元前三二九年）。秦軍又連續攻下魏國河東的汾陽（山西萬榮縣境）、皮氏（山西河津縣西）和河南的焦（三門峽市）、曲沃（今三門峽市西南）等地。

這一年，張儀入秦，拜為秦客卿，魏國更倒楣。

秦惠文王十年（公元前三二八年），張儀與公子華領兵攻魏，奪取魏國的蒲阪城（山西永濟北）。此時，張儀建議惠文君歸還蒲阪，並且送公子繇到魏國做人質，同時派他隨公子繇入魏，伺機說服魏王親秦。

秦惠文君答應張儀的要求。張儀到魏國遊說魏王：「秦王得到城邑卻送還，還叫公子繇來魏國做人質，可見秦王對魏國的真心，魏國也應該回報秦國。」

魏王覺得有道理，就問：「該怎麼報答秦國？」

張儀說：「秦王喜歡土地，如果大王您能送給秦王一些土地，秦一定視魏為兄弟，秦魏形成聯盟，將來一起討伐其他國家，取得的土地遠比您送給秦國的土地多得多。」

魏王十分心動，便將上郡十五縣和河西重鎮少梁送給秦國。

秦惠文王十三年（公元前三二五年），秦國稱王，惠文君自改稱「惠王」。

秦國「目無天子」的作為，明顯野心與霸道，讓隔壁鄰居魏國覺得苗頭不對。

楚、趙、韓、蜀入秦朝新君

齊、魏「會徐州相王」

BC337
惠文王
元年

BC334
惠文王
4年

秦惠王向東攻伐

秦惠王在位時，向東收回過去失於魏的領土，並擴張東地。

及至秦惠文王十年（公元前328年）秦國幾乎控制全部的關中地區。

秦國日益強大，引起其他諸國擔心，秦惠文王更元七年（公元前318年），韓、趙、魏、楚、齊，五國伐秦。

但是，秦惠文王更元八年公元前317年，秦大破韓、趙、魏軍於修魚後，秦國進入關中的形勢已牢不可破。

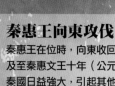

BC 329

皮氏

岸門

BC 329

繁龐

汾陽

（曲沃）

BC 322

BC 317

石門

BC 329

黃河

BC 324

陝

中經山

曲沃

臨晉

BC 328

蒲阪

焦

函谷關

BC 318
五國伐秦

秦都
咸陽

洛水

黃河

渭水

崤山

耳山

熊

秦嶺

丹水

秦

韓

楚

BC

秦國大事紀

楚圍徐州

燕文公卒，齊乘燕喪攻燕，取十城

韓昭武侯卒，子宣惠王立

衛成侯不逝卒，子平侯立

BC333
惠文王
5年

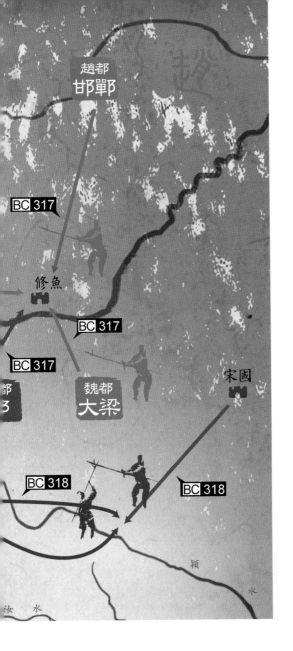

趙都
邯鄲

BC 317

修魚

BC 317

BC 317

魏都
大梁

宋國

BC 318

BC 318

郡
3

潁

汝　水　　　水

不過，魏國自知不能單獨與秦對抗，於是積極聯合韓、趙和齊等國。

在秦國始稱王的同年，魏惠王與韓宣惠公相會，也尊韓宣惠公為「王」，同時韓、魏兩國積極地籠絡趙國。

魏王才剛剛積極聯合抗秦的朋友，第二年，秦惠王便派張儀率兵攻打魏國的陝，占有桃林、崤函要地，築上郡塞。秦魏兩國幾十年反覆爭奪的「河西之地」全部歸秦所有。秦國向東攻掠的局面已然成形。

這個勢頭令魏國惶恐，魏王接連兩次與齊王會盟，想靠齊國抵抗秦國。秦國則為拆散東方各國的聯盟，也派張儀和齊國、楚國的大臣在嚙桑（江蘇沛縣西南）會盟，想拉攏齊國與楚國對付魏國。

這時，公孫衍發現秦的意圖，發起「五國相王」，使魏、韓、趙、燕、中山五國同時稱王，結成聯盟，以對抗秦、齊、楚的聯合。

但這個聯盟並不穩固，各懷異心的

齊、魏攻趙，趙決河水灌之，
齊、魏之師乃去

楚威王熊商卒，子熊槐立，是為懷王

魏聞楚喪伐楚，取陘山

BC332
惠文王
6年

BC329
惠文王
9年

五國君主很快四分五裂，楚國趁機派兵在襄陵攻打魏國，奪取魏國八個城邑，給魏國一巴掌。

公孫衍的「五國相王」，只剩下「五國相忘」。五國第一次合縱以破局告終。

秦惠文王更元三年（公元三二二年），秦國再給東方各諸侯國下毒。秦惠王假裝解除張儀的官職，叫張儀投奔魏國，張儀入魏，很快受到魏王的重用。

張儀遊說魏王歸附秦國，他說：

「魏國土地不到千里，士兵不到三十萬，地勢平坦，沒有大山大河的阻擋，本來就是戰場。魏國南邊臨楚、西邊接韓、北邊臨趙，東邊是齊，各國從各個方向都能進攻魏國，魏國至少需要十萬人守衛邊防。

如果魏國向南親近楚而不依附齊國，齊國就會攻打魏國的東面；如果向東親近齊國而不交好趙，趙國就會攻打魏國的北邊；不親近韓，韓國就攻打魏國西面；不與楚合作，楚會攻打魏國南邊。

魏國正好處於四分五裂的位置上。

現在雖然諸侯合縱聯合，但就是同父母生的親兄弟，還會彼此爭奪錢財，您怎麼還能依靠這樣不穩定的聯盟呢？

魏國如果不依附秦國，秦國就會進攻河外，占領卷、衍、南燕、酸棗等地，脅迫衛國奪取晉陽，趙國也就不能南下支援魏國，這樣魏國就不能與趙國『合縱』。如果秦要挾韓來攻打魏國，韓國因為懼怕秦國必然不敢不聽從，那麼，魏國的處境就非常危險。所以，魏國不如歸順秦國，以防楚國與韓國的侵擾。」

魏王相信張儀的分析，向秦國稱臣，為秦國修建行宮，向秦國進獻禮物，接受秦國的封賞。

這個詭謀，一直到秦惠文王更元七年（公元三一八年）才被魏國發現，張儀被趕回秦國。

張儀去「五國相王」聯盟裡搗蛋的那年，還有件很重要的事，《資治通鑑‧卷二》載：

秦國大事紀

宋公子偃襲其君剔成，偃自立為君

趙、韓攻魏，圍襄陵

趙蕭侯語卒，子雍立，是為武靈王

BC328
惠文王
10年

BC326
惠文王
12年

秦王伐魏，取曲沃、平周。

此處的「曲沃」並非位於黃河之南三峽門西南的曲沃，而在山西聞喜，原是晉國國都，秦國取得這個「曲沃」，等於打開黃河以北，攻往中原的通道。

秦國至此霸有黃河以西。

秦惠文王更元七年（公元三一八年）秦國，魏、趙、韓、燕、楚等五國恐秦國日益強大，組成聯軍對抗秦國，史稱「五國伐秦」。

五國伐秦中，最棒的國家是宋國。

秦國據守函谷關（河南靈寶東北）以待五國聯軍時，宋國出兵偷打楚地，在潁水大敗楚軍，攻占三百里土地；還偷打齊，下五城；又偷打魏。把鄰國全得罪。

當時擔任聯軍「縱長」的楚國抽兵攻宋，五國聯軍因「縱長」遠跑，變得離離落落。此時的楚國，怒宋而欲滅之，望秦而欲攻之，吃碗內看碗外的結果就是什麼都沒有，五國聯軍最後在函谷關被秦軍擊退。

五國攻秦於函谷關失敗的第二年，秦國派庶長樗里疾率軍東進，破韓、趙、魏軍於修魚（今河南原陽縣），斬首八萬餘人，大勝而回。報仇了。

秦惠王自稱為王後，汲汲於對外擴張。擊退五國聯軍進攻後，更想一舉滅掉關東各國。這時在如何對外擴展問題上，秦相張儀和名將司馬錯各持己見。

張儀主張採取「親魏善楚」策略，

魏國足方布
上刻「莆子」、「襄陽」、「梁邑」為產地地名。

「下兵三川」，三川為韓國轄地，境內有黃河、伊水、洛水，故名三川。然後劫持周天子，以「令於天下，天下莫敢不聽」。

司馬錯反對「攻韓劫天子」，認為攻打韓國和周充滿危險，因為他們必然聯合其他國家來抗秦，因此不如攻滅「戎狄之長」、「西辟之國」的蜀地。

《戰國策・秦策一》載司馬錯認為：

取其地，足以廣國；得其財，足以富民，繕兵不傷眾，而彼已服矣。

《華陽國志・蜀志》說，巴蜀有：

水道於楚，有巴之勁卒，浮大泊船以東向楚，楚地可得。得蜀則得楚，楚亡則天下並矣。

最後秦惠王採納司馬錯的主張，於秦惠文王更元九年（公元前三一六年）利用巴國、苴國與蜀國間的衝突，派張儀、司馬錯、都尉墨等人攻滅蜀國，誅殺蜀王。接著滅苴國和巴國，俘獲巴王，設置巴郡。

五國伐秦失敗、秦國連年攻打韓、趙兩國均大勝得利。韓、趙、魏三晉氣數將盡，此後，各諸侯國唯有吞滅越國不久的楚國能與秦國相爭。

於是，該輪到楚國倒楣，成為張儀的下一個目標。

合縱與連橫

「合縱」、「連橫」一詞的涵義，韓非在《五蠹篇》中解釋：

縱者，合眾弱以攻一強也；而衡（橫）者，事一強以攻眾弱也。

這是說，所謂「合縱」，就是許多弱國聯合起來抵抗一個強國，以防止強國的兼併。所謂「連橫」，就是由強國拉攏一些弱國來進攻另外一些弱國，以達到兼併弱國土地的目的。

但也不盡然。

《戰國策・秦策一》高誘注：「合併東縱，通之於秦，故曰連橫者也。」鮑彪引文穎曰：「關東為縱，西為橫。」

孟康：「南北為縱，東西為橫。」

瓚曰：「以利合曰縱，以威勢相協曰橫。」

戰國中期各國之間出現的「合縱」、「連橫」，既是軍事策略，也是外交活動。由於大小諸侯國的相互兼併，一些國家被削弱，最後出現秦、齊東西兩大強國對峙的局面。秦、齊兩國間為爭奪土地和人力不斷發生戰爭。為在兼併戰爭中取勝，秦、齊兩國都展開爭取與國、孤立敵國的活動。

夾雜在兩個大國之間的魏、趙、韓、楚、燕等國成秦、齊的目標對象。這些國家內部分成聯秦抗齊派和聯齊抗秦派。由於各國之間的相互結約聯盟不斷變更，關係不穩固，使得結約聯盟的活動變得錯綜複雜。

秦國在兼併過程中不斷處於主動地位，與

東方六國的衝突因此日趨尖銳，於是關東六國形成合縱抗秦。但由於六國間與秦國的實力落差以及地理因素，使六國或輕或重地不敢得罪秦國。秦國利用關東六國恐秦程度的不同，以各式手段破壞六國合縱，而使其與秦連橫，達到各個擊破的目的。

專門從事外交活動的縱橫家則是進行這些「合縱」、「連橫」活動的推手。如張儀、公孫衍、蘇秦等人。他們鼓吹依靠合縱、連橫的活動來兼併別國，建成「王業」。縱橫家們宣傳：

「外事，大可以王，小可以安。」

「縱成必霸，橫成必王。」

《韓非子‧忠孝篇》說這些人「言縱橫未嘗一日而止」。

由於在整個戰國時期，各國的外交關係多建立在軍事行動的結合，當軍事行動結束時，外交關係隨之解除。這些縱橫家為各國君主出謀劃策的思考，也將影響軍事戰爭的過程。

秦惠文王九年（公元前三二九年），張儀入秦後，極力主張秦國攻魏。秦惠文王更元三年（公元前三二二年），齊、楚攻魏，魏惠王以惠施提出的「欲以魏合於齊、楚以按兵」策略失敗，逐走惠施，起用張儀為魏相，採用張儀提出的「欲以秦、韓與魏之勢伐齊、荊（楚）」。

但張儀提出「令魏先事秦，而諸侯效之」遭魏惠王拒絕，引來秦國出兵，並促使魏、

楚、燕、趙、韓五國支持公孫衍提出的合縱策略。

當時公孫衍和張儀兩人一縱一橫，聲勢傾動天下。《孟子‧滕文公下篇》載時人景春說：

公孫衍、張儀豈不誠大丈夫哉！一怒而諸侯懼，安居而天下熄。

而後秦、齊兩大強國對峙，兩大國往往就利用合縱、連橫來作為壓倒對方的策略。每當對方威勢太大時，其中一方就利用其他各國和對方之間關係變化，發起軍事行動向對方進攻，令敵國屈服。

如秦昭王十九年（公元前二八八年），秦昭王與齊湣王相約共同稱帝一事，原是秦國拉攏齊國「約伐趙」的連橫策略，後來齊湣王聽從蘇代的遊說，取消帝號，聯合燕、趙、魏、韓攻秦，而後因五國各有算計攻秦未果，卻因齊國滅宋，使韓、趙、魏、燕感到不安，而約秦合縱攻齊。

合縱或連橫往往就在各國突然變化的關係間，一夕不變。

秦楚關係

五國伐秦失敗後，秦國更以軍力迫使韓、魏再度附秦，在地理位置上對楚形成壓制，於是楚國開始想聯好齊國抗秦。

秦惠文王更元十一年（公元前三一四年），齊宣王發兵攻燕，僅五十天時間齊軍就攻下燕都。

此同時，齊國結盟於楚，於是出現秦、齊兩大強國東西對峙的形勢，歷史進入戰國中期。

齊、楚聯盟對秦國的發展造成很大威脅。《戰國策・秦策二》載：

齊助楚攻秦，取曲沃。其後，秦欲伐齊，齊楚交善，惠王患之。

秦惠文王更元十二年（公元前三一三年），秦惠王想攻齊，找張儀想辦法。張儀要惠王準備車馬費，自己出馬。

過去張儀遊說各國君王的說詞都還有些拐彎抹角的計謀，這次對楚國下手，則擺明欺負人。

張儀攜帶大批禮品來到楚國，表示願意委質為臣。《戰國策・秦策二》詳細敘述張儀拐騙楚懷王的過程。

張儀花重金買通楚懷王的近臣，得到楚懷王的信任，成為楚國朝中的謀客，並且費盡唇舌讓楚懷王相信秦國是楚國的盟友。

張儀對楚懷王說：

戰國・穀紋璧

玉璧乃中國傳統的玉禮器之一。

《說文》釋璧：「瑞玉，圓器也。」《爾雅》：「肉倍好謂之璧」的說法。肉即邊，好即孔，邊為孔徑的兩倍便是璧。

玉璧是有宗教性的禮器，象徵權貴身份的標幟器和佩飾。製作精美的玉璧和玉琮常一起出土於大型墓葬中。

《周禮・春官》載：「蒼璧禮天，黃琮禮地」；又載：「璧琮以斂尸。」

「我們秦王最喜歡的人莫過於大王，而我最願意臣事的君主，也莫過於大王。我們君王最僧惡的人莫過於齊王，而我最討厭的人也莫過於齊王。

現在齊王的罪惡，對秦王說真是太大，因此秦國才準備發兵征齊。

但是大王和齊國有軍事盟約，使得秦王不能侍奉大王，使我也無法作為大王的忠臣。

大王如果能關閉方城山之關，和齊絕交，臣將請秦王獻出商於（河南淅川縣西南）六百里的土地。這樣一來，齊國必會變弱。齊國變弱就會聽從大王役令。

這是在北削弱齊國，向西施恩德於秦國，又增加商於六百里土地的利益，這是一計而獲得三利的好方法。」

楚懷王聽了很高興，於是把相印交給張儀，並在朝「宣言吾復得商於之地」。群臣來賀，只有陳軫不以為然。

陳軫原在秦國做官，與張儀同事。當時陳軫跟張儀不對盤。

楚臣范環曾形容而且張儀「之好譖」，如何好譖，可自張儀講陳軫壞話的段落中得見一些。《戰國策·秦策一》載：

儀不能與從事，願王逐之，即後之楚，願王殺之。

秦王沒殺掉陳軫，於是，「張儀又惡陳軫於秦王」。

張儀說：「陳軫往來於楚國與秦國之間，現在楚國與秦國的交情不見好，可是楚王卻與陳軫情誼日深，這根本就是陳軫只為自己而不為國家。陳軫想要離開秦國去楚國，大王何不注意。」

秦王把張儀的話拿去問陳軫：「我聽說你要離開秦國去楚國，是不是有這件事？」

陳軫說：「是的。」

秦王想必對陳軫地老實感到驚訝：「那麼，張儀的話是可信的囉。」

「何止張儀知道我要去楚國，就連路人都嘛知道。」

秦國大事紀

魏、韓會於巫沙　韓王朝魏　魏王與韓王攜太子入朝於趙　平邑之戰

BC325
惠文王
13年

陳軫語出驚人後，解釋楚王對他感到賞識是因為忠心，但凡秦王不要他，他就只能投靠楚國。

這次秦王挽留陳軫，不過，後來陳軫確實離秦至楚。

張儀自秦國遠來遊說楚懷王，陳軫怎麼看都找不到象牙，便向楚懷王弔慰。

楚懷王問陳軫為何不賀，而且認為得商於地：

不毀不煩一兵，不傷一人，而得商於之地六百里，寡人自以為智矣。

陳軫覺得商於地是禍患，他解釋：

「秦國之所以尊重楚國，是因為有齊國這個盟友。現在還沒有得到商於的土地而先和齊國絕交，這是楚國在孤立自己，秦國又怎麼會重視孤立的國家？

而且，要秦國先給地，楚國才與齊絕交，秦國必不會答應。先絕交齊再向秦國要土地，那麼必然受張儀的騙。

受騙後大王必然懊悔，結果是西面惹出秦國的禍害，北邊切斷齊國的援助，如此一來，秦、齊兩國都將攻進楚國。」

陳軫白費功夫。戰國七雄，每一雄都知道楚懷王重利，所以不管好壞事都從他身上下手，楚懷王則每次都不負眾望地中計，這次也不例外。

楚懷王叫陳軫「子其弭口無言」，白話文譯為「你給我閉嘴」，楚懷王覺得「吾事善矣」，要陳軫「以待吾事」。

張儀藉斡旋為由返秦時，楚懷王怕得商於地一事有變掛，特別派大將逢侯丑隨張儀一起回秦接收土地。

張儀回到秦國後，立刻假裝墜馬，閉門不見客，逢侯丑三個月沒見到張儀，親自登門也不得見，於是寫信問秦王有關這筆土地的事。

秦王說：這是張儀處理的事，本人不清楚，一切還是等張儀病好再說。

話說成這樣，應該就要明白。

不過，楚懷王真的沒讓大家失望。

秦國大事紀

逢侯丑交涉不出結果，便將秦王的回信轉給楚懷王，楚懷王以為秦國嫌他與齊國的斷交不夠徹底，再特地派人去罵齊王。齊王莫名其妙，大怒，不但與楚絕交，還派人去秦國商量攻楚的策略。

齊國跟楚國不好，張儀摔馬的傷立刻就好了，而且他還怪逢侯丑辦事拖拖拉拉。

張儀問逢侯丑：「你為什麼不接收從某地到某地，共六里的土地。」

開玩笑！逢侯丑不接受少兩個零，他說：「我奉命接收的是六百里，沒聽說是六里。」

張儀說逢侯丑才是在開玩笑，並解釋自己是「小人」，哪裡會有割讓六百里土地的權利。

逢侯丑發現整件事情都是陰謀後，趕緊離開秦國回楚。

楚懷王得知竟是這樣的結果，怒不可遏，準備發兵攻打秦國。

陳軫勸楚懷王：「攻打秦國不是好的計謀，不如用一個大城邑去賄賂秦王，一起攻齊，把我們所損失給秦國的土地，從齊國找回來，這樣楚國可以保全。現在我們已與齊國斷交，如果去責備秦國，那就撮合秦、齊聯合，會引來天下的大軍，我們楚國會受到更大的損害。」

楚懷王不聽，堅決和秦國斷絕友好關係，派大將屈丐等人率軍攻秦國。

秦惠文王更元十三年（公元三一二年），秦國令魏章、樗里疾、甘茂迎戰攻楚，雙方戰於丹陽（河南丹水北岸），秦軍大敗楚軍，消滅楚軍八萬，俘獲七十多名將領，沒把地契拿回來的逢侯丑也被抓了。

秦軍進而占領楚國漢中郡（陝西漢中），使巴蜀和漢中連成一片，後方因而鞏固，從此解除楚國對秦國的威脅。

楚王得知失守漢中後，大怒，不甘土地失於他人，便調集全國軍隊，計畫趁秦國攻齊時，傾一國之力突襲秦國。然而，秦國的謀算超過楚王的想像。

魏、齊王會於甄　　韓、魏太子朝秦　　韓、趙會於區鼠

BC322
惠文王
更元3年

戰事初，楚軍攻克以險要著稱的武關，直指秦都咸陽，秦國似乎伸手可及。但秦國慫恿韓、魏趁火打劫。

秦軍在咸陽附近的藍田（陝西藍田縣）與楚軍大戰，戰事方酣時，魏、韓兩國軍隊「南襲楚至於鄧（襄樊市北）」。楚腹背受敵，楚王只好割讓兩個城邑向秦國求和，草草收兵。

秦惠文王更元十三年（公元前三一一年），楚國想教訓在屁股後面放火的韓、魏，而欲與齊國交好，聯盟有望。

這樣的情況令秦國著急，因為齊、楚再結盟，很可能再聯合其他諸候攻秦。於是秦王令使者到楚國，表示願意分出漢中一半土地給楚國，恢復兩國的友好關係。

楚懷王認為楚國是受張儀的欺騙才失去漢中，恨死張儀。他回答使者：

願得張儀，不願得地。

張儀得知後，對秦惠王說：「以臣一人之身，能抵充漢中一帶地方，臣請到楚國去。」

張儀到楚國後，被楚懷王囚禁待處死。張儀暗地用豐盛的禮物買通楚國當權的大臣靳尚。

靳尚善於要脅。他跟楚懷王說：

拘張儀，秦王必怒。天下見楚之無秦，楚必輕矣。

秦惠王的手掌很大

秦國得丹陽，將勢力推出武關，又得漢中之地，連巴、蜀，這等於是將手掌張開掐住楚國，對楚國而言是極大威脅，楚懷王對秦國的「大怒」裡，或有心急如焚。不過，楚國之急，韓、魏不急。

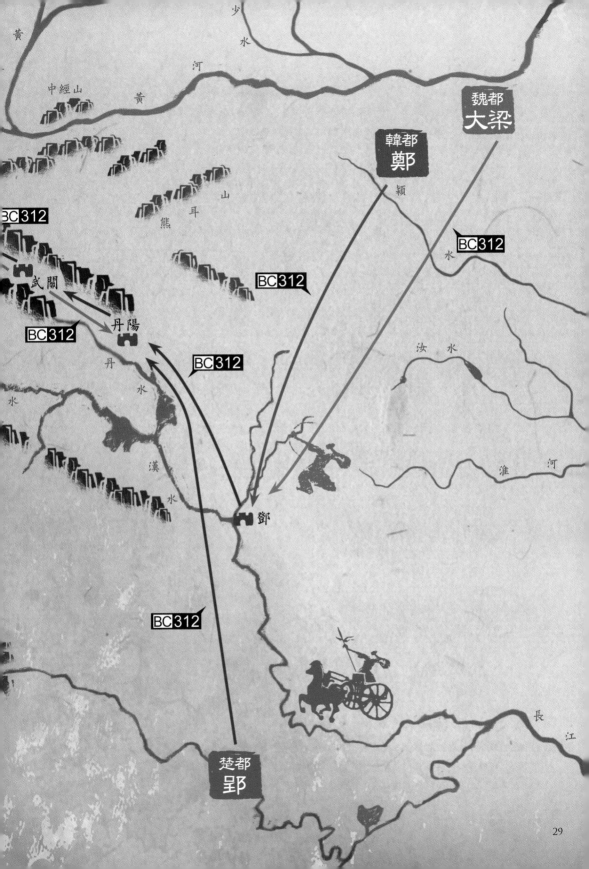

又警告楚懷王的寵姬鄭袖：

子亦自知且賤於王乎？

失寵，這在當時絕對是女人一生中的大事。

靳尚告訴鄭袖：秦王有一個美麗的女兒，同時又選出精於音樂的宮中美女以及各種金玉寶器陪嫁，這些都是要經由張儀獻給楚懷王的禮物，等楚懷王收到這批美女金玉之後，鄭袖必然失寵，而且其日不遠矣。

鄭袖相信靳尚所說的事，並請靳尚幫她想辦法。靳尚告訴她，只要趕快把張儀從牢裡放出來，讓他離開楚國，楚王就拿不到禮物。

鄭袖果然向楚懷王為張儀求情。

楚懷王一隻耳朵聽鄭袖，一隻耳朵聽靳尚，便釋放張儀。

鄭袖的話有多重，不得而知，但是靳尚「天下見楚之無秦，楚必輕。」的分析卻合於當時「合縱」各國不願與秦國交往，卻又不能無視「連橫」發生時對秦國依賴、又愛又恨的心機。

張儀被釋放後又勸說楚懷王和秦國和好親善，相約兩國通婚。張儀離楚回秦，楚國大夫屈原從齊國出使回來，問楚懷王：「為什麼不殺張儀？」

楚懷王感到後悔，派人追趕張儀，為時晚矣，楚懷王老是學不乖。

不過楚懷王不必太鬱悶，張儀的好日子不多了。

同一年，秦惠文王去世，武王繼位。

張儀得罪的人太多，秦惠文王剛死，在秦國的公孫衍就開始想報復張儀，同樣厭惡張儀的李讎不辜負爹娘取的名字，跟公孫衍說：

不如召甘茂於魏，召公孫顯於韓，起樗里疾於國，三者皆張儀之讎，公用之，則諸侯必見張儀之無秦矣。

這是要將張儀逼到無立錐之地。而剛好，武王也不喜歡張儀。

秦武王二年（公元前三〇九年），秦武王設丞相，並任樗里疾、甘茂為左、右

秦國大事紀

周顯王扁卒，子定立，是為慎靚(敬)王

燕易王卒，子噲立

BC321
惠文王
更元4年

30

丞相，張儀失掉板凳，不得不離開秦國，秦國的連橫外交隨之中斷。

武王勇猛好鬥，是心性不太沉穩的人，他曾經向甘茂抱怨：

楚客來使者多健，與寡人爭辯，寡人數窮焉。

甘茂教他：來使的人若是流利好辯，大王一律不聽。若是吞吞吐吐再聽他講。這樣就沒有講話好雄辯的人，大王就可以制服楚國來使。

楚國來使所說何事，未得細見，或與漢中地有關。而且，張儀離開秦國，不表示秦、楚兩國從今往後將以誠相待。秦攻韓國宜陽一役，則令楚、秦關係更壞。

秦武王三年（公元前三〇八年），秦武王欲「車通三川，窺周室」，想去看看周天子在洛陽的家是什麼樣子。

甘茂知道武王的想法後，覺得去看看也不是不行。只不過去看周天子的家，必須經過韓國的宜陽，這得先跟魏王通個氣。他說：

「要進攻韓國宜陽必須先破除韓、魏聯盟，聯合魏國助秦，如此一來趙國就不可能越過魏國去救韓，韓國沒有援助，秦國攻下宜陽則指日可待。」

秦武王同意甘茂的計劃。

於是甘茂先說服魏王與秦國聯盟，共同伐韓，接下來卻派人對秦武王報告：「魏雖然已經同意要和秦一起討伐韓國，但我們還是不要進攻宜陽的好。」

武王很困惑，親自到息壤去見甘茂。

甘茂解釋：「宜陽城堅兵精，我軍兵行千里攻打宜陽，絕不可能短期見功。」還說曾參殺人的故事給武王聽。

武王終於明白甘茂怕自己中途改變主意，使攻打宜陽一事半途而廢，於是與甘茂定下「息壤之約」，表示絕不聽小人言，甘茂才出兵攻打宜陽。

果然，秦軍攻打宜陽五個月沒有任何進展。樗里疾、公孫衍向武王抱怨：「我軍攻打宜陽已經五個月，兵士疲累，這樣下去，恐怕形勢惡化，不如退兵。」

衛再貶號為君，獨有濮陽

燕伐趙

齊威王卒，子辟彊立，是為宣王

魏惠王卒，子嗣立，是為襄王

BC320
惠文王
更元5年

BC319
惠文王
更元6年

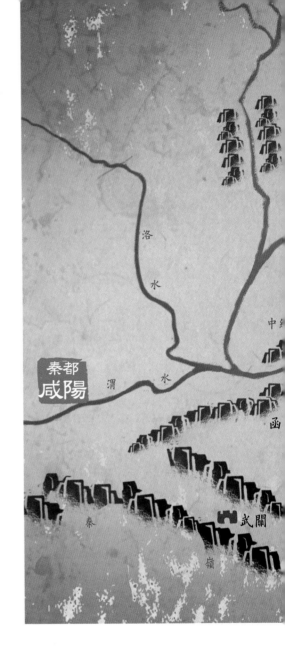

秦軍圍宜陽時，楚國出兵助韓。雖然甘茂以為：

楚雖合韓，不為韓氏先戰，韓亦死戰而有楚變其後。韓、楚必相御。

但是甘茂自己也曾因秦兵死傷者眾而欲退兵，若非政敵樗里疾、公孫衍虎視耽耽等他失敗跌倒，甘茂或已退出宜陽之役。

秦國大臣馮章也跟秦王說，如果秦軍不能攻下宜陽，韓、楚就會乘秦國兵疲攻秦，不如把漢中還給楚國以為敦睦，並孤立韓國。

宜陽久攻不克的危機使秦武王答應馮章的建議，派馮章出使楚國，答應歸還漢中地，並召回甘茂。

宜陽一役似乎將就此罷手時，甘茂派人傳信給武王：

息壤在彼。

這句話讓武王想起與甘茂的盟約，立刻加兵增援甘茂。秦國增軍，楚國因具有袖手，使甘茂得以攻陷孤城宜陽，斬首

宋初稱王

齊敗魏、趙於觀澤

BC318
惠文王
更元7年

BC317
惠文王
更元8年

太行山

趙都
邯鄲

漳水

平陽

少水

丹水

中牟

孟門關

黃河

洛陽

伊闕

魏都
大梁

宋

崤山

宜陽

韓都
鄭

熊耳山

潁

汝水

陽

宜陽在秦、韓間位置

宜陽具有重要的戰略地位，它既是韓國抵禦秦國
最後屏障，也是秦人向東發展的必經門戶。
宜陽喪失，韓國西界門戶頓開。

燕噲讓國

周慎靚王定卒，子延立，是為赧王

魯景公偃卒，子叔立，是為平安

BC316
惠文王
更元9年

BC315
惠文王
更元10年

六萬,迫使韓國屈服,向秦求和。

武王跟甘茂創造一條不可違忘誓言的成語「息壤在彼」,但是馮章出使楚國卻未有「漢中在彼」之約。

秦國攻下宜陽後,楚懷王依約向馮章要求漢中地,馮章教武王告訴楚懷王:馮章這傢伙已經被趕走了,什麼土地的事寡人根本沒答應過。《戰國策‧秦策二》記載馮章的不負責任:

王逐亡臣,因謂楚王曰:寡人固無地而許楚王。

史料中未談及馮章與張儀情誼為何,但即使沒有見面也應該神交已久,教秦王賴皮的姿勢不遑多讓。而楚懷王之容易中計,已經到了讓人心疼的地步。

占領宜陽等於打開洛陽的大門,秦武王率軍進入洛陽,周天子無力抗拒,秦軍順利進入周室太廟,武王終於看到周天子的家,還看到周天子家的大鍋。

武王看到周鼎,很開心,也很好奇:「有人能舉起這個鼎嗎?」

大梁鼎

秦武王想舉的鼎大概像台北故宮裡的「毛公鼎」那麼「大鼎」,但並非每個鼎都碩大無朋。圖中大梁鼎,高15.5cm,口寬13.8cm,腹寬17.6cm。

秦國大事紀

齊伐燕　　中山攻趙、燕

BC314
惠文王
更元11年

守鼎的人覺得武王在開玩笑。

武王身邊有兩個大力士任鄙與孟賁。武王問這兩個人誰能舉起鼎。

任鄙識相，孟賁卻上前舉鼎。

武王好勇，也要上前舉鼎。任鄙連忙勸阻，武王聽不進，堅持也要來一手，結果剛抬起鼎腳，鼎便落下砸中武王。

當天，武王就重傷不治，收工了。

秦武王在位僅四年，無子嗣，諸弟爭奪王位，朝廷大亂。

武王的親生母親惠文后去世早，庶母宣太后的弟弟魏冉因曾經輔佐惠王、武王兩代君王，權高位重。魏冉極力幫助姐姐奪權，將宣太后原在燕國作人質的兒子迎回繼位，即是秦昭王。

經過秦孝公時代的商鞅變法、秦惠王時期的連橫破縱、秦武公時期的西拓東進，秦國到昭王時期已經從西隅小國成長為大國。當時諸侯間以秦國、齊國、楚國三國最為強大，這三國之間戰和不定，韓、魏、宋等小國則根據形勢變化選擇秦國或者齊國、楚國當靠山。楚國曾與齊、韓國聯盟攻秦，但昭王年幼即位，由宣太后、魏冉主政，宣太后是楚國人，便主張交好楚國，秦國的外交政策傾向親楚。

秦昭王稷元年（公元前三〇六年），楚國出兵攻韓，韓國向秦求救，此時甘茂力主出兵救韓，與掌權的親楚派意見不同，而後蘇代雖為韓進行遊說，卻未能破壞秦、楚的合作的趨向，反而使甘茂與宣太后的親族大臣向壽不合，因此離秦出走。甘茂離開秦國後，秦、楚關係更是漸趨友好。

但同一年，齊相孟嘗君寫一封信給楚懷王，提及不開的那一壺。

信中說楚懷王因為受張儀的騙才會失去漢中，結果楚懷王不但沒有報復秦國反而因為懼畏秦而與之結交，甚至將秦國當成主人，辱上加辱。

齊國寄出這封信不是練作文。當年發生「六百里」事件前，齊、楚兩國情誼

楚攻韓　　齊與宋圍魏　　韓伐襄丘　　韓宣惠王卒，子倉立，是為襄王

BC312
惠文王
更元13年

不錯，是受張儀欺騙挑撥才交惡，孟嘗君這封信故意提秦使張儀的可恨，是希望逼刺楚懷王惡秦善齊，重修齊楚關係。

楚懷王把信給令尹（如秦之丞相官職）昭雎看，找昭雎商量。

齊國所提的「交好」便是約楚合兵攻秦，但楚懷王心有所忌，以為楚國與秦交兵，勝算不大。但昭雎卻不以為然，他認為這是重挫秦國以雪前恥的好機會。昭雎說服楚懷王此時應再聯合韓、魏的力量，以四國之力攻秦奪回失地才是上策。

楚懷王對於能拿回失土的計略很是動心，於是決定與齊國結盟。

齊、楚復盟，對秦國而言無異芒刺在背，為挽回秦、楚關係，秦昭王二年（公元前三○五年），秦、楚聯婚和好。次年，秦昭王和楚懷王在黃棘（河南南陽南）會盟，秦國歸還楚國舊地：上庸（湖北竹山縣境）。

楚懷王見秦國竟然向楚示好，以為秦國主動送還舊地，也算是洗刷前齒，與齊、魏、韓合攻秦國的想法便開始動搖，而後楚懷王更覺得與其得寸進尺而惹毛秦國，不如見好就收，於是放棄四國約盟，重新交好秦國。

秦昭王四年（公元前三○三年），齊、韓、魏三國以楚國違背合縱反秦盟約，合兵攻楚。楚懷王派太子橫到秦作人質，向秦求救，秦昭王派兵救楚，攻魏國的蒲阪（山西永濟）、晉陽與封陵（山西永濟風陵渡）。

秦昭王五年（公元前三○二年），秦昭王、魏王與韓太子嬰在臨晉會盟休戰，楚危遂解。

這次的事讓齊、韓、魏想通一個重要的道理：楚國能，為什麼我們不能。於是，三國主動修調與秦國的關係。

不過，秦、楚交往，還不及等幡然頓悟的各國從中加以破壞，自己就把它搞砸了。

在秦國作人質的太子橫與秦國大夫

秦國大事紀

秦惠文王駟卒，武王即位

楚師來會魏，止於襄丘

BC311
惠文王
更元14年

BC310
武王
元年

因私相爭，打死秦國大夫，「殺人而亡歸」，秦、楚關係突然結冰，這對齊、韓、魏三國來說真是好消息。

於是秦、齊、韓、魏四國結盟，兵分兩路攻打楚國。秦昭王六年（公元前三〇一年），楚國大敗於垂沙（河南唐河）。

垂沙大敗，楚國的不幸並未停止。此時楚國發生前所未有的內亂，貴族脫離楚懷王的控制，各自為政。

楚國已是內憂外患，楚懷王卻仍然心有未甘地出兵攻打較弱的韓國，結果秦國趁此時機，令華陽君伐楚，大破楚師，斬首三萬，殺其將景缺，攻取襄城（河南襄城）。

楚國被迫將剛從秦國逃回來的太子橫再次送到秦國當人質，以求停戰。

停不下來。

秦昭王八年（公元前二九九年），秦再攻楚，占領楚國八個城邑，楚國在連續不斷的攻勢下節節敗退。

這個時候，張儀雖然不在秦國，而且死了很多年，可是有些習慣一但養成就很難改得掉。

已親政的秦昭王寫信給楚懷王，表示對過去相交甚好的日子十份懷念，若非楚國太子闖禍，兩國之間的關係也不致於鬧僵，秦昭王說他希望重修舊好，請楚懷王來武關相會，重新結盟。

楚懷王對秦昭王的提議顧慮重重，大臣昭雎也有同感，他建議楚懷王不要去，大夫屈原也勸楚懷王不要去。但楚懷王之子卻勸懷王前往，他說：「奈何絕秦之歡心？」因此說動楚懷王。

果然有詐。

秦昭王根本沒有赴約，而是令一名將軍假裝秦王，並在武關埋伏軍隊。楚懷王一到，秦便關閉城門，將懷王挾持到咸陽，並強迫他以屬國藩臣的禮節去章台朝拜秦王，割讓巫郡和黔中郡，楚懷王不肯，遭昭王扣留。

史書載昭王繼位時年幼，這一年是秦昭王八年（公元二九九年）。

趙略中山地　　秦武王卒

BC307
武王
4年

王君被扣為人質是件大事,但楚國大臣處變不驚,一邊商議如何營救楚王,一邊找備胎。結果楚國大臣從齊國迎回太子橫繼位,是為楚頃襄王。楚立「頃襄王以應秦」,楚懷王被棄,再也沒有利用的價值,秦昭王悶得惱火,發兵攻楚。

秦昭王九年(公元二九八年)大敗楚軍,斬首五萬,奪取析城(今河南西峽縣)等十五個城邑,把武關門口的楚軍清光光,大勝。

此時秦國當意氣風發,不過,秦昭王過去做錯的一件事,惹來大軍壓境。

秦國希望與齊國成為連橫至好,將秦昭王的弟弟涇陽君送齊為質,並屢次請孟嘗君出使秦國,談往後的結盟事。蘇代不願這種事發生,便勸孟嘗君不要去。蘇代說:

今秦四塞之國,譬若虎口,而君入之,則臣不知君所出矣。

孟嘗君打消這次的想法,但是秦昭王八年(公元二九九年),齊國再派孟嘗君出使秦國,孟嘗君赴秦成行,卻被秦昭王強留為相。

而且,不久後,有人告訴秦昭王:

文相秦,必先齊而後秦,秦其危哉。

秦、齊、韓、魏聯合攻楚

秦昭王六年(公元前301年),攻楚聯軍在漢水上游處的沘水岸無法過河而與楚軍對峙六個月,而後一個放牧百姓教齊國將軍:凡有楚軍把守的地方必是淺水處。齊軍依此指示過河夜襲,在沘水旁的垂沙大敗楚軍。

秦昭王七年(公元前300年),秦再攻楚,占領楚國新城。

太行山

汾水

少

丹水

黃河

中經山

黃河河

陝

崤山

山耳

熊

函谷關

武關

嶺

柝城

丹水

汝水

漢水

江

趙都
邯鄲

趙

韓都
鄭

魏都
大梁

穎水

襄城

垂沙

楚

楚都
郢

39

秦昭王聞言覺得有理，立刻將孟嘗君罷職並囚禁，準備殺掉孟嘗君。

這個開端引發而後中國歷史上赫赫有名、家喻戶曉的「雞鳴狗盜」事件，並且引來孟嘗君報復的殺意。

孟嘗君的殺意有多濃，這麼濃。

雞鳴狗盜一行人逃至趙國時，趙國的人看到孟嘗君個子矮，笑他「眇小大夫」，結果孟嘗君一怒之下「斫擊殺數百人，遂滅一縣以去」。

姑不論孟嘗君是不是因為小時候被媽媽交待過「不可以長到跟門一樣高，否則爸爸會不喜歡」而造成介意身高的心理陰影，但孟嘗君就是個火氣這麼大的人。

孟嘗君回到齊國再任齊相後，以原本結合韓、魏攻楚的關係，將攻楚做為交換條件與韓、魏立盟攻秦。孟嘗君欲發兵，向西周借兵糧。西周頭大，讓臣子韓慶去說服孟嘗君。

《戰國策·西周策》載有韓慶說服孟嘗君的過程分析一段當時的國際關係。

韓慶認為齊國助韓、魏伐楚已經增加韓、魏實力，如今再聯合兩國伐秦，最終將使兩國壯大後瞧不起齊國，對齊國一點也沒有好處，韓慶的建議是不如折衷化解兵禍。

韓慶的計劃是讓西周王假意與秦王交好，然後伐秦聯軍守住函谷關外不攻，此時，西周王便裝得到孟嘗君的授意去告訴秦王，其實齊國不一定會攻秦讓韓、魏坐大，攻秦不過是想逼迫秦國令楚王割地，如果秦王將楚懷王放出來議和，讓楚國割地，則可免聯軍攻秦。楚懷王被釋放，將會感激齊國而割地以謝。

孟嘗君同意這個只有齊國得利的計謀，於是讓韓慶去秦國遊說。

韓慶的遊說詳細如何未知，但結果一定非常失敗。

秦國大事紀

趙略中山及胡地

楚滅越

趙伐中山

BC307
昭王
元年

BC305
昭王
2年

三國聯軍確實兵臨函谷關，但秦昭王一點也沒有把楚懷王放回家的意思，反而聯合趙、宋二國抗擊聯軍。然而，趙、宋二國是想利用大國之間的矛盾尋找機會去兼併小國土地，因而雖與秦聯合，對秦並沒有作什麼實際的援助，秦國只得力戰。

　　局勢未如韓慶所議，於是齊、韓、魏仍舊聯軍進攻函谷關，迫使秦國歸還前所攻取的魏、韓城地以求和。

　　未見史籍中秦昭王是否後悔不聽韓慶，也許是吞併與歸還的事在這個時代履見不鮮，常常因此後悔，有害身體健康。

　　秦昭王十年（公元前二九七年），楚懷王企圖逃跑被發覺，秦封鎖通往楚國的道路，楚懷王繞小道到達趙國，求趙送他回國。此時的趙惠王剛即位，畏懼秦國，不敢收容懷王。懷王又想逃往魏國，卻被秦追兵捕獲，押回咸陽。

　　秦昭王十一年（公元前二九六年），懷王卒死於秦，後歸葬楚國。秦、楚兩國從此絕交。

函谷關

函谷關是中國建置最早的要塞之一，位於河南省靈寶市，緊靠黃河岸邊。因關在峽谷中，深險如函而得名。始建於春秋戰國，為東往洛陽，西至咸陽的咽喉。

秦齊關係

秦、齊之間的勢力在合縱連橫的謊言詭辯中對峙數十年，孟嘗君領齊、韓、魏三國部眾攻秦大勝後，齊、秦合作的契機幾近無望。但而後發生的事情，可以看出齊國想修補這段破碎的感情。

函谷關勝後，孟嘗君的名聲越來越大，於是有人告訴齊湣王孟嘗君要造反。

沒錯，有人要造反，但造反想綁架齊王的人是田甲。

秦昭王十三年（公元前二九四年），田甲以路人甲之姿進入歷史關鍵，齊湣王以為聳恿路人甲造反者就是孟嘗君。

這時候，另一個關鍵的路人乙，因為孟嘗君的帳房馮諼燒掉他的欠條清銷債務而感恩於孟嘗君，上書齊王並在宮門前自刎保證孟嘗君絕不會叛亂，齊湣王查清事實後，確定孟嘗君無造反之意。

但孟嘗君經此一事無意再執相印，告老回封地薛。

指孟嘗君造反是油頭還是設計，已不可考，但是路人乙可證孟嘗君在齊國的威信，讓齊王不敢下手除掉他。倘若齊王有心除去孟嘗君，非無想交好秦國。

齊國想與秦國交善的動機可源於看到楚國黏著秦國不放的領悟，甚至因此讓孟嘗君出使秦國，豈料途中生變。函谷關一役後，齊王若想再與秦國交往，跟秦國結仇的孟嘗君是個障礙。

孟嘗君是否因得知齊王的心意而退場，未知，但齊相的位子空下來之後，齊王聽從祝弗的計策驅逐大臣周最，改任秦國的五大夫呂禮為相。

《戰國策‧東周策》形容「周最於齊王厚也」，連極厚待的大臣都被趕走，清出相位讓予秦國人，齊王的意圖顯得十分明白。

秦、齊握手，韓、魏兩國不再有齊國的保護，幾乎令秦國予取予求。

秦國大事紀

趙伐中山

齊、韓、魏聯軍攻楚
趙伐中山，中山君奔齊
齊宣王辟疆卒，子地立，是為湣王

BC303
昭王
4年

BC301
昭王
6年

呂禮任齊相的同一年，秦派將軍「向壽伐韓，取武始（河南武始縣），左更白起攻新城（河南伊川縣西南）」。

次年，韓、魏聯合抵抗秦國，秦將白起在伊闕（河南洛陽龍門）大敗聯軍，斬首二十四萬，俘獲公孫喜，連拔五城過黃河取安邑（山西夏縣）、乾河（山西翼城）。再次年，白起升為大良造，率軍攻取魏國的垣（山西垣曲縣）。

秦昭王十六年（公元前二九一年），秦派白起攻取韓國宛（河南南陽市），又派司馬錯攻下魏國的軹（河南濟源東南）和韓國的鄧（河南孟縣西，當時韓、楚各據宛、鄧一部分）。次年，韓國割讓武遂（山西垣曲東南）二百里地，魏國割河東四百里地。秦昭王十八年（公元前二八九年），秦國再發兵攻魏，奪六十一城。

秦國連戰連勝，領土不斷擴張，國力更加強大。不過，此時分晉的三家中，趙國因實行「胡服射騎」後擁有強大的騎兵，變成難處理的對手，秦國伐趙需要齊國的援助。

然而，秦國想交好齊國之際，發生一件尷尬的事。

秦昭王十九年（公元前二八八年），據《史記·樂毅列傳》載：齊湣王與秦昭王爭帝，「諸侯皆欲背秦而服於齊」。

由於此一時期的各國君已陸續稱王，秦昭王對僅僅稱王並不滿足，是有稱帝的意圖。結果秦昭王與齊湣王心意相同，看上同一件事，而且局勢大有傾於合縱抗秦之勢，這讓秦昭王感到為難。

秦昭王對帝號不死心，跟著大家一起尊齊王為帝也不像話，於是邀齊湣王一起稱帝。

十月，秦昭王在宜陽自稱為「西帝」，尊齊湣王為「東帝」，訂立盟約，「著之盤盂」，約定共同出兵的日期。準備聯合五國攻趙，瓜分趙國。

秦昭王打錯算盤，連橫策略沒有成功，為蘇代破壞。

趙再攻中山　　韓救西周　　秦昭王封蜀侯煇子綰為蜀侯

BC300
昭王
7年

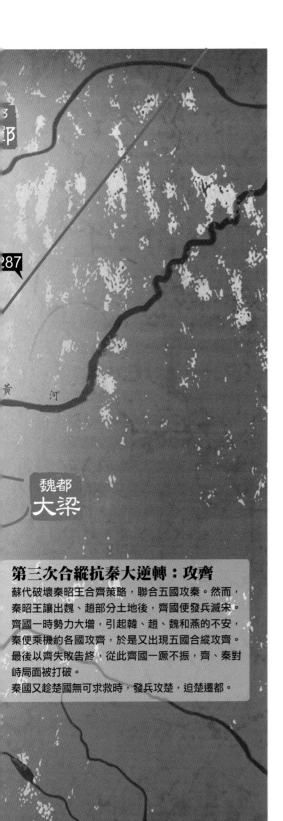

魏都
大梁

第三次合縱抗秦大逆轉：攻齊

蘇代破壞秦昭王合齊策略，聯合五國攻秦。然而，秦昭王讓出魏、趙部分土地後，齊國便發兵滅宋。齊國一時勢力大增，引起韓、趙、魏和燕的不安，秦便乘機約各國攻齊，於是又出現五國合縱攻齊。最後以齊失敗告終，從此齊國一蹶不振，齊、秦對峙局面被打破。秦國又趁楚國無可求救時，發兵攻楚，迫楚遷都。

蘇代從燕國來到齊國，齊湣王就將與秦並稱帝事詢問蘇代：「以為何如？」

蘇代單刀直入勸齊湣王放棄帝號：

與秦為帝而天下獨尊秦而輕齊，釋帝則天下愛齊而憎秦，伐趙不如伐桀宋之利，故願王明釋帝以收天下，背約擯秦。

結果，齊湣王聽從蘇代之謀，「於是齊去帝復為王」。

齊湣王放棄帝號，並在蘇代的慫恿下準備借五國聯盟的機會，攻打秦國的盟國宋國。同時蘇代在齊王的支持下，替齊遊說燕、趙、魏、韓，共結同盟。

不過，蘇代遊說諸國並非為齊國著想，他表面相齊，其實骨子裡為燕國賣力。蘇代想挑起戰爭削弱齊國的實力，使燕國報五十天就被齊國攻破國都的仇，於是遊說諸國攻秦時，還背著齊國遊說趙、魏攻齊。

這是一場還沒有進洞房就計劃殺掉枕邊人的騙婚。

秦昭王二十年（公元前二八七年），由李兌率領五國聯軍，燕國派二萬人參加，齊、魏屯兵於皋、滎（河南滎陽附近）之間，不再西進。

雖然沒有人願意跟秦國真動刀，但聲勢浩大，還是讓秦昭王害怕。秦昭王自行廢除帝號，並將所得魏地溫（河南溫縣西）、軹（河南濟源東南）、高平（河南濟

源西南）等邑歸還給魏國，又把所占趙地
之王公、符逾兩處還給趙國。

孟嘗君當會頭的那次，各國拿到秦
國的土地分一分就解散，這次不一樣。齊
國企圖不僅於零星的幾座城池。

秦昭王二十一年（公元前二八六
年），齊國趁宋內亂，派兵滅宋，並與
魏、楚分宋地，占宋以前取得的楚地淮
北（安徽淮北）。齊滅宋後，又向西攻三
晉，更想併滅東、西二周自為天子。一
時，鄒、魯皆向齊國稱臣，齊國聲勢大
振。

昭王稱帝失敗前，秦國一直想交好
較遠的齊國，合齊國的力量吞併周鄰三
晉及楚，齊國也一直表示友好。然而，齊
國在合縱同盟下土地及政治勢力不斷攀
升，讓秦國發現與齊國交好進而合作共
分利益的期望不可及。

齊國國勢漸盛的局面，也令其他小
國感到秦、齊的大國平衡從西向東傾斜
的不安，這些小國的張惶提供秦國交好

政策轉彎的浪頭。

早就暗中布局想破壞齊國與魏、趙
關係的蘇代這時候又拐編齊王：

「魏國與趙國離秦國比較近，現在
五國聯合攻秦如果不能勝利，魏趙兩國
必然會為保存自己向秦求和，這樣秦就
會和其他國家聯合攻齊，所以大王還是
先與秦談和，避免以後被動。」

這個聽起來一切都是為齊國著想的
建議，很快得到接納，於是齊國瞞著魏、
趙偷偷與秦國交好。被齊國出賣，魏、趙
兩國惱火，倒過來聯絡秦國一起攻齊。

秦昭王二十二年（公元前二八五
年），秦在發兵攻齊前，約楚王在宛（河
南南陽）相會，「結和親」，又和趙惠文王
在中陽（山西中陽）相會。使秦國與楚、
趙兩國的關係再趨緊密。同時派蒙武帶
兵越過韓、魏，向齊的河東進攻，取九個
城，設為九縣。

次年，秦昭王和魏昭王會於宜陽，又
和韓王會於新城（河南伊川西南），商討

秦國大事紀

趙武靈王傳國於何

魏王會齊王於韓，韓立咎為太子

趙滅中山

齊伐燕

BC299
昭王
8年

BC296
昭王
11年

伐齊之事。燕國為這一天，佈置好久。蘇代的辛苦真沒有白費。

　　秦昭王二十三年（公元前二八四年）秦王派尉斯離率軍與燕、韓、趙、魏軍會合。趙王以相國印綬樂毅，樂毅統率燕、秦、韓、趙、魏五國軍隊伐齊，在濟水以西大敗齊軍。

　　接著，樂毅遣還秦、韓的軍隊，分魏國的軍隊攻占原宋國地，分趙國軍隊攻取河間（河北獻縣東南），自己率軍長驅進擊，接連攻下齊都臨淄，將齊王宮室裡所有的寶物送往燕國。齊湣王則逃到莒（山東莒縣），向楚國求救。

　　請鬼拿藥單。

　　楚王派淖齒救齊，但淖齒想和燕平分齊地，便殺掉齊王。

　　樂毅把燕軍分成五路伐齊，六個月內，攻下齊國七十餘城，只有莒和即墨（山東平度縣東），未能攻下。在這次攻齊戰役中，秦國攻取以前齊所得的宋地陶邑（山東定陶西北）。

　　齊國至此，與霸業告別。

齊長城遺址

蘇秦

　　蘇秦與張儀都是戰國時期的縱橫家。

　　《史記‧張儀列傳》說「蘇秦自以不及張儀」，而張儀也說「吾不及蘇君明矣」。兩人雖都向鬼谷先生學習縱橫術，但蘇秦是合縱說的倡導者，而張儀卻是連橫說的倡導者，兩人在戰略思想上相互對立。

　　所以司馬遷在《史記‧太史公自序》中說：「天下諸侯都因為連橫的事而頭痛，因為秦如虎似狼，貪心不足，當時只有蘇秦能夠保存諸侯的國家，他提倡合縱來壓制貪強的秦國。所以作《蘇秦列傳》第九。六國已經訂立縱約，而張儀懂得合縱的內容，故他瓦解諸侯團結的陣線。所以作《張儀列傳》第十。」

　　蘇秦和張儀兩人主張對立，由於他們的遊說活動，使戰國時期各諸侯國之間的兼併戰爭更加變得紛繁複雜。

　　蘇秦，字季子，東周洛陽人。「東事師於齊，而習之於鬼谷先生。」蘇秦自稱「鄙人」，可能出生在一個農民家庭。他和張儀一樣，到處遊說；最初「求說周顯王。顯王左右素習知蘇秦，皆少之。弗信」。他只好到西邊的秦國去。

　　不巧，喜歡任用賓客的秦孝公死了，他便以連橫主張遊說秦惠王，憑藉秦國優越的地理條件，「可以吞天下，稱帝而治」。秦惠王認為「毛羽未成，不可以高蜚；文理未明，不可以併兼。」加之「方誅商鞅，疾辯士，弗用」。蘇秦只好到趙

國。因為安平君趙成很不喜歡蘇秦，又未被任用。

　　秦惠文王四年（公元前三三四年），又到燕國，對燕文侯說：

　　「秦之攻燕也。蹖雲中、九原，過代、上谷，彌地數千里，雖得燕城，秦計固不能守也。秦之不能害燕亦明矣。」

　　「趙之攻燕也，發號出令，不至十日而數十萬之軍軍於東垣矣，渡呼沱，涉易水，不至四五日而距國都矣。」

　　「願大王與趙從親，天下為一，則燕國必無患矣。」

　　蘇秦認為燕之威脅不是來自於秦，而是趙國。因此提出要燕、趙聯合，可以使燕無外患。燕文侯同意蘇秦的意見，並「資蘇秦車馬金帛以至趙」。蘇秦來趙時，秦已成為強國，諸侯國聯合抗秦，成為這一時期合縱的主要內容。

　　這時安平君趙成已死，蘇秦便以合縱主張勸說趙肅侯：

　　「安民之本，在於擇交，擇交而得則民安，擇交不得則民終身不安。」

　　「當今之時，山東之建國，莫強於趙。」

　　「秦之所害於天下者莫如趙，然而秦不敢舉兵伐趙者，何也？畏韓、魏之議其後也。然則韓、魏，趙之南蔽也。」

　　「韓、魏不能支秦，必入臣於秦。秦無韓、魏之規，則禍必中於趙矣。」

　　「臣竊以天下之地圖案之，諸侯之地

五倍於秦，料度諸侯之卒十倍於秦，六國為一，併力西鄉而攻秦，秦必破矣。」

「夫衡人者，皆欲割諸侯之地以予秦。」因此，「莫於一韓、魏、齊、楚、燕、趙以縱親，以畔秦。令天下之將相會於洹水之上，通質，刳白馬而盟」。

「六國縱親以擯秦，則秦甲必不敢出於函谷以害山東矣，如此。則霸王之業成矣。」

蘇秦得到趙肅侯的支持和資助後才開始施用合縱之計聯合關東六國抗秦，但一開始就遇到難題。

張儀入秦，秦惠王以為客卿。同時派遣犀首率軍攻打魏國，「且欲東兵。蘇秦恐秦兵之至趙也。」，「敗約後負，念莫可使用於秦者。乃使人微感張儀」去向蘇秦「求通子之願」，張儀這時「游諸侯無所遇，困於楚」。

在張儀到趙國求見蘇秦時，蘇秦安排張儀「坐之堂下，賜僕妾之食」，並「謝去之」。「張儀之來也，自以為故人，求益，反見辱，怒。」「乃遂入秦。」蘇秦暗地裡「乃言趙王，發金幣車馬使舍人微隨張儀」，使張儀「得以見秦惠王」。

蘇秦舍人在離開時對張儀說：

「蘇君憂秦伐趙，敗縱約，以為非君莫能得秦柄，故感怒君，使臣陰奉給君資，盡蘇君之計謀。今君已用，請歸報。」

張儀說：

「此在吾術中而不悟，吾不及蘇君明矣！吾又新用，安能謀趙乎？為吾謝蘇君，蘇君之時，儀何敢言？且蘇君在，儀寧渠能乎！」

合縱者蘇秦利用激怒法使連橫者張儀為合縱聯盟服務，避免秦攻打趙國。這場合縱與連橫的交鋒，使張儀深感自己不如蘇秦。

在戰國中期是以合縱取勝，在蘇秦死後，張儀的連橫才得以破壞五國合縱攻秦。

蘇秦見張儀入秦後，無意攻趙，便以趙王使者的身分去勸說各國君主合縱抗秦。

他先到韓國勸說韓宣惠王，他說：

「天下之強弓勁弩皆從韓出。」

「以韓卒之勇，被堅甲，蹠勁弩，帶利劍，一人當百，不足言也。夫以韓之勁與大王之賢，乃西面事秦，交臂而服，羞社稷而為天下笑，無大於此者矣。」

「大王事秦，秦必求宜陽、成皋。今茲效之，明年又復求割地。」

「大王之地有盡，而秦之求無已，以有盡之地而逆無已之求，此所謂市怨結禍者也，不戰而地已削矣。」

韓宣惠王當即表示：

「必不能事秦，今主君詔以趙王之教，敬奉社稷以從。」

蘇秦得到韓宣惠王的表態後，又去勸說魏惠王不要聽信主張連橫者的話而抗

秦，他說：「臣竊量大王之國不下楚，然衡人怵王交彊虎狼之秦以侵天下，卒有秦患，不顧其禍。」「凡群臣之言事秦者，皆奸人，非忠臣也。」

「大王誠能聽臣，六國縱親，專心併力一意，則必無強秦之患。」

魏襄王聽後，表示：

「敬以國從。」

所以當張儀來魏勸說魏襄王「事秦」時，襄王不從。後來秦軍攻打魏國，「斬首八萬」，這時魏襄王才背縱約，向秦請求和解。

接著，蘇秦又向東方去勸服齊宣王：

「夫以大王之賢與齊之強，天下莫能當。今乃西面而事秦，臣竊為大王羞之。」

「不深料秦之無奈齊何，而欲西面而事之，是群臣之計過也。今無臣事秦之名而有強國之實，臣是故願大王少留意計之。」

齊宣王也表態：

「敬以國從。」

蘇秦向西南去勸說楚威王：

「秦之所害莫如楚，楚強則秦弱，秦強則楚弱，其勢不兩立。故為大王計，莫如縱親以孤秦。」

「大王誠能用臣之愚計，則韓、魏、齊、燕、趙、衛之妙音美人必充後宮，燕、代橐駝良馬必實外廄，故縱合則楚王，衡成則秦帝。今釋霸王之業，而有事人之名，臣竊為大王不取也。」

楚威王說：

「秦，虎狼之國，不可親也。」

「寡人自料以楚當秦，不見勝也；內與群臣謀，不足恃也。寡人臥不安席，食不甘味，心搖搖然如縣旌而無所終薄。今主君欲一天下，收諸侯，存危國，寡人謹奉社稷以從。」

經過到處遊說，蘇秦成功完成合縱抗秦的策略。

「於是六國縱合而併力焉。蘇秦為縱約長，並相六國。」

「蘇秦既約六國縱親，歸趙，趙肅侯封為武安君，乃投縱約書於秦。秦兵不敢窺函谷關」，後來，「秦使犀首欺齊、魏，與共伐趙，欲敗縱約。齊、魏伐趙，趙王讓蘇秦。蘇秦恐，請使燕，必報齊。蘇秦去趙而縱約皆解。」

秦惠文王六年（公元前三三二年），齊王攻燕，取十城。蘇秦去齊勸說齊王歸還燕國的十城。蘇秦回到燕國，燕王不再任他官職。

秦惠文王更元元年（公元前三二四年），蘇秦假裝在燕國致罪，逃到齊國。齊宣王任他為客卿。「齊大夫多與蘇秦爭寵者，而使人刺蘇秦。」

儘管蘇秦為齊人所殺，但司馬遷認為：「蘇秦由一個里巷間的平民出身，卻能聯合六國一起抗秦，這正表明他的智慧有超過常人的地方。」

第二章
六合畢・四海一

外交政策的改變

秦與三晉關係

韓、魏兩國在秦、齊十餘年的對峙形勢中，常常成為兩國拉攏的對象。

秦惠文王在位期間，韓、魏從秦，秦國得以勝齊、楚國，攻取楚國的漢中。昭王在位時，韓、魏兩國轉向齊國，使齊國先後戰勝秦、楚、燕三國，奪楚的宛、葉以北給韓、魏，又迫使秦國歸還以前所占取的韓、魏一部分土地。

韓、魏的態度影響秦、齊兩國勢力天平的移動。

五國攻齊給秦國擴張領土的機遇，替秦國剷除東方勁敵。從此，秦國將東進的目標轉向三晉與楚國。

秦昭王三十一年（公元前二七五年），秦昭王令穰侯魏冉發兵攻魏，占取兩城，直逼魏都大梁（河南開封市西北）。韓派暴鳶來救，也被秦軍擊敗，魏只得獻出溫地（河南塩縣西南）向秦求和。

魏冉再向魏進兵，魏將芒卯敗走北宅（河南鄭州北），魏冉遂圍魏都大梁。

魏國大夫須賈說魏冉：

「從前梁惠王出兵伐趙，占據三梁，攻破邯鄲，趙國雖敗卻不肯割地，最終收復邯鄲；齊國攻衛，攻破國都，殺死子良，衛國堅決不肯割地，也收復失地。

趙國、衛國之所以能夠保全自己領土完整、不被其他諸侯兼併，就是因為他

秦國大事紀

魏昭王入趙朝見

BC289
昭王
18年

魏王獻地與趙，趙合魏伐宋

BC288
昭王
19年

51

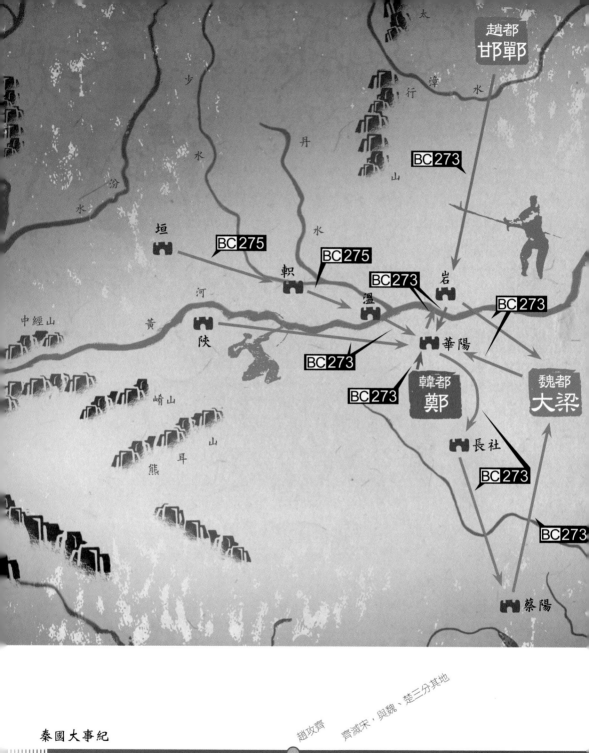

太

趙都
邯鄲

少

丹

水

行

漳

水

BC273

水

山

汾

水

河

垣

BC275

軹

BC275

BC273

岩

BC273

中經山

黃

河

溫

陝

BC273

華陽

BC273

崤山

韓都
鄭

BC273

魏都
大梁

山

耳

熊

長社

BC273

BC273

蔡陽

秦國大事紀

趙攻齊　　齊滅宋，與魏、楚三分其地

BC286
昭王
21年

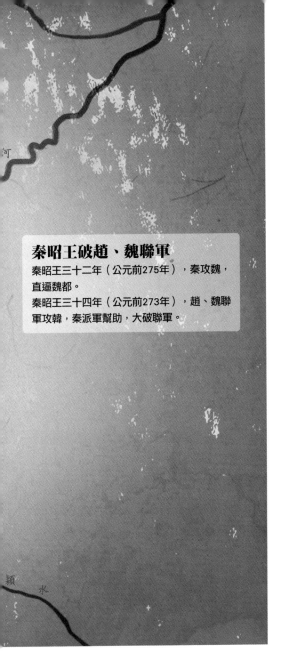

秦昭王破趙、魏聯軍

秦昭王三十二年（公元前275年），秦攻魏，直逼魏都。

秦昭王三十四年（公元前273年），趙、魏聯軍攻韓，秦派軍幫助，大破聯軍。

河

潁水

們能夠忍受苦難，珍惜自己的領土。

宋國與中山國被滅國，正是因為屢次割地求和。所以魏國有大臣勸魏王傚法趙、衛兩國，不要割地或者少割地。

現在魏國調動三十萬大軍保衛大梁，秦軍不僅難以攻下大梁，就連陶邑也可能保不住。魏王正在猶豫要不要少割地來求和，您還不如趁機答應與魏議和，這樣您不用動兵，就能擴張土地。

同時，楚、趙因為魏與秦講和必然也會懼怕秦國的威力，爭著討好秦國，到時合縱自然瓦解，秦就可以各個擊破其他國家。希望您考慮不要攻打大梁。」

魏冉覺得有理，就放棄攻打大梁。

結果，第二年，各國還沒來巴結秦國，魏國就跑去跟齊國當好朋友，激怒秦國，魏冉再次出兵攻魏，斬首四萬人，奪取魏國三個縣。

秦昭王三十三年（公元前二七三年），趙、魏聯軍攻韓，到達華陽（河南鄭州），韓求救於秦，秦派白起破趙、魏聯軍，斬首十五萬，魏獻南陽郡向秦請和。

樂毅謀伐齊

樂毅破齊

BC285
昭王
22年

BC284
昭王
23年

秦軍乘勝取卷（河南原陽西）、蔡陽（河南上蔡北）、長社（河南長葛東北），並進圍大梁。魏國快不行了，此時楚國春申君出面邀秦國一起當好朋友，替魏國解危。

魏國是「天下之中身」，秦三次攻魏，「示天下腰斷山東之脊」。韓、魏兩國在秦軍連番攻伐下，已徹底衰微，三晉只剩下趙能與秦抗衡。

秦昭王三十六年（公元前二七〇年），秦攻占趙國的藺（山西離石縣西）、離石（山西離石縣）、祁拔（山西祁縣東）三地，趙國以公子部作為人質送到秦國，請求用焦（河南三門峽市西）、黎（河南浚縣）、牛狐三地，換回藺、離石、祁拔三地，秦國同意。

而後，趙不履行交換城邑的協議，秦昭王大怒，派中更胡陽率兵伐趙，進攻趙的險要之地閼輿（山西和順縣）。次年，趙王派將軍趙奢前往救援。

趙奢率大軍在距離邯鄲三十里處駐屯二十八天，以不敢救援的假象迷惑秦軍的探子。騙走秦軍奸細的同時，令士卒兩日一夜急行軍到達離閼輿五十里處駐紮，將一萬人占據北山，奪取制高點。秦軍得知後，與趙軍爭奪山頭，被趙軍打敗。秦軍遭到前所未有的損失。

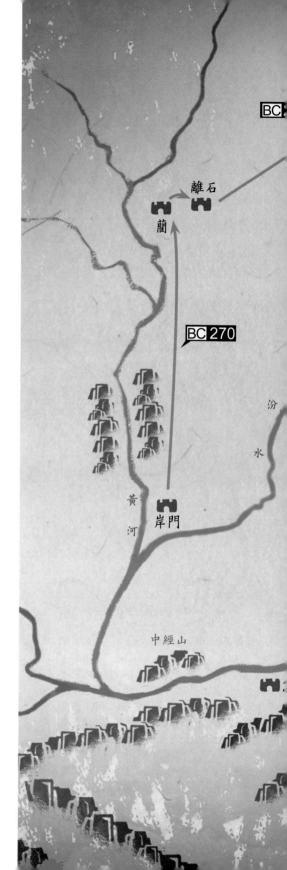

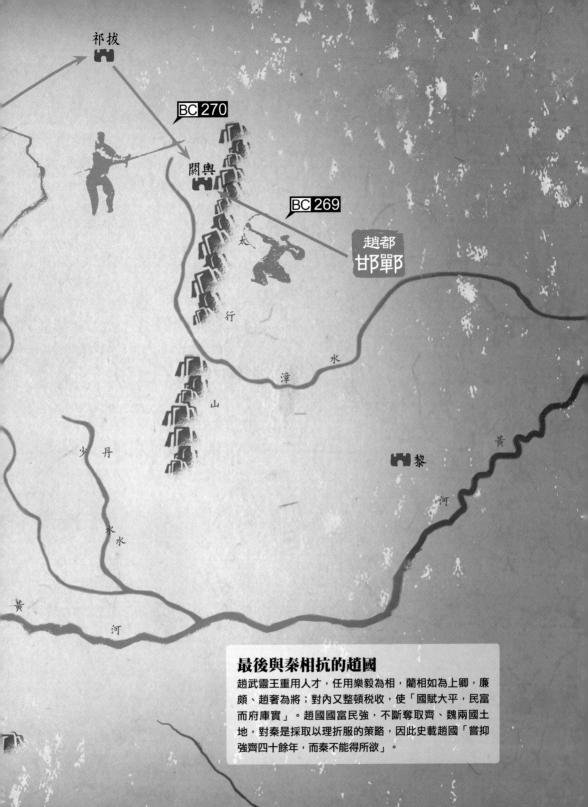

祁拔

BC 270

關興

BC 269

趙都
邯鄲

太

行

山

漳 水

少 丹

水 水

黎

黃

河

黃

河

最後與秦相抗的趙國

趙武靈王重用人才，任用樂毅為相，藺相如為上卿，廉
頗、趙奢為將；對內又整頓稅收，使「國賦大平，民富
而府庫實」。趙國國富民強，不斷奪取齊、魏兩國土
地，對秦是採取以理折服的策略，因此史載趙國「嘗抑
強齊四十餘年，而秦不能得所欲」。

遠交近攻與三晉

范雎為秦相之前，在秦國的連橫策略中，「近交遠攻」是一直以來的政策執行核心。這個概念偶爾因齊國斷斷續續向秦國釋出友善的氣味或有鬆動，但及至五國伐秦大逆轉為聯合攻齊，「遠攻齊」的策略算是得到最大成效，而且，使齊國國力大傷。

只是「遠攻」的作法並未使秦國因此立即得利。

或者說，得利者是當時專權的穰侯魏冉。並且讓秦國的對外政策由「遠交齊國攻近鄰」改為「交近鄰遠攻齊國」的起因，也在穰侯魏冉。

在五國伐齊的結果中，秦國得到齊地陶邑，這塊地落進魏冉的口袋裡，成為魏冉的封地。秦昭王三十七年（公元前二七○年），魏冉聽從客卿之言，發兵攻取齊國的剛（山東寧陽東北）、壽（山東東平西南）兩地，使封地陶邑變得更大。這時候，一直想在秦國謀職的客卿范雎偶遇秦昭王，被昭王身邊隨從斥問見王為何不避時，范雎說：

聞秦有太后、穰侯，不聞有王。

秦昭王即位三十餘年，滿朝都是魏冉及宣太后的親族，魏冉雖未做出害秦之事，但秦昭王還是將范雎的話聽進心裡，范雎則藉這一句母子、甥舅的挑撥，走進秦昭王的祕密相談室。

范雎在相談室中告訴秦昭王：

「大王之國，四塞堅固、勇士百萬、戰車千乘，有利於攻守，這正是王者之地！民眾不私鬥而且勇於征戰，這是王者之民啊。

以大秦將士之勇、車騎之眾，來治理諸侯，就如良犬搏兔一樣簡單，憑這兩點就可以成就帝業，諸侯沒有敢於對抗的。然而秦國從閉關十五年直到現在，不敢出兵與東方諸侯稱霸，就是因為穰侯沒

衛嗣君卒，子懷君立

趙攻魏，取伯陽

BC283
昭王
24年

BC282
昭王
25年

有為大秦盡忠，大王的策略不恰當。」

數落過魏冉的不是後，范雎又說：

「穰侯越過韓、魏而攻打齊國並非好策略，他明知道不能完全信任別的國家，卻還是堅持越過韓、魏去攻打遠方國家，這可能嗎？

當初齊王攻破楚國，連一寸土地都沒有得到，其他諸侯趁齊國兵疲馬乏、君臣不和時聯合攻打齊，最終攻破齊國，為什麼會這樣呢？就是因為齊進攻遠方的楚，卻給臨近的韓、魏強大起來的機會。但從前趙國獨吞臨近的中山國，名利雙收，天下人並沒有拿趙國怎樣。

所以，大王實在不應該『遠攻近交』，而應該傚傚趙國，實施『遠交近攻』。韓、魏地處中原，是天下樞紐之地，大王要稱霸，必須首先佔據韓、魏兩國，以此威脅楚國和趙國。楚強大，趙自然會依附秦，趙強大，則楚也會依附秦，若楚、趙兩國都依附秦國，則齊國自然會害怕，一定會攜帶重禮討好秦國。」

秦昭王接受范雎的國策方向，從此「遠交近攻」策略取代持續五六十年之久的合縱連橫，成為戰國後期秦國的外交軍事方針。范雎被拜為客卿，為秦國「遠交近攻」謀劃。

秦昭王三十九年（公元前二六八年），秦昭王使五大夫伐魏，取懷（河南武陟西南），秦昭王四十一年（公元前二六六年）再攻魏，取刑丘（河南溫縣東北），魏國果然向秦國請和。

這時，范雎再建議趁機攻韓：

「韓國對秦而言，就如木頭上的蠹、人的心腹之病。天下不變則已，一旦有變，韓就是秦最大的憂患，所以，大王不如收服韓國。」

秦昭王也很想收服韓國，但是韓國待秦的態度始終反反覆覆，秦昭王問范雎要辦法。

范雎說：打他。

范雎建議秦王出兵攻打滎陽，切斷鞏、成皋之間的道路，向北切斷太行通

趙決河水攻魏

趙以伯陽還魏
楚攻舊巴國，取枳

BC281
昭王
26年

BC280
昭王
27年

道,攔截上黨韓軍南下的道路,一舉攻取榮陽,將韓國切成三段。韓國一旦面臨存亡危機,必然臣服。

《戰國策·趙策一》載秦昭王將此事徵詢公子他的意見,公子他表示:

王出兵韓,韓必懼,懼則可以不戰而深取割。

秦昭王結束諮詢後,發兵兩路:一軍臨榮陽,一軍臨太行山。

自秦昭王四十二年(公元前二六五年)起,秦軍攻取韓國少曲(河南濟源東少水彎曲處)、高平(河南孟縣西北)、陘城(山西曲沃東北)、南陽(太行山南)等地,將韓國攔腰切斷,孤立上黨地區(山西沁河以東),韓國節節敗退。秦昭王四十五年(公元前二六二年),又派兵攻韓,奪取野王(河南沁陽)等十城,使韓國上黨郡完全和國都隔絕。

次年,韓國面臨危機,派陽城君到秦國,如公子他所料「深割」上黨以求和,並派公子韓陽通知上黨郡守靳黈。但是,靳黈不願退走,並表示願以身殉國。

太壯烈了。不過,這讓韓王很頭大。

韓王已經答應將上黨郡割給秦國,現在反悔恐怕要招來更大的禍事,便讓馮亭去上黨把想死的靳黈換下來。

馮亭接上黨郡守後,並未安靜地等秦國來掛國旗,而是派人暗通趙王,將上黨郡十七個縣獻給趙國。

《戰國策·趙策一》載,馮亭替全上黨人表達對趙王的仰慕之意:

其民皆不欲為秦,而願為趙。

受人仰慕是如何得意的事,趙王將這件事告訴平陽君,卻被平陽君澆一頭冷水。平陽君一點也不以為趙王能得什麼仰慕,他說:

聖人甚禍「無故」而利。

不過,趙王自己美得很,沒聽懂平陽君含蓄的語意,反問平陽君:

人懷吾義,何謂無故?

平陽君倒沒有指著趙王,「你也不瞧瞧自己的德性」,只是分析當時局勢。

秦國大事紀

齊將田單復國
燕破東胡

魏昭王邀卒,子安僖王圉立

BC279	BC277
昭王	昭王
28年	30年

秦蠶食韓氏之地，中絕不令相通，故自以為坐受上黨也，且夫韓之所以內趙者，欲嫁其禍也。秦被其勞，而趙受其利。雖強大不能得之於小弱，而小弱顧能得之強大乎？今王取之可謂有故乎？且秦以牛田，水通糧，其死士皆列之於上地，令嚴政行，不可與戰。

平陽君最後一句話，說：「你自己想清楚。」

趙王聽完平陽君的話就火了：

夫用百萬之眾，攻戰踰年歷歲，未見一城也。今不用兵而得城七十，何故不然。

趙王「不要白不要」的心態已經很明顯，趙王看不出上黨是丟在火裡的栗子，平陽君講不通，只得告辭走人。

被搞得一頭涼的趙王此時需要安慰，找來平原君趙勝與趙禹。兩人一番驚訝地恭賀，趙王便讓平原君去接收上黨，掛國旗。

平原君到上黨後頒佈王令，給上黨一份豐厚的禮物：

以三萬戶之都封太守，千戶封縣令，諸吏皆益爵三級，民能相集者，賜家六金。

不過，馮亭並沒有在聽完豐厚的賞賜後，高聲喊「耶」。

馮亭強忍欲落的淚水，說自己身為郡守不能以身殉國，反而把土地送給別人，又不能服從已將土地送給秦國的君令，竟然還因賣主地而得封食，實在是不義之人。

馮亭表示不能也不該接受趙王的好意，便打包回韓國。馮亭回到韓國後，奏明趙王：

趙聞韓不能守上黨，今發兵已取之矣。

韓國將此事告之秦國：

趙起兵取上黨。

太好了，而後是：

秦王怒，令公孫起、王齮以兵遇趙於長平。

栗子熟了。

秦、趙之戰，一觸即發。

趙將廉頗取齊幾邑

楚王收東地兵十餘萬，收復黔中十五邑，重新建郡以拒秦

莊蹻稱王於滇

BC276
昭王
31年

《戰國策‧秦策三》載有一段大戰爆發前的情況，篇名為《天下之士合從相聚於趙》。

當時，天下策士聚於趙國討論合縱盟約，目的為結合六國之力抗秦。天下菁英集於趙國商討伐秦事，但范雎請秦昭王不必憂心，他拍胸脯打包票弄倒這批人。

范雎給秦臣唐雎五千金，讓他用車載美女與樂隊前往趙國武安（河北武安）擺流水席、送金子。這批金子，有的人拿到，有的人沒拿到。不過凡拿到秦國金子的策士都跟秦國好得跟兄弟一樣。

唐雎對這個散槍打鳥的發錢用意可能不太明白，范雎表示誰拿走金子不要緊，發出去就好，並且再給唐雎五千金，唐雎又繼續在趙國發金子。

這次很棒，金子只發一半，在趙國討論如何合縱抗秦的策士便開始內鬥。

范雎向秦昭王描述這個「散金計」時，做一個比喻：

王見大王之狗，臥者臥，起者起，行者行，止者止，毋相與鬥。投之一骨，輕起相牙者何則？有爭意也。

范雎篤定秦國不曾得罪這些策士，這些人之所以會在趙國討論如何對付秦國，無非「以己欲富貴耳」，范雎也是策士，知己知彼，驕傲地明白這些「謀略流浪漢」所求者不過小貴小富，才讓唐雎去丟骨頭。

趙國的合縱會議結果如何，未見史載，不過大概也七七八八，才讓趙國在而後的長平大戰裡無盡心酸。

合縱會議金光閃閃，秦昭王不再多有忌諱，派大將王齕領兵攻取上黨郡，又派白起率軍聲援王齕，一起進攻長平。

自此起，秦、趙在長平開始一場既長且苦的戰爭。

長平在今山西高平西北，東起鴻家溝、邢村，西至骷髏山、馬鞍壑，南及米山鎮、北達丹朱嶺，東西之間夾著丹河，方圓有幾十公里。

秦國大事紀

趙伐齊

華陽之役

東胡叛趙，掠代地，趙取東胡

韓僖王俁卒，子垣惠王立

魯文公賈卒，子頃公讎立

BC275	BC273
昭王	昭王
32年	34年

秦昭王四十六年（公元前二六一年）秦軍攻取上黨後，趙將廉頗知道趙、秦兩軍實力懸殊，強攻奪回上黨實不可行，便轉攻為守。

此時，秦將王齕已攻陷趙軍設在空倉嶺（山西高平與沁水交界處）的壁壘，並奪取趙軍用來接應和補給的光狼城，一直打到丹河（山西高平）西岸與趙軍隔岸相對。

為避免和秦軍打正面的硬戰，廉頗將丹河做為屏障，依靠大糧山、韓王山兩處高地制約秦軍，築起一個堅固的防禦陣地，秦軍雖強卻一直無法突破趙軍的防線，廉頗命令趙軍堅守，任憑秦軍百般挑釁，都不得隨意應戰。

兩軍相峙的局面持續三年。

秦軍久攻不勝，被趙軍拖得日漸疲乏，不能速戰速決對遠來的秦軍極為不利，秦王一籌莫展時，一向不願輕捋秦國虎鬚的趙國派出使者鄭朱至秦，試談和解的可能。

秦國熱情地招待鄭朱，大談秦趙之好，使合縱會議裡各會員國以為趙、秦已經和解，而停止援趙抗秦計畫。

此時，秦國得知趙王對廉頗只守不攻的戰術心有疑慮，范雎便獻「反間計」，欲除廉頗。

范雎派自己的門客潛入趙都邯鄲，用千金賄賂趙王身邊的人，散播謠言：

「廉頗已經老了，屢戰屢敗，現在已經不敢出戰，馬上要投降，若更換年輕有為的趙括做將領，秦國恐怕難以取勝。」

趙王本來就對廉頗避而不戰的做法很不滿，聽到謠言更加認定廉頗無用，趙王便廉頗的軍權，改任趙括統軍。

說到趙括這個人，出身名門，乃名將趙奢之子，素以擅長兵法著稱，在趙國幾乎沒有人能在軍事辯論上勝過趙括。

趙括在趙國流傳的名聲，是范雎設計的重要元素。因為這傢伙的底，只有他爹跟他娘知道。

趙括名聲雖好，趙奢知道決不能讓

燕相王，擁立其子。秦助
韓、魏、楚乘機伐燕

趙攻齊

BC272
昭王
35年

BC271
昭王
36年

這個兒子領兵出戰。長平之戰時，趙奢已經去世多年，趙括的母親得知趙王要趙括任將抗秦時，立刻上書趙王，請趙王收回成命。

趙王可能以為趙母的信是媽媽疼兒子，未便答應。結果，趙媽媽哭著懇求趙王，萬一趙括不成事打敗仗，希望趙王不要將她與趙括一同治罪。

趙媽媽都把話說成這樣了，趙王仍然只是答應趙媽媽請求，堅持讓趙括前往長平替換廉頗。

秦軍得知這個消息後，雖然不能立刻收拾個人裝備回家，但開始採購當地土產作為回鄉小禮物。

趙括到長平後，沒有辜負母親的相知，為一展長材，立刻頻繁更換將領，更改制度，趙軍士氣急轉直下。

急求表現的趙括在未完全得知秦軍的狀況，即刻放棄廉頗的戰略，準備主動攻打秦軍。

趙國陣前換將的消息一傳到秦國，

秦昭王即刻命白起為上將軍，祕密前往長平代替王齕指揮作戰，並增派大批援軍。

白起是實戰經驗豐富的老將，到長平時立刻看出趙括是「紙上談兵，求勝心切」，便決定採用「誘敵深入，圍割斷殲」的戰術對付趙括。

白起先派王齕率領小部分秦軍誘趙軍出戰，而後佯裝敗退，將趙軍誘入秦軍修築的壁壘中。

司馬錯、司馬梗等率秦軍埋伏陣地兩側，大將胡傷的軍眾從中間截斷趙軍後路。王翦、蒙驁領五千騎兵牽制趙軍於壁壘間，把趙軍切成兩段，堵住趙軍運糧的道路。

白起總是以「殲滅」為作戰方針，這次，也沒打算給誰留面子。

秦昭王四十六年（公元前二六○年），八月，趙括對秦軍的佈置毫無知覺，自信滿滿地領軍渡過丹河，向秦軍進攻。

趙惠文王何卒，太子丹立，是為孝成王

秦國大事紀

BC266
昭王
41年

一切如白起所料，趙軍一路追殺佯敗的秦軍，落入白起的圈套裡，發現中計時，回頭後方已被秦軍切斷，丹河對岸韓王山上的高地防禦工事已被秦軍占領。

趙括所率的趙軍主力被秦軍包圍在丹河西岸，無法突圍也無法得到補給，圍困四十六天，糧盡援絕，輪番突圍失敗。趙括親自帶兵強行突圍，結果死於秦軍箭下。

長平一役，趙軍大敗，秦軍俘獲趙軍四十五萬人。

四十五萬人是黑壓壓的一大片，幾與秦國全國兵力相當，收下這批降兵，秦國軍隊將有一半的「外國人」。

而且，用現在的算法：一個便當五十塊，一天吃三餐，四十五萬人每天至少吃掉六千七百萬元。

史料未載白起千里迢迢由西到東帶多少便當錢出遠門，但是說白起以日後恐「再生禍亂」為由，只送還兩百多個年幼小兵回趙國，其餘趙軍全部坑殺。

秦昭王四十八年（公元前二五九年），秦國在長平之戰得勝後，一鼓作氣攻取韓的上黨郡。後又分兵兩支：王齕攻陷趙武安（河北武安西南）、皮牢（山西翼城東北），司馬梗平定趙太原郡（山西太原西南）。

此時，白起主張一舉滅趙。韓、趙害怕秦軍繼續進攻，便命蘇代赴秦見范雎，離間范雎與白起的關係。

這段恩怨在《史記·白起列傳》中明述是蘇代幹的好事，在《戰國策·秦策三》之中，則含蓄地說是「有人」，不管這個人是誰，但必是范雎的知己。

此人分析：白起南征楚，北討趙。趙國滅亡，秦王成為天下共主時，以白起的功勞必位列三公，到時候范雎即使心有未甘也不得不服。這個人勸范雎與其而後向白起低頭心裡難過，不如現在想辦法讓秦昭王同意韓、趙割地求和，以免白起的功勞越堆越高。

投骨者人恆投之，骨頭大小而已。

秦急攻趙，趙求救於齊。齊出兵，秦乃退

齊將田單攻燕

楚頃襄王橫卒，子完立，是為考烈王

BC265
昭王
42年

BC263
昭王
44年

太原

BC259

太行山

武安

趙者
邯鄲

BC259

汾水

BC259 長平

皮牢

BC261 中牟

陘城

BC261

BC265

BC265 少曲

南陽

BC266

河

懷

中經山

黃

高平

刑丘

BC268

焦

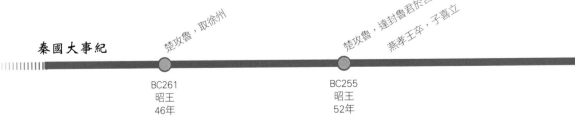

秦國大事紀

楚攻魯，取徐州

楚攻魯，逢封魯君於莒取其地

燕孝王卒，子喜立

BC261
昭王
46年

BC255
昭王
52年

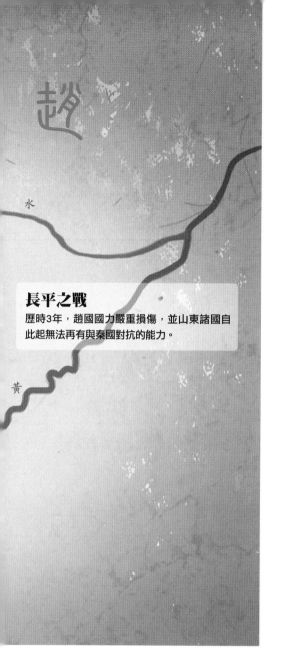

水

黃

長平之戰

歷時3年，趙國國力嚴重損傷，並山東諸國自
此起無法再有與秦國對抗的能力。

這番話正說出范雎的心事。白起屢
立奇功，功勳已經高得無以復加，不僅是
范雎，就連秦昭王也開始擔心白起功勞
太大威脅到自己，所以當范雎勸說秦與
韓、趙兩國休戰時，昭王覺得也是可以。

議和結果，韓割垣雍（河南原陽西
南）、趙割六城向秦議和，白起被召回，
從此與范雎結怨。

不過事出秦昭王意料之外。議和同
年九月，趙國私自毀約，聯合韓、燕、齊、
楚四國聯盟抗秦。

秦昭王四十八年（公元前二五八
年），秦王大怒，派五大夫王陵率軍包圍
趙都邯鄲，但這次進攻並不順利。

由於秦軍在長平的殘殺，激起趙人
的義憤，秦軍攻邯鄲時受到趙人的強烈
抵抗，秦軍屢受挫敗，至次年二月，秦還
未攻下邯鄲，損失慘重。

秦王想啟用白起接替王陵攻趙，白
起稱病不起，並勸秦王攻趙不是好主意。

白起託病不肯出征，秦相范雎又派

趙平原君公子勝卒

魏滅衛

趙圍燕都

燕伐齊，拔聊城，齊復克歸

BC254
昭王
53年

BC251
昭王
56年

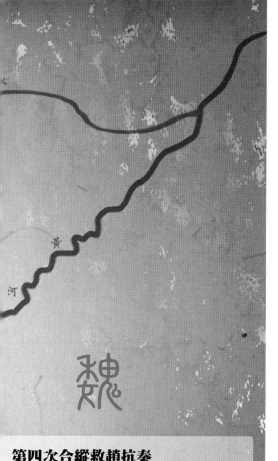

第四次合縱救趙抗秦

秦昭王四十九年（公元前257年）楚、魏解邯鄲之圍後，楚國忙於去滅魯，魏國向東擴展，燕、趙之間開始長期混戰。第四次合縱抗秦隨之消失。

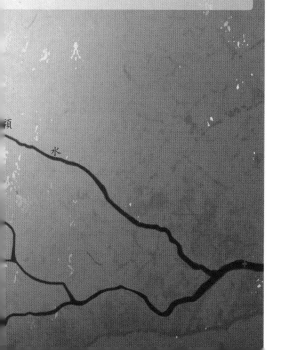

將軍鄭安平為主將進攻邯鄲。趙國採取持久防禦的戰略方針，避免和秦軍進行決戰，同時向魏、楚求救。

秦昭王四十九年（公元前二五七年），魏安釐王派將軍晉鄙率十萬大軍前去救趙，秦昭王得知後，向魏提出警告：誰援救趙，秦就在攻下邯鄲後，掉頭滅掉它。

魏王因此有所忌，便將軍隊駐紮在魏、趙交界處的湯陰（河南湯陰）。

此時，魏相，信陵君無忌，竊取魏王的虎符，假造命令，帶幾名勇士用鐵錐擊殺晉鄙，奪下指揮權，挑選八萬精兵進擊秦軍。同時，楚春申君黃歇也派景陽率軍救趙。秦軍在趙、魏、楚三軍的內外夾擊下大敗，秦軍鄭安平帶二萬人降趙。

這是東方六國第四次合縱，也是秦國繼闕與之役後的又一次大敗。但這些失利未曾有損大局，秦軍仍繼續東進。

秦昭王五十年（公元前二五六年），秦昭王派將軍摎率軍伐韓，攻取陽城（河南登封縣東南）、負黍（河南登封縣西南），斬首四萬；又攻趙取得二十多個縣，斬首九萬。

攻趙得利後，秦國虎盯上周王室。

此時，周已經分裂為東周和西周。周王室地位已經完全徒有虛名，為討好強國，甚至要向秦國繳稅並提供兵源。

其實，當時任何一國諸侯國都有出兵滅周的能力。就地理位置而言，韓國、魏國滅周最方便，但韓、魏沒有輕動，主要是畏懼滅周之舉招致「以下犯上」的罪名，成為其他各國共同討伐的對象。

這個時候，不怕給自己找麻煩的只剩下秦國。尤其是自從長平一戰之後，東方六國已經完全不是秦國的對手，周王室旁邊的韓、趙、魏三國已經被秦國割占很多領土，地理上已不成問題。

周赧王在大國紛爭的夾縫中苟延殘喘，躲在洛陽城內的宮中提心吊膽，怕秦國進攻王城。

去年，秦昭王四十九年（公元前二五七年），秦國攻趙國不利。消息傳到楚國後，楚王想趁此機會削弱秦國，慫恿周赧王以天子名義號召各國聯合攻秦。

周赧王非常高興，以為翻身的機會到了，不顧大臣的反對，立即召集軍隊，並向洛陽城內的富商籌錢購買武器糧餉，準備攻秦。

秦昭王五十年（公元前二五六年），周赧王派西周公率兵五千人到伊闕，等待其他六國派兵來一起攻秦，結果等三個月，才等來楚國、燕國一些老弱殘兵，而其他四國則遲遲不來。

臨時拼湊的三萬人馬因為等待消磨太長時間，早已不耐煩，無心於戰，不可能與幾十萬秦軍對抗。西周公只得帶著自己的人馬無功而返。

糟糕了。周赧王不僅沒有攻下秦國，反而因為之前籌借的軍費消耗殆盡，負債纍纍。

為逃債，赧王躲進宮內的一座高台上，給後世留下一句「債台高築」的成語，也是貢獻。

周赧王跑去老虎頭上拔毛，秦昭王一怒下派兵攻進周王城洛陽的外圍，韓國負黍（登封西南），直撲洛陽。

周赧王趕緊逃跑。本來周赧王打算

秦國大事紀

秦孝文王卒，秦莊襄王即位

趙圍燕都

燕伐齊，拔聊城，齊復克歸

楚滅魯

BC250
孝文王
元年

BC249
莊襄王
元年

逃奔韓、魏兩國，但有人勸說他：

「秦吞併六國已是大勢所趨，韓、魏兩國也不會倖免，大王與其到那時被俘受辱，不如趁早投降，結局還好一點。」

周赧王認命了。率領眾臣和宗室到祖廟哭拜，三天後，帶著家眷和地圖投降秦國，獻出三十六個城邑和三萬人民。

次年，秦昭王封他為周公，命其居住在梁城（西韓城南），並奪去周九鼎寶器。從此，東周成為秦國的一個小封國。周赧王死後，西周公被遷於但狐聚（河南臨汝西北）。

莊襄王元年（公元前二四九年），秦又滅東周。同年，莊襄王派蒙驁率軍伐韓，攻取韓的成皋、鞏、滎陽，連同原西周和東周故土，合成三川郡。於是「秦界遂至大梁」。

莊襄王三年（公元前二四七年），秦發兵攻陷魏的高都（山西晉城縣）和汲城（河南汲縣西南），又攻取趙國的榆次（山西榆次）、新城（山西朔縣）、狼孟（山西陽曲）等三十七個城。

由於秦對魏、趙、韓三國採取蠶食政策，特別是秦王政五年（公元前二四二年），秦軍分南北兩路攻取魏地酸棗（河南延津）、桃人（河南長垣）、山陽（河南焦作）和雍丘（河南杞縣）等二十城，建立東郡。至此，秦國的國土就和齊國國境相接，引起東方各國的恐懼。

秦王政六年（公元前二四一年），趙、楚、魏、韓、燕五國再合縱抗秦，趙將龐煖率五國聯軍攻秦，一直打到蕞（陝西臨潼縣東）。秦軍反擊後，楚軍敗逃，其他國軍隊撤退。而後楚國為避開秦的威脅，將國都從陳遷到壽春（安徽壽縣），退保江淮。

秦王政九年（公元前二三八年），秦王政親政時，秦國的土地已經居「天下之半」，「諸侯服秦譬若郡縣」。

趙助魏攻燕

秦莊襄王卒，秦王政即位

趙、燕易地

BC248
莊襄王
2年

BC247
莊襄王
3年

秦國蠶食三晉

秦國滅西周後，漸漸吞併韓、趙、魏領土。建立東郡後，把韓、趙、魏攔腰截斷，國土和齊國國境相接，秦軍離楚國都城陳只有一百六十里。

黃河

洛水

中經山

秦

渭　水

**秦都
咸陽**

BC241

嶔

秦嶺

新城

BC 247

狼孟

BC 247

陽

BC 247

榆次

BC 241

太行山

趙都
邯鄲

漳水

BC 241

黃河

C 247

高都

BC 247

汲

BC 242

桃人

少水

丹水

山陽

酸棗

BC 242

滎陽

魏都
大梁

BC 241

韓都
鄭

雍丘

BC 242

241

穎水

71

白起

白起（？～公元前二五七年），又名公孫起。郿縣（陝西郿縣東）人。

重用白起的人是魏冉。有一次，魏冉在秦軍的訓練場上巡視，發現有一支隊伍整齊劃一、行動猛烈、氣勢威猛，後來才知道這支隊伍的統領原來只是一個年輕人，因此發現白起年紀雖輕，但有非凡的軍事才能。

秦昭王十三年（公元前二九四年），任左庶長，是年，領兵攻韓國的新城（河南伊川縣西南）大敗韓軍，白起在新城之役中初露鋒芒，次年由左庶長越級晉陞為左更。

這是史書開始記載白起的第一戰。

新城之戰後，魏國急忙派公孫喜率軍八萬援助韓國，並組成韓魏聯軍抵抗秦國。

向壽指揮秦軍久戰不勝，秦國後方供給快要耗盡還是沒有取勝，戰事陷入僵局。魏冉於是大膽起用白起接替向壽，指揮秦軍。

當時據守韓國伊闕要塞的韓、魏聯軍將近二十四萬，而白起手下兵力還不及聯軍一半，又因為遠道而來，兵乏馬困，如果韓、魏聯軍全力迎戰或是靜待秦軍斷草斷糧，秦軍則不可能取勝。

白起一到前線，立即廢棄向壽的均衡進攻戰術，撤出與韓國對峙的秦軍，轉而集中突擊韓、魏兩軍交接的區域，利用韓魏聯軍貌合神離的缺點，以少量軍隊拖住主戰場上的韓軍，虛張聲勢，又派秦軍主力繞到聯軍後方，對魏軍發動猛烈襲擊，魏軍毫無防備，倉促應戰，數萬軍隊被全部殲滅。

此時，主戰場上的韓軍得知魏軍大敗，軍心大亂。白起趁勢一舉進攻韓、魏聯軍，僅用半天的時間，大敗韓、魏兩國，殺魏將犀武，斬首二十四萬，俘虜大將公孫喜，攻陷五個城池，攻佔伊闕。攻下伊闕後白起率軍渡過黃河，攻取韓安邑以東到乾河的土地。

伊闕之戰以少勝多，白起因此威震天下，不久獲封國尉一職，連升三級爵位至大良造。

韓、魏兩國在白起的連番攻伐下，已經衰微，而趙國經過趙武靈王「胡服騎射」的改革，國力日漸強盛，一時難被攻下。所以，秦國將對外擴張的重心轉到楚國。當時的楚國雖然朝廷腐敗，不如當年強大，但畢竟是一方霸主，兵士是秦軍的十倍，況且若是攻楚，旁邊的韓、趙、魏等鄰國必然會相救。

秦昭王二十八年（公元前二七九年），白起伐楚，率軍沿漢水而下，迅速攻佔水陸交通要地鄧（湖北襄樊），逼近楚國鄢城。楚軍雖然想抵抗，但漢水流域河網密佈，無法進行大規模兵團作戰，始終不能逼退秦國，只能退守鄢城。

白起命人先在離鄢城約一百里處築壩攔河，再修一條百里長渠，之後下令掘堤放水。洪水迅速淹沒整個鄢城，白起趁機一舉攻取鄢城等楚國五座城池。

數月後，白起又奪取楚國國都郢城以及夷陵（湖北宜昌），將夷陵全城連同楚國的宗廟付諸一炬，楚頃襄王逃亡到陳。

正當白起想一鼓作氣攻滅楚國之時，秦國國內發生戰略轉變。客卿范雎入秦，說服秦昭襄王放棄遠攻近交的戰略，提倡遠交近攻的戰略。

昭襄王接受范雎之議，取消將遠方楚國視為敵國的立場，於是白起從攻楚的前線被召回，改攻臨近的趙國。

秦昭王四十七年（公元前二六〇年），白起任上將軍率兵與趙軍在長平（山西高平西北）決戰。以迂迴戰術，圍困趙軍四十六天，而後乘趙軍突圍射殺趙將趙括，俘獲四十多萬人，放出二百四十名年幼戰俘，其餘全被活埋。

秦昭王四十九年（公元前二五八年），秦將王陵攻趙都邯鄲，王陵戰敗。秦昭王便想要白起去換王陵，武安君以為：「邯鄲實未易攻也，且諸侯之救日至；秦雖勝於長平，然士卒死者過半，國內空虛，遠絕山河，而爭人國都，趙應其內，諸侯攻其外，破秦軍必矣。」

白起以為此戰必敗，但昭王仍派王齕接替王陵。果然秦軍包圍邯鄲八、九個月，士卒死傷很多，仍然久攻不下。

白起知道後，諷刺說：「當初不聽我的，看現在怎麼辦？」

這番話惹惱昭王，秦昭王親自去見武安君，並強迫他從床上起來去領兵伐趙，還說：「如君不行，寡人恨君。」

白起向秦昭王叩頭說：

「臣知行雖無功，得免於罪；雖不行無罪，不免於誅。然惟願大王覽臣愚計，釋趙養民。」「大王若不察臣愚計，必欲快心於趙，以致臣罪，此亦所謂勝一臣而為天下屈者也。夫勝一臣之嚴焉，孰若勝天下之威大焉？」「臣寧伏受重誅而死，不忍為辱重之將。願大王察之。」

秦昭王未說動白起。之後楚國派春申君、魏國派信陵君率兵救趙，秦軍慘敗。

秦昭王將大敗的結果怪在白起身上，免去武安君的官位，貶為士伍，把他流放到陰密（甘肅靈台西南）。

白起離開咸陽，到城西門十里的杜郵，與白起不合的范雎跟秦昭王咬小耳朵，說白起不服流放。

隨即「王乃使使者賜之劍，自裁」。

白起自盡前問：「我何罪於天而至此哉？」他想了很久後，自答：「我因當死。長平之戰，趙卒降者數十萬人，我詐而盡坑之，是足以死。」

六國毀滅戰

秦國自從秦孝公任用商鞅變法起，國力逐漸富強。

後經秦惠王、秦昭王、孝文王、莊襄王，到秦王嬴政親自執政，共歷六代一百二十三年。期間，關東六國漸漸衰敗，秦國越戰越強，領土面積日益擴大。

秦惠王時，收復被魏國占去的河西地，並進而攻占魏的上郡；向東控制黃河天險和崤、函要塞，隨後又滅巴、蜀，占領楚的漢中。秦昭王時期是秦國大發展時期，此時秦不斷蠶食韓、魏，占領河東、上黨、南陽等郡，攻破楚都鄢、郢，以其地設置南郡，奪取楚的巫郡和黔中郡，滅義渠，置隴西郡和北地郡。

莊襄王時，秦滅東周，置三川郡，攻取趙地榆次等三十七城，置太原郡。秦消滅六國一百五十多萬軍隊，擁有天下三分之一的土地，領土已從今天的關中地區擴展到陝西南部、北部、甘肅、寧夏、四川、山西、河南、湖北、湖南等地區。

由於秦國採取靈活的合縱、連橫策略，最終打敗齊國，結束秦、齊東西對峙局面，使秦成為唯一的強國。

秦王政即位之時，滅六國的大勢已定。如李斯對秦王政所言：

自秦孝公以來，周室卑微，諸侯相兼，關東為六國，秦之乘勝役諸侯，蓋六世矣。今諸侯服秦，譬若郡縣。夫以秦之強，大王之賢，由灶上騷除，足以滅諸侯，成帝業，為天下一統，此萬世之一時也。今怠而不急就，諸侯復強，相聚約從，雖有黃帝之賢，不能并也。

李斯提醒秦王政，要即時乘勝發兵，吞併諸侯。自秦王政十六年起（公元前二三一年起），秦國在十年內相繼吞滅六國，建立帝國。

鋪首

鋪首，門扉上的環形飾物，多是獸首銜環的獸面紋樣。以銅鑄，稱銅鋪。裝飾目的為藉猛獸驅妖避邪。

秦勢力圖

秦莊襄王三年（公元247年）秦國已經
擁有當時中國約三分之一的領土。

滅韓

韓國是戰國七雄中實力最弱者。自建國開始,韓國就無法與其他六國相比但是,韓國占有重要的地理位置。

北去趙國、東往魏、齊、南下楚。韓國處於各國交通樞紐上,占據此地,便得水陸並進,是兵家必爭之地。成為秦國對外擴張的第一站。秦國不斷地侵占韓國領土,但因為有鄰國魏、趙、楚相救,而未得吞滅韓國。

戰國末,面對強秦的威脅,韓國想出「水工疲秦」的計策。

韓王派水工鄭國說服秦國在涇水和洛水之間穿鑿一條大型灌溉渠道。希望秦國在修建大渠工程中,投入大量勞力與資財,以減耗秦國攻擊其他國家的能力。

鄭國入秦時,少年嬴政剛剛登基,由呂不韋掌政。韓國要為秦國修建大渠的建議必須獲得呂不韋的同意。

此時,呂不韋正希望做幾件大事顯示治國的才能,鞏固政治地位,大渠的修建正好能夠顯示自己的政績。

另則,秦國雖有四川盆地的糧食供應地,但將來向東發展的戰場都在北方,自蜀地運糧路途遙遠、交通不便,這些因素使秦國必須發展關中。

秦國就這樣中計了。

秦王政親政後,秦國發生嫪毐之亂,嫪毐鼓動自己的門客圍攻王宮。雖然最終叛亂得以鎮壓,卻使秦王感到門客只知主人不知國君的危險。

緊接著呂不韋因嫪毐之亂引鴆自殺,眾多門客送葬,聲勢浩大,秦王對門客的存在更加反感。

這時,韓國的「疲秦計」曝光了。

鄭國等著被砍頭。不過,他跟秦王說:「韓國當初雖然想透過讓秦國大修水利以消耗秦內力,但其實鄭國渠修好之後對秦國是大有益處的。興修水利只

能叫韓國再維持幾年，但卻為秦國建成了萬代之功。」

此話不假。

秦王政權衡利弊後，確定鄭國渠的修建對關中農業開發的利益，遠大於國力的消耗。所以，秦王決定叫鄭國繼續修築水渠。

秦王政十六年（公元前二三一年），鄭國渠完工，歷時十六年。

該渠灌溉關中四萬頃農田，加速關中平原的農業發展，使關中地區成為「天下糧倉」，供給秦國六十萬大軍軍糧，推快秦吞六國的速度。

倒楣了反被聰明誤的韓國。

秦王政十年（公元前二三七年），李斯「說秦王，請先取韓以恐他國」。秦王政聽從李斯的計劃，次年起，連續四年對趙國發兵。

不過，有聽說，秦王攻打韓國是為得到韓非。

韓非，不是「韓妃」，別鬧。

韓非是戰國時期有名的思想家，提出「君主專制、中央集權」的政治理論。他天生口吃，在那個靠嘴巴的年代很吃虧，便將想法寫成文章呈給韓王。

韓非文筆太好，韓王沒看懂。

而後韓非的文章傳到秦國，秦王政讀過大喜，像粉絲一樣追著韓非，不惜出兵攻趙，逼韓王讓韓非出使秦國。

韓非到秦國後，秦王不掩其賞識，用心學習韓非理論，並應用於國事中。

秦王雖重視韓非，但是在戰國如此詭譎的時代，秦王仍不敢重用身為韓國貴族的韓非，對韓非又愛又防。

李斯知道秦王的心事，便勸秦王想開一點。《資治通鑑·卷六》載，李斯對秦王政說：

韓非，韓之諸公子也。今欲并諸侯，非終為韓不為秦。

李斯以為與其將韓非放回韓國對秦國不利，不如一刀兩斷，秦王認為有理。

一代思想家，就這樣，完蛋了。

韓國方足布

上刻「尹陽」，韓國「尹陽布」是目前方足布中較少見的古錢。

秦王政十六年（公元前二三一年），秦國故意挑釁，強行索要韓國地盤。由於趙國實力已經被秦國消耗大半，無力相救，魏國又是自身難保，更不會來救。韓王只能被迫獻出南陽地（河南境太行山南、黃河以北地區）。

這年九月，秦王政發兵接收韓王所獻的南陽地，並派內史騰攝理南陽政令。並以該地作為攻打韓國的基地。

秦王政十五年（公元前二三〇年），內史騰突然率領秦軍南下。

這時趙國正遭秦軍攻擊，無力援韓，魏、燕、齊、楚等國也沒有力量救韓。秦軍順利攻入韓都鄭（今河南新鄭），俘虜韓王安，占領韓國全部土地，並將韓地設置潁川郡，正式納入秦國版圖，

韓亡。

滅韓，設置潁川郡

秦王政十六年（公元前231年），秦攻韓，韓王割地求和。將南陽地全獻給秦國。

秦王政十七年（公元前230年），秦國發兵攻打韓國，順利取得陽翟。占領韓國全部土地。並設置潁川郡。

太

漳 水

行 山

汾 水

丹 水

南陽

BC 230

黃 河

韓都 鄭

崤山

山 耳

熊

韓

潁 水

汝 水

韓非

韓非（公元前二〇八～公元前二三二年），戰國末的思想家，為法家代表，與李斯同為荀子的學生。

在《史記》司馬遷將韓非與老子並列一傳，史記寫韓非：

「喜刑名法術之學，而其歸本於黃老。」

韓非有口吃，在合縱連橫講究雄辯的年代，是先天上的障礙，所以韓非雖有強烈的政治主張，卻無法如當時的縱橫家般周遊列國。於是，韓非將自己的想法寫成一篇篇的文章，交給韓王。

韓王沒有重視的人，秦王政卻說：

「嗟乎，寡人得見此人與之游，死不恨矣！」

秦國自商鞅後，一直重法家論說。

法家有三派「法」、「術」、「勢」。「法」重律法規章；「術」重政治手段；「勢」重威勢。韓非是集法家之大成者。

韓非所著的「論文」集結為《韓非子》一書，書中有最早為老子的《道德經》所寫的論注，或許是在《史記》中與老子並列同傳的原因。但韓非所取的老子哲學思想是以「無為」來解釋法家的「術」，主張帝王的行為不可以有所常規，心所想者不可為臣子可所臆，認為「術以知奸」。

韓非依「性惡論」為基礎主張「以刑止刑」，以為嚴刑峻法是安定國家的手段。更主張「術」與「勢」當與「法」並行善用，以鞏固國君的地位。

秦國依商鞅的主張打破舊的貴族制度，漸行郡縣，建立更完整的政治制度成為隨時間推演後的必然需求。秦王政在政治制度與精神面臨改變時，見到韓非敘寫君主集權的書論，當有恍然大悟的心情。

然而得秦王政的賞識並非好事，因為秦王身邊有個從老鼠身上感悟出人生的哲理，而汲汲營營的同學：李斯。韓非死的時候，恐怕什麼事都還沒弄清楚。

韓非雖死於秦王政的手上，但是他的政治主張卻為秦王政一一實現。

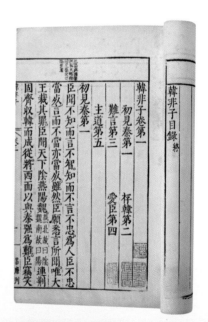

《韓非子》書影

鄭國渠

秦國地處黃河中游關中地區，涇、渭二水雖流經關中平原，但水量較少。關中東部是渭、洛二水入黃河之處，三水交匯，地下水位高，一經蒸曬，地面出現厚層鹽鹼，農作物難以生長。

鄭國經實地考察後認為，如果用疏導方法修鑿一條渠道，引涇水灌溉，就能解決關中地區的乾旱現象，況且涇水所含泥沙較多，又很肥沃，久灌之後，又可洗鹼壓鹽，有利農耕。

據《史記·河渠書》記載，秦王政元年（公元前二四六年）鄭國到秦國後就勸說秦王政，鑿穿涇水，從仲山西到瓠口為一條渠，將涇水沿著北山向東注入洛水，用來灌溉農田。秦王政欣然接受鄭國的建議，並命鄭國主持此事，把大量的人力、物力投入到這項水利工程。

工程進行了一半，韓國的陰謀暴露。數十萬勞力聚集在開渠工地上，日以繼夜，挖掘不止，關中民眾怨聲載道，更無法抽出兵力去攻伐關東六國，打亂秦王政的戰爭部署，於是秦王政急令停工，並把鄭國押赴咸陽處死，並將進行水利的人力重新編入軍隊，準備發兵攻韓。

鄭國面對盛怒的秦王政心平氣和地說：「最初我來確實有不可告人的目的，但是水渠完成後也是對秦國有利的呀！」

秦王政認為他說得有理，遂收回成命，仍讓鄭國繼續主持修建水渠。

鄭國渠遺址
位於陝西省涇陽縣城西25公里的涇河東岸。

秦王政十三年（公元前二三四年），涇灌渠及其相關工程全部竣工。這條水渠起自今涇陽西北的谷口（古稱瓠口），流經今涇陽、三原、富平、蒲城等縣，最後從蒲城東南的晉城注入洛河，全長三百多里，灌溉面積達四百萬畝（約合今二百八十萬畝）。

從此以後，關中的鹽鹵之地變成良田沃土，糧食收成每畝「一鍾」（約今三百斤）。秦王政為表彰鄭國「為秦建萬世之功」，而命此渠為「鄭國渠」。

鄭國渠利用關中地區西北較高而東南略低的地理特點，在渭北高原的二級階地上開鑿渠幹，使最大限度地擴大流域面積，形成自流灌溉系統。此外，渠首的設計，攔河堰的築造，引水渠和幹支渠的增修，跨過治峪水、清峪水、濁峪水等小河流時，以「橫絕」和「假道」等技術，在當時是最先進的水利工程技術。

從秦以後歷代王朝都十分重視對鄭國渠的修葺和利用。漢元鼎六年（公元前一一一年），漢武帝命左內史倪寬在鄭國渠上流南岸高地開鑿六條輔助渠，用以澆灌鄭國渠旁地勢高亢的田地。漢太始二年（公元前九十五年），中大夫白公又主持在鄭國渠上再開一條引涇灌渠，即白渠。而後，鄭國渠、六輔渠、白渠構成關中地區龐大的水利灌溉網，關中地區從此成為沃野，號稱「八百里秦川」。

滅趙

趙國在長平之戰慘敗後，兵力有所恢復，總想復仇，軍隊戰鬥力極強。尤其是名將李牧久戰匈奴的邊軍更是一時之冠。秦王政對趙用兵九年，才吞滅趙國。

秦國在呂不韋為相時的外交政策是「聯燕抗趙」。

秦、燕聯盟的方式是燕國讓燕太子丹入秦為質，秦國則派張唐入燕為相。此時趙國正以百里地為酬勞通緝張唐，張唐去燕必經趙國地，張唐覺得這是去送死，不要。

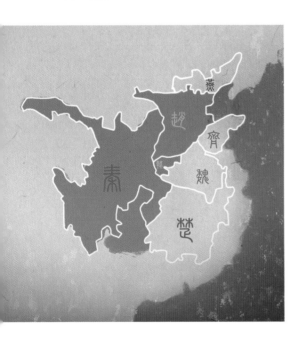

呂不韋發愁時，家裡公牛會下蛋的甘羅問呂不韋因何煩心，呂不韋將張唐的事告訴甘羅，甘羅自告奮勇，要去說服張唐。

《戰國策·秦策五》載：

文信侯叱去曰：「我自行之而不肯，汝安能行之也？」

以當時風雅社會的角度觀察解讀這句話的意思是：滾你的蛋，老子自己去講他都不肯，你小子怎麼能講得通？

甘羅不服，他舉項橐七歲當孔子的老師為例，表示自己十二歲比項橐年長，沒有不能的道理，並說：

君其試臣，奚以遽言叱也？

以當時風雅社會的角度觀察解讀這句話的意思是：你可以叫我去試試，幹嘛罵人哪？

甘羅見到張唐後，問張唐：你跟白起誰比較偉大？這真是不必回答的問題。

而後，甘羅讓張唐瞭解白起功大比不上范雎被重用，范雎的重用比不上呂不韋的權勢後，警告張唐：

應侯（范雎）欲伐趙，武安君（白起）難之，去咸陽七里，絞而殺之。今文信侯（呂不韋）自請卿相燕，而卿不肯行，臣不知卿所死之處。

以當時風雅社會的角度觀察解讀甘羅這小孩講話真是很不客氣。不過，甘羅

點醒夢中人，張唐答應前往燕國。

張唐出發後，過幾天，甘羅又自告奮勇去趙國幫張唐解危開路。

甘羅見到趙王後，問趙王知不知道燕太子丹在秦國為質，以及張唐入燕為相的事，甘羅確定趙王明白狀況後，告訴趙王這兩件事表示秦、燕將聯手攻趙，擴大河間的土地。不過，甘羅保證如果趙王給他五座城，他便可以請秦王將燕太子丹送回燕國，並且讓秦國幫趙攻燕。

史料未載甘羅是不是「老起來放」的小孩，也沒有描述甘羅是不是在趙王跟前撒嬌，只說趙王聽過甘羅的話之後「立割」五城，並在攻燕得上谷三十六縣後，分秦國百分之十的紅利。

不過「聯燕抗趙」的策略並沒有因為趙國紅利而改變，秦國拿到好處後不久，甘羅的保證就不算數了，秦國仍然利用燕國攻伐趙國。

秦王政十一年（公元前二三六年），趙國派龐煖攻打燕國，秦國以救燕為名，令王翦和桓齮、楊端和帶兩支大軍分南北兩路夾攻趙軍。兩路大軍共奪取安陽、鄴（河北磁縣南鄴鎮）、橑陽（山西左權）、閼與（山西和順）等九座城邑，盡取漳水流域之地。

當龐煖從燕國回師南下救援時，秦國已經攻破趙國南部的漳河流域、西部的太行山要塞、東部的河間各城。

趙悼襄王被秦國氣得吐血身亡，趙王遷繼位。新王即位後，立即停止攻燕。

大概就在這個時期，出現一名覺得自己了不起的預言家：司空馬。

司空馬如歷史洪河中的每位高人一樣，生平不詳，大概只知道他是呂不韋的幕僚祕書，其餘究竟為何不得知，這位偉人只在歷史上留下鴻爪一痕。

《戰國策‧秦策五》載：

> 文信君出走，與司空馬之趙，趙以為守相。秦下甲而攻趙。司空馬說趙王曰：「文信侯相秦，臣事之，為尚書，習秦事。今大王使守小官，習趙事。請為大王設秦、趙之戰。

文信君即呂不韋，呂不韋因為「繆毒事件」失勢於秦，與司空馬出走，到趙國，趙王讓呂不韋當「代理相」。司空馬也想做個「代理小官」，便以分析趙、秦將戰的局表現自己的才能，面試謀職。

司空馬讓趙王明白趙國的能力一切不如秦國，趙王急切地想知道在敵大我小的情況下，如何化解這場災難。司空馬建議趙國割出一半的土地給秦國，就可以免去兵禍。

趙王大概只差沒冷笑問司空馬是不是將他當成笨蛋。趙王修養還不錯，繼續請司空馬為趙另謀他計。

司空馬表示他在秦國只是個文書，

不曾帶兵打仗，不過願意替趙王領趙國全軍抗擊秦國。

趙王確定司空馬當他是笨蛋。

司空馬面試失敗後，離開趙國，在平原津（山東德縣南）遇到平原津令，司空馬告訴他趙國要亡。平原津令問趙國將亡於何時，司空馬預言：

> 趙將武安君，期年而亡，若殺武安君，不過半年。

司空馬假設趙王若令武安君李牧為將，趙國可以撐上一年，如果李牧死，則半年不到。不過，司空馬最厲害的預言是：武安君必死。

司空馬說出去的話就放在平原津上，等待驗證。

秦王政二十三年（公元前二三四年），秦國第二次大舉攻趙，桓齮率軍攻趙地平陽（河北磁縣東南）、武城（今河南鄴城），殺趙將扈輒，斬首十萬。

次年，桓齮從上黨越太行山攻趙地赤麗、宜安（河北石家莊市東南），直逼趙都邯鄲。趙王遷急忙將在北部邊疆防範匈奴的李牧調回邯鄲。

兩軍在宜安對峙。李牧採取築壘固守、避免決戰的持久戰術，桓齮想要引誘其出兵，率秦軍主力離開營地攻打肥（河北晉縣西），以誘使李牧出擊。

李牧看出桓齮之計，沒有出兵援救肥，反而趁桓齮主力離開、大本營兵力衰弱時，集中趙軍主力，偷襲秦軍營壘。

李牧料到桓齮得知大本營被偷襲之後必將撤兵返回營救，所以他就在秦軍返回的路上部署兵力，以夾攻秦軍。

果然，當桓齮率軍急急忙忙地班師回援時，中了李牧埋伏，秦軍慘敗，十萬秦軍盡被殲俘於宜安附近。桓齮怕受秦王責罰就逃奔燕國。

秦王政十五年（公元前二三二年），秦將王翦領命率兵再次攻趙。王翦改變策略，命一路軍兵從鄴北上，準備度過漳水，進逼邯鄲；另外一路從太原，經過太行山，進攻邯鄲城背面。

邯鄲城南邊因為有漳水和長城阻攔，秦軍一時難以突破。李牧便決定集中兵力對秦軍各個擊破。他先集中兵力攻退北面秦軍，取勝後再攻南面之敵，並派副將司馬尚在邯鄲南面據守長城一線，自己率軍北上，迎戰秦軍。

兩軍在番吾開戰。李牧一舉擊退遠道而來的秦軍，秦軍敵不過趙軍攻勢，只能撤退。李牧見好就收，回師邯鄲與司馬尚合力攻打南邊的秦軍。

此時的南路秦軍已經得知北路軍潰敗的消息，軍心大亂，稍微抵抗一陣，便立即撤退。

這次李牧以少勝多，擊退秦軍的猛

攻,贏得喘息的機會,但趙國兵力損失慘重,《戰國策·齊策一》形容:

> 趙亡卒數十萬,邯鄲僅存,雖有勝秦之名,而國破矣。

秦王政十六年(公元前二三一年),趙國連續兩年發生地震、乾旱和饑荒。

《史記·趙世家》載:

> 幽繆王遷五年,代地大動,自樂徐(河北滿城西北)以西,北至平陰(山西陽高東南),台屋牆垣太半壞,地坼東西百三十步。六年,大饑,民訛言曰:「趙為號,秦為笑。以為不信,視地之生毛」。

秦王政十八年(公元前二二九年),秦國乘趙國遭天災之機兵分兩路伐趙。

其一,王翦率領上黨兵卒直下井陘(河北井陘縣),進攻邯鄲北。其二,楊端和率領兵卒,由鄴城進攻邯鄲之南。趙國以李牧為大將軍,司馬尚為將軍,率軍分別阻擊秦軍。

兩軍對壘,邯鄲秦軍久攻不下。這時秦王政用尉繚「離間其君臣之計」,派人用重金收買趙王寵臣郭開,令他向趙王遷進讒言,污蔑李牧、司馬尚想和秦國勾結反對趙國,以從秦國獲得更多封地。

李牧曾勸趙悼襄王不要迷戀趙王遷的母親與趙王遷早有心結。趙王對李牧心懷梗芥,便聽從郭開,撤銷李牧與司馬尚的兵權,以趙蔥和顏聚代替。

此時趙軍已衰弱不堪,李牧深知若是將趙軍交給趙、顏二人,趙軍必敗。

李牧拒不服趙王命令,卻坐實郭開的讒言,趙王派人將李牧召回邯鄲。趙王故意在宮內設宴,賜李牧酒。聽從趙王安排的韓倉在旁邊數落李牧:

> 「大王向你敬酒,你卻雙手緊握匕首,其罪當誅!」

趙長城遺址

李牧急忙分辯：「臣的胳膊有殘疾，本來就伸不直，身材又高大，所以跪拜時夠不到地。因怕對大王不敬，臣叫木工做一截假肢接在手上，哪裡有什麼匕首？」

李牧說完話，將袖子裡的木頭假肢拿出來給趙王看，趙王不理睬。韓倉繼續逼迫：「你不用解釋，大王已經賜你死，絕沒有寬恕的餘地。」

李牧拔劍自刎。

秦王政十九年（公元前二二八年），秦國攻克邯鄲，趙王遷被俘。

秦王政來到邯鄲，將跟母家有「仇怨」的趙國權貴全部活埋。

趙亡。

《戰國策‧秦策五》，載有當年平原令得知趙亡後的情形：

平原令見諸公，必為言之：「嗟茲乎，司空馬！」

司空馬預言成真。

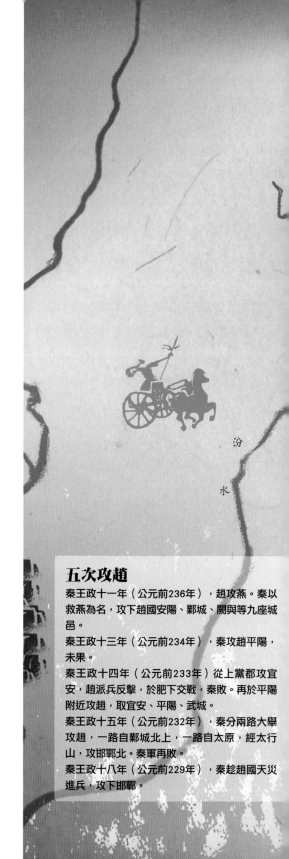

汾
水

五次攻趙

秦王政十一年（公元前236年），趙攻燕。秦以救燕為名，攻下趙國安陽、鄴城、閼與等九座城邑。

秦王政十三年（公元前234年），秦攻趙平陽，未果。

秦王政十四年（公元前233年）從上黨郡攻宜安，趙派兵反擊，於肥下交戰，秦敗。再於平陽附近攻趙，取宜安、平陽、武城。

秦王政十五年（公元前232年），秦分兩路大舉攻趙，一路自鄴城北上，一路自太原，經太行山，攻邯鄲北。秦軍再敗。

秦王政十八年（公元前229年），秦趁趙國天災進兵，攻下邯鄲。

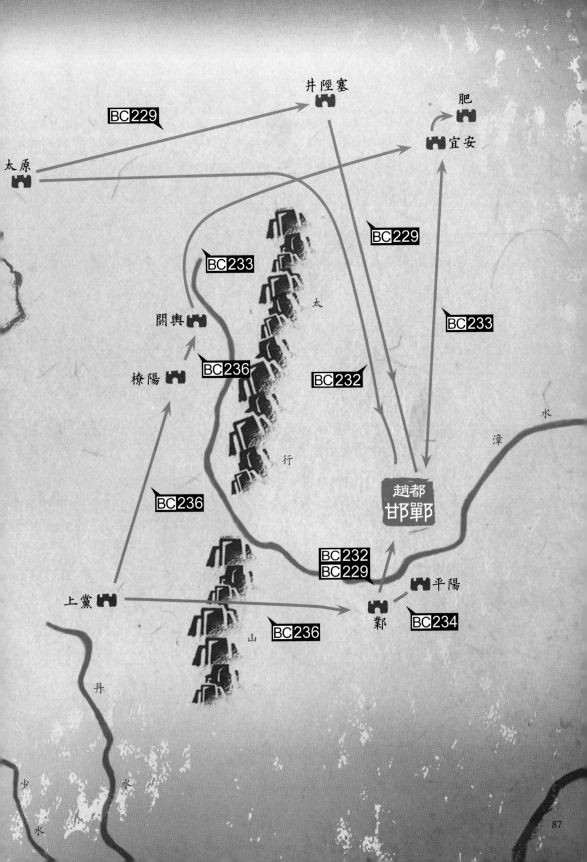

井陘塞

BC229

肥

宜安

太原

BC229

BC233

太

關輿

BC233

BC236

BC232

橑陽

行

BC232

趙都
邯鄲

BC236

BC232
BC229

平陽

上黨

漳

水

山

BC236

鄴

BC234

丹

水

少

水

87

滅燕

這是個意外。

秦王政十九年（公元二二八年），秦國吞併趙國，趙都邯鄲被秦軍攻破後，趙公子嘉領親族數百人逃到代郡，自立為代王。

這一年，秦國雖滅趙國，卻也面臨去年侵襲趙國而今年漫延的大饑荒。秦國大軍滅趙後回返，屯軍於中山，或無繼續攻燕之意，但趙國旁邊的燕國驚恐，以為秦國的下一個目標是燕國。

《戰國策·燕策三》最後一篇將燕太子丹心急如焚，藉老師的介紹輾轉得知

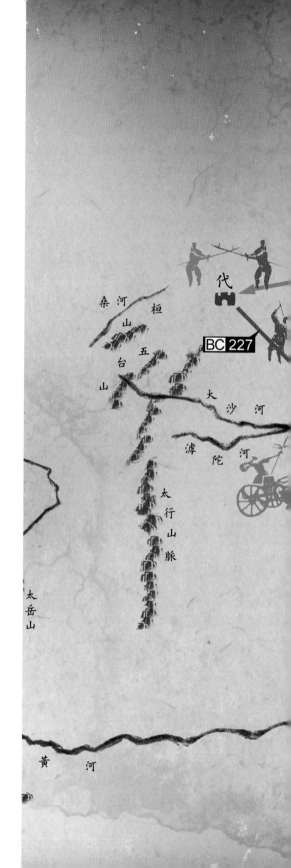

代

秦河山桓五台山

BC 227

大沙河

滹陀河

太行山脈

太岳山

黃河

大馬群山

燕

七老圓山

努魯兒虎山

醫巫閭山

凌河

大旁河

渾河

遼東

千山山

BC 222

BC 222

青龍河

BC 227

遼東灣

燕山

燕都薊

BC 227

灤河

西朝鮮灣

水

勃海

黃河

殲滅燕國殘軍

秦王政二十年（公元前227年），秦軍滅趙後，在易水遭燕國及趙公子嘉聯軍攻擊，聯軍戰敗退往燕都薊城，秦軍再攻薊城，薊城破，趙公子嘉逃往上谷，燕王與太子丹逃往遼東。秦軍與燕軍在渾河交戰，燕太子丹戰敗。

前222年，秦取遼東，擊敗燕軍殘餘勢力，虜燕王，燕亡。秦軍返回攻代，俘趙公子嘉。

荆軻此人，以及將燕國存亡交付荆軻的一段往事寫得感人精彩。

只是，故事精彩與結果如何無關。

荆軻赴秦刺殺秦王，功虧一簣。秦王嬴政大怒，立即下令王翦兵進易水（河北雄縣西北）待命，另外派辛勝趕到易水，兩軍聯合攻燕國。

燕王緊急約會齊國與趙公子嘉，希望三國聯軍共同抗秦，趙公子嘉當然願意借燕國之力復仇，但齊國卻考慮自己的利益不願意參與。

秦王政二十年（公元前二二七年），十月，秦軍在易水旁大敗燕國與代王嘉軍隊，直逼燕都薊城（北京城西南）。

次年十月，王翦攻取薊城。燕王喜與太子丹逃往遼東（遼寧遼陽），代王嘉逃回上谷郡。

秦將李信僅領數千人追至遼東，便在衍水（遼寧渾河）再破太子丹軍，將燕王逼得走投無路。燕王喜不得不聽下代王嘉的計策，殺太子丹，向秦求和。

秦王政二十六年（公元前二二二年），秦王政派王賁、李信率軍進取遼東。擊敗燕軍殘餘勢力，俘虜燕王喜。

燕亡。

滅燕後，返回攻代，俘虜代王嘉。趙國最後一口氣也沒了。

燕、趙兩國的互相攻伐後的結果，早在燕昭王、趙惠王的時候，已經得見。

《戰國策·燕策二》載：

趙且伐燕，蘇代為燕謂惠王曰：「今者臣來，過易水，蚌方出曝，而鷸啄其肉，蚌合而拑其喙。鷸曰：今日不雨，明日不雨，必有死蚌。」蚌亦謂鷸曰：「今日不出，明日不出，即有死鷸。」兩者不肯相捨，漁者得而並禽之。今趙且伐燕，燕、趙久相支，以弊大眾，臣死秦為漁父也。

蘇代給後句留一句「鷸蚌相爭」的成語，但是沒有給燕、趙兩國留下共同抗秦的共識。

姓嬴的漁父果然撿走蚌與鷸。

王翦

　　王翦，頻陽（陝西富平東北）東鄉人。秦國將軍，事秦王政。

　　戰國時期因戰事頻迭，出現不少名將，廉頗、白起、李牧均是，下場卻一個比一個慘。王翦的軍事武功不一定是異數，但安享晚年，可稱奇蹟。

　　秦國吞滅六國，王翦打下一半。然而這半邊天的功勳沒有廉頗、白起、李牧那種在戰場上神話般的傳奇故事，除老天眷顧外，最主要的原因是王翦不打沒有把握的仗。

　　滅楚時王翦堅持沒有六十萬的軍隊不得戰，六十萬兵是秦國全部的兵力，這意味秦王政必須下定決心傾一國之力才能得到勝戰的機會，秦王政未接受王翦的說法，而後秦軍兵敗於楚，王翦才重披戰袍，為秦王政吞下楚國。

　　王翦重掌六十萬大軍帥印時，發生一段不美又沒有愛情的故事。

　　《史記・白起王翦列傳》載，秦王政知道王翦要六十萬大軍才能滅楚時曾說：「王將軍老矣！」這時候的王翦已被稱為「老將軍」。

　　當王翦帶六十萬大軍從家鄉頻陽出發時，秦王政決定將自己的女兒華陽公主嫁給王翦，攏絡老將軍，並令華陽公主即刻起程去迎準備出征的老將軍。

　　送嫁的隊伍，跟打仗的隊伍在頻陽縣的南塬相遇，王翦列兵為城，與華陽公主匆匆草草地行過婚禮。

　　秦王政出生於公元二五九年，王翦領兵攻楚在公元前二二四年，其時，秦王政三十五歲。

　　秦王政出身貴族從小營養好，且華陽公主是他最大的女兒，並遲遲嫁不出去，所以當年二十一歲。秦王政笑王翦軍老矣，加之古人壽短，以不惑之年計王翦。

　　故由以上可得：王翦約與華陽公主只相差二十歲。

　　一定得這麼算，否則華陽公主很可憐。

　　不過，華陽公主嫁給王翦很安全，在併吞楚國與趙國的過程中，大概可以看出王翦是有耐性而且穩重的人，這至少保證華陽公主將來不會因為王翦得罪誰而掉腦袋，禍及全家。

　　滅趙的時候，王翦等待秦王的「反間計」，使秦軍未有重大消耗便占下趙國。攻楚國時，王翦更有耐性。

　　王翦率六十萬大軍兵臨楚境，早風聞大軍來襲的楚國已經在邊境嚴陣以待，王翦帶六十萬大軍在楚國邊境戰而不守，楚軍派斥侯打探，發現王翦跟士兵丟石頭、玩跳遠。

　　神經兮兮的楚軍根本不相信王翦有這等閒情，不上當。

　　王翦就這樣玩了一年多，一直到楚王以為王翦擁兵自重，無心攻楚，才將楚軍自邊境撤下。這個時機，王翦等了一年多，他趁楚軍撤退時，率軍突襲，而後殺楚將，入楚境，勢如破竹。

　　白起出生太早，如果他知道四十年後有個人叫王翦，帶六十萬員軍士兵在秦、楚邊境玩了一年多，當年應該不會心疼那幾個便當錢。

滅魏

秦王政在燕王喜殺太子丹向秦求和後，認為燕雖未滅亡，但已無關大局，便下令調轉兵力，乘勢攻魏。

魏國最早實行變法，在魏惠王時期，曾一度成為七國中的強國。尤其是它處在關東六國的中部，攻魏容易使其他國家出兵援魏抗秦，正如《戰國策·魏策四》載：

梁者，山東之腰，有蛇於此，擊其尾，其首救。擊其中身，首尾皆救。

當然，這說的是魏襄王、秦昭王時所

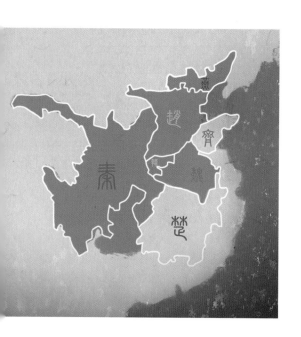

發生的事。韓、趙、魏三國雖系出同源，但昭王在位時期，齊、秦兩國均勢相抗，韓、趙、魏在兩大強國的夾縫間，搖擺於大國的合縱連橫操作，彼此攻伐，三國的國力越來越差。

魏景湣王在位時，秦國不斷對魏用兵，而魏國的應對的方法則是不斷割讓城池與土地給秦國，即使有人曾經勸說魏景湣王這是致使魏國衰弱的原因，但魏國其實也無力遏止秦國的侵略，魏國被秦國侵吞只是遲早的事。

秦王政滅掉韓、趙兩國後，處於關東六國之腰的魏，就失去「首尾」的援救。蛇頭及蛇尾都被斬斷後，蛇腰只是秦國湯鍋裡的一塊肉，此時是進攻魏國的最好時機。

秦王政二十三年（公元前二二五年），秦國派王賁率兵攻魏，包圍魏都大梁（河南開封），因大梁城堅，秦軍一時難以強攻，便採取「水攻」的方法，引黃河浚儀渠水灌城。

經過三個月的浸灌，大梁城牆崩塌，秦軍乘勢攻入城中，魏王假被迫投降，秦王殺掉魏王假，魏國滅亡。秦國便在魏的東部設置碭郡。

滅楚

戰國中期後，各國腹劍，裡面一直是楚國最倒楣。楚國在秦、齊兩個大國的合縱、連橫戰爭下，是兩國最先進攻的對象，失去的土地也最多。

楚國在楚悼王時由名將吳起推動改革，而後到楚威王的時期，滅越國將吳越之地吞入楚國版圖，於當時被認為是唯一能與秦國一較上下的大國。

《戰國策‧楚策一》載：

凡天下強國，非秦而楚，非楚而秦。

楚國的國力在楚懷王繼位時達到頂峰，而此時曾經呼風喚雨的魏國已開始走下坡，關東六國幾次合縱抗秦中，楚國都任「縱長」，是為強國。但是楚國也在合縱與連橫的局勢中遭各國攻侵，國力漸失，楚懷王被秦國軟禁，客死咸陽後，楚國更是黃鼠狼過日子，一天不如一天。

當時楚國應對楚懷王被囚一事找來的備胎，頃襄王，其人處事與同期的秦昭王相比，更是天壤之別。頃襄王或許知道自己才幹不及，便一直以謙敬的姿態待秦：同意與秦國聯姻、與秦昭王相會於鄢（湖北宜城西南），以期用服順的外交態度保障楚國的安全。

忽一日，有人借獻弓的機會向楚頃襄王分析秦楚間的優劣，並為楚頃襄王設計如何以楚國之地利「南面稱王」。

《史記‧楚世家》載，這個人給一直消極不振的楚頃襄王為先王報仇的信心：

夫先王為秦所欺而客死於外，怨莫大焉。今以匹夫有怨，尚有報萬乘，白公、子胥是也。今楚之地方五千里，帶甲百萬，猶足以踴躍中野也，而坐受困，臣竊為大王弗取也。

楚頃襄王聽過這些分析後，覺得目前的楚國確實並未不堪：

於是頃襄王遣使於諸侯，復為從，欲以伐秦。

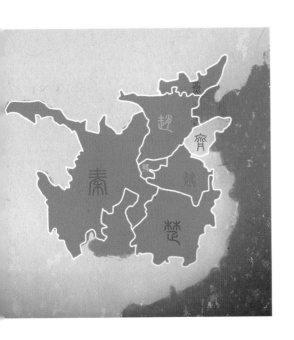

結果，「秦聞之，發兵來伐楚。」

秦軍自隴西出發，經蜀郡補給，上萬艘滿載糧草的船順江而下，大軍直指楚北鄧城（湖北襄樊西北），楚頃襄王此時發現秦國之力非楚可及，驚惶下，割地求和，將上庸（湖北竹溪東南）和漢水以北的地區送給秦國。

楚頃襄王並未因此事而又再消沉，他仍然努力增加楚國的領土，轉向巴蜀進攻，掠得枳（四川涪陵東）。

如果楚頃襄王對秦國感到畏懼，那麼他當明白，虎鬚不論粗細，都是虎鬚。

楚國攻下枳，威脅秦國對巴蜀地區的控制，這是根扎在手指尖的刺，秦國必當拔之。楚頃襄王的發奮圖強，給自己招來災難。

秦昭王二十八年（公元前二七九年）秦國白起將軍再次領軍攻楚，攻陷鄧城，而後繼續進兵楚國陪都鄢城（湖北宜城東南），並使蜀郡郡守張若分領一軍發向楚西巫郡（西川巫山縣東巫城）。

陪都若失，國都郢則危險，偏偏此時燕、齊兩國交戰方酣，韓、魏已經被秦國打得疲軟無力，楚頃襄王求救無門。

白起的部眾在沿漢水流域攻伐，一邊打一邊搶糧草，兵臨鄢城時，已經兩眼發紅。然而，楚軍守而不戰，白起決定水攻鄢城。

在鄢城附近的西山有一條自長谷出向東南方的河，稱為「長谷水」，白起令士兵在距離今湖北襄樊以南、漳縣以西五十里處修渠道，將長谷水入鄢城。

鄢城泡在水裡，鬆了土牆，鬆了士氣，秦軍一口氣攻破鄢城，楚軍主力折傷慘重。白起攻下鄢城後，繼續拿下西陵（湖北宜昌西北），這等於將刀子架在楚國的脖子上。

秦昭王二十九年（公元前二七八年）秦國破郢都，並再得夷陵。秦軍燒掉楚國的宗廟示威後，再攻下竟陵（湖北潛江西北）、安陸（湖北雲夢、安陸一帶），一直打到洞庭湖畔。

楚國將國都遷至陳（河南淮陽）後，秦軍的攻勢未見稍減，秦昭王三十年（公元前二七七年）秦國再攻下楚國巫郡及黔中郡（湖南北部、西部一帶）。

秦昭王替給秦王政定下滅楚的基石。秦王政二十三年（公元前二二五年），秦王政命李信、蒙武率兵二十萬伐楚，此時楚都已遷至壽春（安徽壽縣）。李信將兵力集中在潁川郡（今河南許昌、襄城、舞陽、鄢城一帶），兵分兩路：

其一，蒙武率軍沿汝水兩岸向楚國舊都陳邑（今河南淮陽）、商水前進。

其二，李信率主力軍向汝水以南，沿舞陽至平輿，再到新蔡（河南新蔡）的路

楚長城遺址

線向潁邑前進，

　　兩軍約定於城父（河南襄城西）會合。兩軍發兵後，蒙武進攻寢（安徽臨泉），李信進攻平輿（河南平輿北），大破楚軍。這時楚國以項燕為統帥，率軍抵抗秦軍。項燕是楚國名將，他見李信孤軍深入，兵力分離，便率主力軍集中於淮河北岸大舉反攻，李信猝遇楚軍，倉皇不能成陣，楚軍奮起掩殺，秦軍大敗。李信率殘部急西奔城父，與蒙武軍會合退回陳邑，築壘固守，楚軍尾追秦軍不放。

　　《資治通鑑·秦紀二》載：

　　三日三夜不頓舍，大敗李信，入兩壁，殺七都尉；李信奔還。

　　秦王政二十四年（公元前二二四年），秦王令老將王翦率六十萬大軍出征伐楚，楚國仍以項燕為統帥，景騏為副將，盡全國兵力拒秦。

　　兩軍對峙年餘後，王翦趁楚軍退兵時追擊，大破楚軍。秦軍一路追殺至蘄（安徽宿縣南），全殲楚軍，殺楚將項燕。秦王政二十五年（公元前二二三年），秦將王翦、蒙武乘勝攻入楚都壽春，俘虜楚王負芻。

　　楚亡。

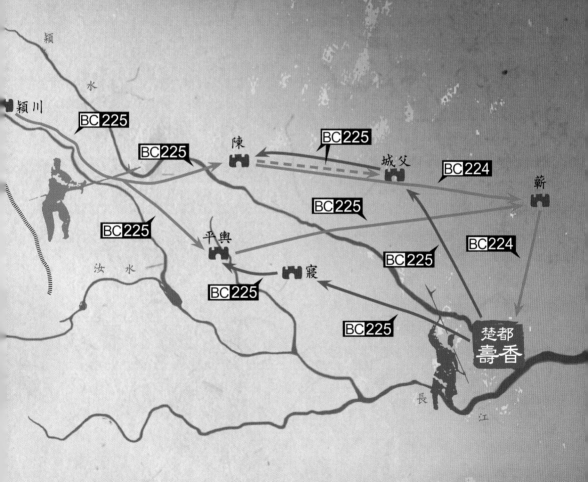

滅楚國

秦王政二十二年（公元前225年），秦軍兵分二路：李信攻平輿，蒙武攻寢，遭楚軍抵抗，兩軍會合於城父後，敗退陳。

秦王政二十三年（公元前224年），秦王政，以王翦換李信，堅守於陳、平輿之間不戰，楚軍東還時，破楚軍於蘄。

秦王政二十四年（公元前223年），王翦、蒙武擄獲楚王負芻，楚亡。

滅齊

秦滅楚之後，天下大勢已定，只剩下最後一個齊國。齊國是東方強國，秦國與齊國爭奪霸主，兩國長期對峙。

秦王在兼併其他國家過程中，為防止齊國援助這些國家，秦國除表面上做出願與齊國修好的姿態之外，更多的作為是離間齊國與這幾個國家的關係。

秦惠王更元十二年（公元前三一三年），齊國攻下燕都薊城（北京市西南房山區）後，與楚國結成聯盟反秦，秦惠王派張儀入楚，遊說楚王與齊脫離關係。

秦昭王四十七年（公元前二六○年），秦、趙長平決戰，趙軍處於最困難時，向齊國求救，齊王不同意，是因為秦國對齊國施行斷絕「齊趙之交」的計謀。

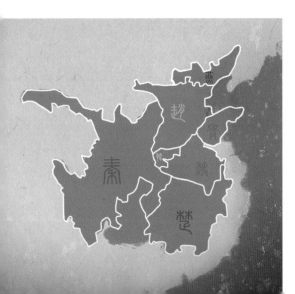

秦國挑撥齊國與其他五國的關係。從表面上看其他五國得不到齊國支援，而為秦所兼併，其實齊國與這些國家斷絕關係是孤立自己，利於秦國。

秦國勢力漸強之時，齊國的外交政策更傾於交好秦國。《戰國策·齊策六》記載，齊王建一直有意打算到秦國去朝拜，走到齊國國都雍門之處，守衛雍門司馬在齊王建乘坐的馬車前站住，把手中的戟橫過來，勸諫齊王說；「將您確立為齊國的國王，是為了齊國的社稷呢？還是為了您自身？」

齊王說：「為了國家。」

司馬說：「既然是為了齊國的利益才把您確立為國王，大王您為什麼要離開齊國去秦國呢？」

齊王聽了守衛雍門司馬的話以後，便調過車頭，返回國都。

即墨城的一位大夫聽說雍門司馬的勸諫被齊王採納了，就認為可以與齊王建商討計謀了，於是他入宮去見齊王，說：

「齊國的領土方圓數千里，披鎧戴甲的士卒數百萬，三晉的大夫都不願靠近秦國，他們來到齊國的阿城、鄄城之間避難，人數已有一百多人，大王您若是把他們團結起來，並且給他們百萬士卒，他們就可以收復被秦國侵占的三晉故地，秦國東部的臨晉關也可以攻進去。

齊長城遺址

楚國的鄢、郢大夫們都不願意附屬於秦國而為秦國的臣民，他們現在住在齊國南城之下，人數也在一百以上，大王您若是把他們團結起來，給他們百萬之師，讓他們去收復被秦國侵占的楚國故地，秦國南部的武關也可以攻進去。如果能這樣，齊國的威信可以重新樹立，秦國也可以被消滅。如果您放棄稱王的打算，而去秦國稱臣，我們認為大王是不可以這樣做的。」

但齊王建早已對抗秦喪失信心，聽不進這些勸諫；反而對秦國派來的賓客陳馳所說的如去秦國，可送給他五百里地的話銘記在心，於是他就到秦國去了。

然而，促使齊王建去秦國入朝還有一個重要的原因：當時的齊相，後勝。

據《史記·田敬仲完世家》載，齊王建即位後，他的母親君王后很賢明，事奉秦國很謹慎恭敬，和諸侯交往講信用。此時齊國位東海之濱，秦國日夜兼併三晉、燕國和楚國而無暇東顧，所以齊王建即位四十多年未受兵禍。

君王后去世，後勝任齊相。

後勝接受秦國大量的黃金美玉，秦國重賄後任派至秦國的賓客，賓客回齊後都變成秦的間諜。後勝和間諜賓客都勸諫齊王放棄合縱的政策，既不修整攻擊作戰的裝備，也不幫助其他五國抵抗秦國。

齊王建無心抗秦，於是面對秦國即將入侵的決策是投降。

不過，齊王建為顏面要好看，不願公開這個想法，便故意把齊軍主力集結在西部邊界地區，不在都城臨淄及其他地方部署兵力進行防守，讓秦兵直襲齊都，以待投降。

始皇二十六年（公元前二二一年），秦將王賁、李信率軍滅燕、代之後，南下攻齊。

秦軍由齊國北部突入，直插齊都臨淄，齊國土崩瓦解。齊王建投降，被秦軍俘虜。秦軍將他押送到共（河南輝縣），軟禁在一片柏樹林中，活活餓死。

事後，齊國人民埋怨齊王建不早與諸侯合縱抗秦，任用賓客時不察賓客善惡，只聽信邪說，以致亡國，便作下一首歌：「松樹啊！松樹啊！讓齊王建住在共這個地方，不就是這些賓客嗎？」

秦王政滅齊後，在齊地設置齊郡和琅邪郡。

秦王政自公元前二三一年起至此，十年兼併關東六國，從此，中國歷史上出現第一個大帝國。

併吞六國的關鍵因素

春秋戰國時，長期戰爭給人民帶來重大的災難和傷亡。

《孟子・離婁》：

爭地以戰，殺人盈野；爭城以戰，殺人盈城。

《戰國策・秦策》：

身首分離，暴骨草澤、十年之田而不償也。

於是，在希望盡快結束戰爭的前提下，各思想文化領域中，諸子百家學派提出以統一做為結束戰爭的手段，並由辦私學和遊說進行廣泛宣傳這個理論。

如韓非的專制集權理論，荀子「四海之內若一家」的主張、商鞅的霸道學說。

為求和平必須有統一政權的理論不斷被傳播擴散，結果引起各國為追求統一而進行更頻繁的戰爭。

雞生蛋，蛋生雞。

最後，雞跟蛋全部落進秦國手裡。

當然，秦國能在殺戮戰場中為兼併戰圈下句點，有其特別的因素。

銅鑑

銅鑑是古代用來溫酒的器具，此銅鑑為第一代南越王趙陀所有。

南越王趙陀是秦人，隨秦軍出征南越，屢建戰功，受秦始皇封為南海郡龍川縣令。

地理位置

秦國地處關中，能攻能守，且土地肥沃，地理條件優越。

《戰國策‧秦策》，蘇秦說秦惠王：

大王之國，西有巴、蜀、漢中之利，北有胡貉、代馬之用，南有巫山、黔中之限，東有崤、函之固。田肥美，民殷實，戰車萬乘，奮擊百萬，沃野千里，蓄積饒多，地勢形便。

可以並諸侯，吞天下，稱帝而治。

秦國雄踞西部，南部巫山及黔中地區有高山阻隔，西有隴東高原為屏，北有林胡等少數民族及廣闊的草原間斷，東有唯一可以陸路出入的大門——函谷關，秦據此關「利則出攻，不利則入守」。

但是，秦國在周宣王時僅是「西垂大夫」。《史記‧秦本紀》載，秦襄公時：

將兵救周，戰甚力，有功。周避犬戎難，東徙雒邑，公以兵送周平王，平王封公為諸侯，賜之岐以西之地。

而後，秦一直向西攻打犬戎，擴大地盤，並定都於雍城。

秦穆公三十三年（公元前六二七年），秦穆公曾經乘晉文公去世之機，企圖插足中原，派軍偷襲鄭國，未遂，結果在殽（河南澠池西）陷入晉軍包圍，全軍覆沒。秦軍東進受阻，便乘戎族「莫能相一」的有利形勢，轉而向西發展。

秦穆公三十七年（公元前六二三年），秦國「伐戎王，益國十二，開地千里，遂霸西戎」。

秦國雖被稱為西方之霸，但事實上一直到戰國初期，秦國的政經、軍事仍落後於其他六國。

此時的秦國政治失序，「君臣廢法而服私，是以國亂兵弱而主卑」。國土內約有五分之三的土地未開發，經濟未臻發展。文化思想也不如中原地區的蓬勃，諸子百家中，未有秦國出身者。

加之對晉、魏以及戎、狄等的戰爭，連遭失敗，使東方諸侯國都瞧不起秦國，不約它參加諸侯會盟。

《史記‧秦本紀》描述當時的情況：

秦僻在雍州，不與中國諸侯之會盟，夷翟遇之。

內政亂而荒，外交鄙且棄。

秦國若想改變狀況，必進行改革。

變法

「變法」的意思是「改革原有的制度」或「創制新的制度」。秦國為改變困境，著手數次的改革。

秦簡公七年（公元前四〇八年），秦國行「初租禾」，即按照地主所有田地面積徵收一定的穀物作為地稅，這即是承認私田的合法性的意思。此時，土地不再只屬於國君與貴族間的「授與受」，非傳統貴族的地主取得合法的社會地位。

秦獻公元年（公元前三八四年），秦獻公下令「止從死」，即廢止實行長達三世紀的殺人殉葬制度，制定五家為一伍的戶籍制度。

秦獻公七年（公元前三七八年），宣布「初行為市」，開始在國都按照市區的規模進行建設。

秦孝公元年（公元前三六一年），秦孝公下令「求賢」，商鞅應召自魏入秦。

《史記・商君列傳》載：商鞅「好刑名之學」，入秦後，他以法家富國強兵之道，向秦孝公提出變革政治的主張，秦孝公極感興趣，「公與語，數日不厭」，遂決定任用商鞅進行變法。

秦孝公三年（公元前三五九年），秦孝公在櫟陽宮召集群臣商議變法之事，商鞅反駁大臣甘龍、杜摯不同意變法的理由，力陳變革的主張，得到秦孝公的支持。三年後，商鞅被任命為左庶長，進行第一次變法。

不過，商鞅所提出的變法內容，觸犯舊貴族的利益。

始皇詔瓜稜形五斤權

秦代的枰枙，秦始皇統整度量衡，「權」用以制定「重量」的計算標準。

始皇詔瓜稜形五斤權，有14道凸稜，稜間陰刻秦始皇二十六年詔書14行40字。字體規矩，是典型的秦時小篆。按「五斤權」折算，秦代每斤為252.9公克。

商鞅第一次變法內容

廢除世卿世祿制、獎勵軍功

《史記・商君列傳》：
「宗室非有軍功論，不得為屬籍。」「有軍功者，各以率受上爵。」
「明尊卑、爵秩、等級各以差次；名田宅、臣妾、衣服以家次。有功者顯榮，無功者雖富無所芬華。」

《韓非子・定法篇》：
「其法：斬一首者，爵一級；欲為官者為五十石之官。斬二首者，爵二級；欲為官者，為百石之官。官爵之遷，與斬首之功相稱也。」

目的：以交換社會階級地位培養軍國意識

獎勵耕織、禁止棄農經商

《史記・商君列傳》：
「僇力本業，耕織致粟帛多者復其身。事末利及怠而貧者，舉以為收孥。」

《通典・食貨一》：
「三晉地狹人貧，秦地廣人寡，故草不盡墾，地力不盡出。於是誘三晉之人，利其田宅，復三代知無兵事，而務本於內，而使秦人應敵於外。」

目的：鼓勵支持軍事發展的生產事業，無助者予以禁止

實行編戶制、「連坐法」

所有男女老少均編入戶口。《史記・商君列傳》：
「令民為什伍，而相牧司連坐。不告奸者腰斬，告奸者與斬敵首同賞，匿奸者與降敵同罰。」

目的：整頓治安、準備作戰動員、準備稅制改革、彰顯軍功精神

一家一戶生產

《史記・商君列傳》：
「民有二男以上不分異者，倍其賦。」

目的：增產，增稅

焚燒儒家經典、禁止游宦之民

《韓非子・和氏篇》：
「燔詩書而明法令」、「禁游宦之民」

目的：為推行變法成功，禁復古思想、遊說求官

於是，以公子虔和公孫賈為首的舊勢力，串聯上千人反對新法，誹謗商鞅。商鞅不妥協，「罰不諱強大」，處公子虔劓刑，公孫賈黥刑。

《史記・商君列傳》載：變法初行時，有人起初說「令不便」，後來阿諛「令便」，商鞅稱這些人是「亂化之民」，並「盡遷之於邊城」。

秦孝公十二年（公元前三五〇年），秦國再次遷都，從櫟陽遷到咸陽。同年，商鞅升任大良造，進行第二次變法。

商鞅的兩次變法，改變秦國國力。如《戰國策・秦策一》載：

期年之後，道不拾遺，民不妄取，兵革大強，諸侯畏懼。

商鞅變法為秦國奠定而後兼併六國的基礎，如《論衡・書解篇》所言：「商鞅相孝公，為秦開帝業。」

戰國時期除秦國實行商鞅變法外，其他各國也先後相繼進行改革。在兼併戰中謀求更強大的國力是當時各國的發展趨勢。

商鞅第二次變法內容	
廢井田，開阡陌	
「為田開阡陌封疆」	即土地重劃。挖開舊的田路疆界，把原來「百步為畝」的「阡陌」和每一頃田的「封疆」統統破除，開拓為二百四十步為一畝，重新設置 「阡陌」和「封疆」
「令民得買賣」	即土地私有制。立法確認土地私有
目的：藉土地私有制，刺激生產意願	
推行縣制，設置縣級行政機構	
地方行政制度改革	把鄉、邑、村落合併為縣，全國設置三十一個縣（另說四十一個縣）
	縣設令、丞、尉，由國君任免
目的：中央集權	
統一度量衡制，頒布法定標準的度量衡器	
「平斗、桶、權、衡、丈、尺」	標準尺一尺約合今〇・二三公尺，標準量器一升約合今〇・二公升
目的：制定經濟發展及稅收基準	
稅制改革	
「戶賦」、「口賦」	廢井田後，依人口計稅。「任民所耕，不計多少，於是始捨地而稅人」
目的：獎勵人民開墾荒地，增加政府的財政收入	

魏國的李悝、楚國的吳起，趙國的公仲連、韓國的申不害，齊國鄒忌，燕國的樂毅都曾進行革新。但不如秦國徹底。

以秦國第一次變法所實行的軍功爵制為例。這種貴族「自廢武功」的變革，是催化秦國軍事力量增強、朝「軍國」發展的主要原因，同時也可視為商鞅變法「誘之以利」的核心精神代表。

軍功爵制是依軍事成就進行財產和權力再分配的制度。

這個制度刺激國民以軍事向外發展的意識，以及參戰軍士的積極性和主動性，令士兵習戰、善戰、好戰，進而使秦國軍隊強於其他國家。

如《荀子・議兵篇》所言：

齊之技擊不可以遇魏氏之武卒，魏氏之武卒不可以遇秦之銳士。

商鞅變法的其餘內容，皆如軍功爵制，盤繞於「利誘」的主軸，使秦國國民傾於配合發展國力的政治目的。

商鞅青銅方升

左壁：「十八年，齊率卿大夫眾來聘，冬十二月乙酉，大良造鞅，爰積十六尊（寸）五分尊（寸）壹為升。」上方刻「重泉」，右壁刻「臨」。中央為秦始皇滅六國後於底部刻下二十六年詔書：「廿六年，皇帝盡併天下諸侯，黔首大安，立號為皇帝，仍詔丞相狀、綰，法度量則不壹歉疑者，皆明壹之。」

軍備精良

戰國時期各國間所進行的戰爭是擴大統治的掠奪戰爭，統帥的指揮和士卒的英勇善戰是決定戰爭勝負的因素。

七國中，只有秦國具備這兩種因素。

秦軍數量眾多，兵種齊全，裝備精良，戰鬥力強，能夠適應當時條件下各種複雜環境的作戰。

就軍隊數量來說，《戰國策・楚策》載：

秦地半天下，兵敵四國，被山帶河，四塞以為固。虎賁之士百餘萬，車千乘，騎萬匹。

從兵種來說，當時主要有車兵、步兵和騎兵等。秦始皇陵三個兵馬俑坑就為我們提供了秦國多兵種聯合作戰的宏偉場面。車兵既有單獨的編隊，也有與步兵相結合的編隊，還有與騎兵相結合的編隊，並有與步、騎同時相結合的編隊。

戰車都是木製，單轅，駕四馬。車上

鞍馬騎兵俑

三名甲士,全部著金屬鎧甲。車屬徒兵一般為八人,其任務是密切與戰車協同,既掩護戰車安全,又利用在戰車掩護下衝入敵陣殺敵。

步兵是秦軍的主體。分為重裝步兵(即著金屬鎧甲,手持矛、戈、戟、鈹等長柄兵器)和輕裝步兵(一般不穿鎧甲,只持弓、弩等遠射武器)兩種。因步兵快速性不如騎兵,穩固性不如車兵,所以它和車、騎結合才能發揮其短兵相接的戰鬥作用。所以秦朝對外戰爭中,步兵不單獨作戰,而是以步兵為主的車、步、騎協同作戰。

騎兵是秦國的傳統兵種。自古以來隴西一帶產馬,秦人又以善於養馬而得以生存和發展,所以騎兵是秦國重要的兵種。在秦王政進行統一戰爭時,就有騎萬匹。從兵馬俑出土情況來看,當時騎兵已配備有齊全的鞍韉,騎士穿短甲,手持弓箭,但當時尚無馬蹬,因此騎士兩腳懸空,沒有著力點,不利於馬上格鬥,影響了騎兵的戰鬥力。

從裝備來說,各兵種都裝備有大量的弓、弩、箭等遠射兵器和刀、戈、矛、劍、鈹、戟等近戰武器。士卒配備有皮甲、盔、盾等裝備。

將領自決權

古代戰爭中,將軍一旦接受統軍作戰的任務,便擁有戰場的絕對指揮權,連君主都不得干涉。

如秦王政在李信與楚軍作戰失利後,請老將王翦領兵作戰,王翦提出「大王必不得已用臣,非六十萬人不可」,秦王政則「為聽將軍計耳」。可見主將對參戰人數、戰役行動等都獨立自主地作出決定,這樣就便於將軍在戰場上臨機決策,靈活指揮,因敵制勝。

將軍立俑

戰略正確

在兼併六國的戰爭中，秦王政運用正確的戰略指導戰爭，也是取得勝利的重要因素。這些戰略指導主要是指：

一、利用關東六國之間的矛盾，採取各個擊破的方針。秦國的軍事實力雖然很強，但關東六國一旦聯合起來抗秦，秦國也無能為力。

如秦昭王九年（公元前二九八年），齊、韓、魏三國組成抗秦聯盟，最後打到函谷關，迫使秦國不得不歸還侵占韓、魏的部分土地。因此對關東六國只有採取各個擊破的方針，戰爭才能取得勝利，後來的歷史證明這一作法正確。

二、針對關東六國的不同戰略地位，正確選擇突破口。齊國為是關東六國之大國，但離秦較遠；楚國為南方大國，關東後盾；趙國則為關東屏障。；六國中韓、魏不堪一擊，可輕易消滅，但其餘四國（齊、楚、趙、燕）難以攻取。因此首先破趙，全局才能順利展開。所以秦王政確定以攻取趙國為突破口，雖然攻趙歷經九年，中間還受過局部挫折、失誤和反覆，但始終保持全局的主動地位。

三、因情料勢，量敵用兵。關東六國的大小強弱各不相同，楚、趙是強敵，韓、魏是小敵，燕是弱敵。齊國雖強，但消滅其他五國，齊國也就孤立無援。所以秦對趙投入較多的兵力，不管遇到什麼困難，一戰到底，決不回頭，這個作法是正確的。對楚國投入最大的兵力，這是必要的，也是允許的。因為這時趙、韓、魏、燕都已滅亡，無後顧之憂，這樣最後滅齊就輕而易舉了，秦王政只需調集滅燕、代的軍隊就可取得勝利。

四、採用遠交近攻謀略。「遠交近攻」最早是范雎向秦昭王提出來的，他認為「以秦卒之勇，車騎之眾，以治諸侯，譬若施韓盧而博蹇兔也」。而穰侯魏冉那種「越韓、魏而攻齊綱、壽，非計也。少出師則不足以傷齊，多出師則害於秦」。因此，「王不如遠交而近攻。得寸則王之寸也，得尺亦王之尺也。今釋此而遠攻，不亦繆乎？」

范雎又說：「秦、韓之地形，相錯如繡。秦之有韓也，譬如木之有蠹也，人之有心腹之病也。天下無變則已，天下有變，其為秦患者孰大如韓乎？王不如收韓。」

秦王政十年（公元前二三七年），李斯向秦王政提出「請先取韓以恐他國」，秦王政採納李斯的建議。所有與這一方針相反的計劃，秦王政一概不聽。如韓

非，本來秦王政讀了韓非的《孤憤》和《五蠹》篇後，十分讚賞，並說：

> 嗟乎，寡人得見此人，與之遊，死不恨矣！

但當韓非向他提出「先攻趙而存韓」的主張時，便聽從李斯的建議，「下吏治非」。

五、施用「反間計」，密切配合軍事進攻。所謂「反間計」，按李斯的說法，就是「陰遣謀士繼持金玉以游說諸侯。諸侯名士可下以財者，厚遺結之；不肯者，利劍刺之。離其君臣之計，乃使其良將隨其後。」

這就是說派出間諜去各國遊說，破壞它們之間所結成的抗秦聯盟，同時用金錢賄賂大臣，使其君主改變對秦的戰略方針，或離間其君臣關係，隨後就派軍隊去進攻。

這種「離君臣之計」，尉繚入秦後也向秦王政提出過。《史記·秦始皇本紀》載，尉繚說：

> 以秦之強，諸侯譬如郡縣之君，臣但恐諸侯合縱，翕而出不意，此乃智伯、夫差、湣王之所以亡也。願大王毋愛財物，賂其豪臣，以亂其謀。不過亡三十萬金，則諸侯可盡。

秦王政「從其計」。

在秦滅六國的過程中，「反間計」經常作為戰爭的補充手段。《戰國策·秦策四》載，謀士頓弱對秦王政說：

> 韓，天下之咽喉；魏，天下之胸腹。王資鉅萬金而游，聽之韓、魏，入其社稷之臣於秦，即韓、魏從，而天下可圖也。

> 王乃資萬金，使游韓、魏，入其將相。北遊燕、趙，而廢廉頗，殺李牧。齊王入朝，四國畢從，頓子之說也。

在滅趙過程中，秦將王翦多次被趙將李牧、司馬尚擊敗，很為惱火，「乃多與趙王寵臣郭開等金，使為反間」，於是趙王「斬李牧，廢司馬尚」。

在滅齊過程中，秦同樣使用反間計，在齊王建的母親去世後，任用後勝相齊，後勝受秦所賄，多使賓客入秦，秦又再賄賂入秦的齊國賓客使之為秦效力，使齊國不與其他各國合縱抗秦，齊國終因自絕於六國，待六國亡後而滅於秦，客皆為反間。

秦國採用「反間計」，破壞各國的君臣關係，除掉抗秦名將和大臣，使關東六國合縱攻秦的聯盟解體，為秦軍攻取諸侯國掃清障礙。

秦國的外籍功臣

大批外籍人士來秦出謀獻策是秦國能自西崛起的重要原因之一。

秦國歷來重用賢才，如李斯所言，《史記・李斯列傳》載：

> 昔繆公求士，西取由余於戎，東得百里奚於宛，迎蹇叔於宋，來丕豹、公孫支於晉。此五子者，不產於秦，而繆公用之，並國二十，遂霸西戎。

> 孝公用商鞅之法，移風易俗，民以殷盛，國以富強，百姓樂用，諸侯親服，獲楚、魏之師，舉地千里，至今治強。

> 惠王用張儀之計，拔三川之地，西並巴、蜀，北收上郡，南取漢中，包九夷，制鄢、郢，東據成皋之險，割膏腴之壤，遂散六國之從，使之西面事秦，功施到今。

> 昭王得范雎，廢穰侯，逐華陽，強公室，杜私門，蠶食諸侯，使秦成帝業。此四君者，皆以客之功。

> 四君卻客而不內，疏士而不用，是使國無富利之實，而秦無強大之名也。

> 士不產於秦，而願忠者眾。

雖然秦王政即位後，因韓國用「疲秦計」，導致秦王政下「逐客令」，但在李斯的勸諫下，秦王政很快收回「逐客令」。

西漢劉向在《戰國策・敘錄》中說：

> 始皇因四塞之固，把崤、函之阻，跨隴、蜀之饒，聽眾人之策，乘六世之烈，以蠶食六國，兼諸侯，并有天下。

劉向以為秦之所以能吞併六國，是秦王政「聽眾人之策」，善於用賢納言。

南宋洪邁在《容齋隨筆》卷二中有一段評結：

> 七國虎爭天下，莫不招致四方游士。然六國所用相，皆其宗族及國人。

> 如齊之田忌、田嬰、田文，韓之公仲、公叔，趙之奉陽、平原君，魏王至以太子為相。獨秦不然，其始與之謀國以開霸業者，魏人公孫鞅也。

> 其他若樓緩趙人，張儀、魏冉、范雎皆魏人，蔡澤燕人，呂不韋韓人，李斯楚人。皆委國而聽之不疑，卒之所以兼天下者，諸人之力也。

秦王政的「容人」

秦王政重用人才，表現在禮賢下士，聽取建議。注意揚長避短，充分發揮他們的才能。用尉繚是一例。

秦王政得知尉繚是個軍事人才時，便在每次見到他時以最上等的禮節待他，連自己的衣服和飲食都和尉繚相同。後來尉繚覺得秦王政「少恩而虎狼心」，「不可與久遊」，準備不辭而別時，秦王政千方百計將他留住，並任命他為國尉，贏得尉繚信任。

又如在滅楚戰爭中，李信輕敵冒進，結果大敗而歸。秦王政知道自己用人失當，便親自立即趕到王翦家賠禮道歉，一再請求王翦帶兵伐楚，直到王翦答應才止。在王翦出征時，又親自到灞上（陝西西安東南）送行。

見頓弱一事，又是一例。頓弱是個很有才能的人，秦王政很想見他，頓弱得知後，表示「臣之義不參拜，王能使臣無拜即可矣，不即不見也」。

頓弱的話也許是蔑視，也許是嘲笑，更或許是試探。但秦王政欣然應允。

秦王政虛心納諫，那怕是刺耳尖刻的話，都能聽完，還能改正。

如秦王政鎮壓嫪毐以後，又囚禁太后，殺死太后所生的二子，並將為此事進諫的二十七人處死。

此時，來自齊國的茅焦諫秦王政：

陛下有狂悖之行，陛下不自知邪？

茅焦指秦王政的行為是：

車裂假父，有嫉妒之心；囊撲兩弟，有不慈之名；遷母萯陽宮，有不孝之行；縱蒺藜於諫士，有桀、紂之治。

今天下聞之，盡瓦解無向秦者，臣竊恐秦亡，為陛下危之。

於是秦王：

下殿，左手接之，右手麾左右曰：「赦之！先生就衣，今願受事」。

立焦為仲父。爵之為上卿。

迎太后萯陽宮，歸於咸陽。

秦王政用人不講門第，不苟求於人，而用其所長。

如姚賈出身低微，父親是看管城門的監門卒，姚賈本人曾在梁國偷盜，後來跑到趙國作臣，又被驅逐出來。

韓非詆毀姚賈，對秦王政說：「您同這樣一個人來共同掌握秦國的大事，能激勵群臣嗎？」

秦王政不聽韓非所言，反而認為姚賈說的話很有道理。對姚賈委以重任。姚賈說：

明主不取其污，不聽其非，察其為己

用,故可以存社稷者,雖有外誹者不聽,雖有高世之名,無尺尺之功者不賞,是以群臣莫敢以虛願望於上。

由於戰國時期各諸侯國都想吞併其他國家,各國間除進行軍事鬥爭外,還在政治、經濟、外交等各個領域進行錯綜複雜的交鋒。對外征伐的同時,各諸侯國內部,為爭權奪利,也互相角力。於是出現一批遊說謀士,為他們所輔佐的國家和主人設計奇智異謀,其中尤以從事合縱連橫的縱橫家最為活躍。

戰國二百多年的歷史,是合縱連橫兩種策略鬥爭的歷史。

秦王政併吞六國過程中,為其出謀劃策者既有縱橫家,也有政治家和軍事

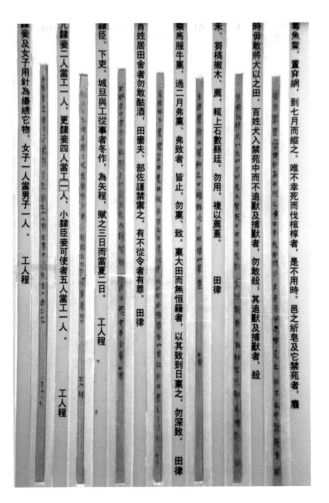

竹簡

將青竹蒸煮過或烘烤脫水防止變形蟲蛀,再剝成竹片,然後打孔穿線或直接綁縛使竹片成「冊」便是竹簡。青竹乾燥的過程稱為「殺青」,烘烤時表面會滲出水珠像「發汗」,於是竹簡也稱為「汗青」,並以「汗青」一詞引申為「書冊、史籍」,所以文天祥的丹心照在「竹簡」上。圖為秦墓出土的《秦律十八種》竹簡,這份竹簡是墓主的筆記,每條律尾端記有《工人程》、《田律》等律法名稱。

商鞅

家。如商鞅、張儀、公孫衍、范雎、李斯。

商鞅（約公元前三九〇～公元前三三八年），姓公孫，名鞅，衛國公室庶出的公子，因後封於商，故稱商鞅。

年少時「好刑名之學」，初在魏相國公叔痤家中任中庶子，「公孫痤知其賢，未及進，會痤病」。

公叔痤病死後，商鞅「聞秦孝公下令國中求賢者，將修繆公之業，東復侵地，乃遂西入秦」。經秦孝公寵臣景監求見孝公，得重用，任左庶長，實行變法。

商鞅任秦相十八年，卻因變法引起宗室貴族怨恨。秦孝公去世，秦惠王即位。曾被商鞅處刑的貴族告商鞅謀反。

依《史記·商君列傳》載：秦惠王「發吏捕商君，商君亡至關下」，商鞅「去之魏，魏人怨其欺公子卬而破魏師，弗受。」魏國將商鞅送回秦國，商鞅：

復入秦，走商邑，與其徒屬發邑兵北出擊鄭，秦發兵攻商君，殺之於鄭黽地。秦惠王車裂商君以徇。

遂滅商君之家。

商鞅死後，全家被誅，沒得好下場，真的是「做到死」。

車裂商鞅

明刻本《新列國志》的插圖。
圖中行刑者神情頗歡，恐是舊權貴的黨人。

張儀

張儀（？～公元前三〇九年），魏國貴族後裔。

張儀求見過魏惠王，未得到任用。便帶著家室去楚國求見楚威王，楚威王不見他，只好投在楚令尹昭陽門下。

一天，令尹昭陽大會賓客，忽然楚國的無價之寶「和氏璧」丟失了。大家懷疑小偷是張儀，便拘捕張儀，將他「掠笞數百」，張儀不服，最後被釋放。

張儀回到家後，妻子就責怪他，張儀要妻子看他的舌頭還在不在。張儀的意思是：只要舌頭還在就不怕，他還可以靠三寸不爛之舌進行遊說，謀取官職。

而後張儀的所做所為，證明他對自己知之甚深。

秦惠文王五年（公元前三三三年），張儀入秦，秦惠王待他為客卿，一起計畫如何攻打諸侯。

秦惠文王十年（公元前三二八年），與公子華率兵攻取魏地蒲陽。張儀要秦惠文王將蒲陽還給魏國，並且派公子繇到魏國作人質。

張儀依此勸魏王：「秦王之遇魏甚厚，魏不可以無禮。」於是魏國就將上郡、少梁獻給秦國，以答謝秦惠文王。

張儀回到秦國，惠王很高興，便任命張儀為相，張儀任秦相四年。

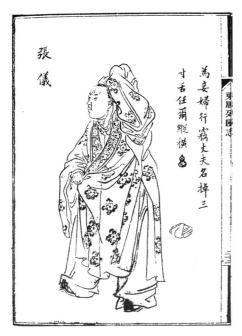

張儀

古本《東周列國志》的小說插圖。圖中的張儀頗有「小生」氣，與今人所鑄或繪面鬚的張儀不像。這裡的張儀，看來比較像西門慶。

秦惠文王更元元年（公元前三二四年），張儀率軍伐魏，攻取陝州，並建造上郡的防塞。

次年，張儀被派往嚙桑，與齊、楚的宰相會談，回國後被免去相職。

這不是真的。

張儀為秦謀提出「以秦韓與魏之勢伐齊荊」的連橫主張，推行「欲令魏先事秦而諸侯效之」的戰略，於是轉到魏國去當相。

張儀沒有說服魏王事秦，秦惠王便派兵攻占魏地曲沃和平周。儘管張儀未達成任務，但秦惠王暗中仍對張儀更加優厚。張儀覺得很慚愧，便留在魏國，繼續誘勸魏王。

秦惠文王更元六年（公元前三一九

《凍蘇秦》

元雜劇，全名《凍蘇秦衣錦還鄉》。

劇情是：蘇秦、張儀為結義兄弟。張儀先得功名，蘇秦因病回鄉，家人冷眼相對。蘇秦投靠張儀，張儀只給冷酒冷飯招待，刺激蘇秦，但派下人陳用助以槃資，讓蘇秦再求功名。而後蘇秦掛六國帥印還鄉，陳用說出前後情由。

《凍蘇秦》為何人所寫已不可考。不過，也好。把蘇秦與張儀的關係寫成這樣，蘇、張二人與該作者總得有筆帳算。

年），魏襄王繼位後，張儀又勸魏襄王臣侍秦國，襄王也不要。結果張儀暗使秦國攻魏，秦軍大敗魏軍，「斬首八萬，諸侯震恐」。

秦惠文王更元八年（公元前三一七年），張儀再次提出「事秦」，終於說服魏襄王背棄與關東六國合縱攻秦的盟約，向秦國請求和解。

張儀完成任務，返回秦國任相。

秦惠文王更元九年（公元前三一六年），張儀與司馬錯率兵攻取巴、蜀。

秦惠文王更元十二年（公元前三一三年），「秦欲伐齊」，屈原出使齊國，以結強黨。秦王擔心屈原能使楚、齊結盟，「於是張儀往相楚」。

而後就是六百里變成六里的賴皮。然而，楚懷王上當不只一次。

蘇秦死後，張儀到楚國，說楚懷王：

夫縱者，聚群弱而攻至強，不料敵而輕戰，國貧而數舉兵，危亡之術也。

夫縱人飾辯虛詞，高主之節，言其利不言其害，卒有秦禍，無及為已。

秦兵之攻楚也，危難在三月之內，而楚待諸侯之救，在半歲之外，此其勢不相及也。

楚懷王相信張儀的說法，決定和秦國建立友好關係。

結果，張儀離楚，轉頭就往韓國獻謀「攻楚以利其地，轉禍而說秦，計無便於此者」，聳恿韓國攻楚。韓王聽從此計。

張儀返秦報告韓、楚的情況，秦惠王對此結果感到滿意，便賞給張儀五個都邑，封為武信君。

而後，張儀再到齊國，說齊閔王：

為大王計者，皆為一時之說，不顧百世之利，何況縱人朋黨比周，莫不以縱為可。

今秦、楚嫁女娶婦，為昆弟之國。

大王不事秦，秦驅韓、梁攻齊之南地，悉趙兵渡清河，指博關，臨淄、即墨非王之有也。國一日見攻，雖欲事秦，不可得也。

齊閔王同意張儀的建議。

張儀離開齊國，再往西說趙王：

大王之所信為縱者恃蘇秦，蘇秦熒惑諸侯，以是為非，以非為是，欲反齊國，而自令車裂於市。

張儀分析現在秦國派三支軍隊並合四國兵力攻趙國，「趙破，必四分其地。是故不敢匿意隱情，先以聞於左右」。趙王也覺得「一縱不事秦，非國之長利」，於是「願變心易慮，割地謝前過以事秦」。

張儀離趙，往北赴燕國，勸告燕王「事秦」的好處是「西有強秦之援，而南無齊、趙之患」。燕王非常感謝張儀的開導，同意「西面而事秦，獻恆山之尾五城」。

張儀準備返秦國，報告這趟遊說各國的成果時，「未至咸陽而秦惠王卒」。

壞事來了。

繼位的秦武王自當太子時就不喜歡張儀，群臣評張儀：

> 無信，左右賣國以取容。秦必復用之，恐為天下笑。

聽從張儀連橫的諸侯國聽說張儀與秦武王不合，都背叛連橫政策而又重新實行合縱抗秦。

秦國群臣日夜攻擊張儀，齊國也派使者責備秦國用張儀。張儀擔心被殺，便向秦武王獻計：

> 為秦社稷計者，東方有大變，然後王可以多割得地也。
>
> 今聞齊王甚憎儀，儀之所在，必興師伐之。故儀願乞其不肖之身之梁（魏），齊必興師而伐梁（魏）。梁（魏）、齊之兵連於城下而不能相去，王以其間伐韓，入三川，出兵函谷而毋伐，以臨周，祭器必出。挾天子，按圖籍。此王業也。

秦王以為然，乃具革車三十乘，入儀之梁（魏）。齊果興師伐之。梁（魏）哀王恐。

張儀派他的門客馮喜到楚，借用楚使者名義，去齊國勸告齊閔王：

> 今儀入梁（魏），王果伐之，是王內罷國而外伐與國，廣鄰敵以內自臨，而信儀於秦王也。

齊王以為有理，停止對魏用兵。

張儀離秦去魏國，任魏相，一年後，死於魏國。

張儀從入秦到死，始終致力於破除關東六國的合縱抗秦。張儀為秦國執行連橫策略時，曾入魏為相，破壞魏、齊同盟，使衛國去齊而暱秦；而後再相楚，破壞楚、齊同盟，使楚國去齊而暱秦。雖然楚國大臣屈原、惠施等人均曾群起反對，但張儀終能運用其靈活的外交手腕以克服。

張儀的連橫策略核心，概如馬非百《秦集史‧上冊》所言：

> 厥為弱楚，而弱楚之謀之得以成功，又由於巴、蜀、漢中之兼併。故其說魏王曰：秦之所欲弱者莫如楚。又說韓王曰：秦之所欲，莫如弱楚。而司馬錯則云：得蜀則得楚，楚併天下可圖矣。此其目標，實甚顯明。

張儀在破壞合縱的過程中，以各種手段為秦國遊說，秦國而後得以吞併六國，與張儀的外交成果息息相關。

張儀用沒有失掉的舌頭幫秦國打下一片江山。

公孫衍

《戰國縱橫家》帛書

出土於馬王堆漢墓，全書共二十七章。十一章的內容見於《戰國策》和《史記》，另十六章是失傳的佚書，載有《戰國策》與《史記》未見之內容。為研究戰國史珍貴史料。

公孫衍，姓公孫，名衍，號犀首。魏國陰晉（陝西華陰縣）人。

秦惠王五年（公元前三三三年），任大良造，奉秦惠王命率軍攻打魏國。大敗魏軍四萬餘人，俘獲魏將龍賈，占取雕陰（陝西甘泉縣南）。次年，又奉命聯合齊、魏，「與共伐趙，以敗縱約」。

公孫衍與張儀均為秦國謀士，但這兩個人是死對頭。公孫衍因無法與張儀共事，而到魏國為將，佐魏與秦抗衡。

秦惠文王更元二年（公元前三二三年），公孫衍發起魏、趙、韓、燕、中山「五國相王」，五國合縱。張儀到魏國，被魏王任命為相，這對公孫衍很不利，於是，公孫衍派人告訴韓公叔：

張儀已合秦魏矣，其言曰：「魏攻南陽，秦攻三川」。魏王所以貴張子者，欲得韓地也。且韓之南陽已舉矣，子何不少委焉以為衍功，則秦魏之交可錯矣。然則魏必圖秦而棄儀，收韓而相衍。

公叔認為這樣做很好，就將政事委託給公孫衍，以便他建立功勞。齊、楚、燕、趙、韓五國支持公孫衍的合縱主張，並迫使魏國改公孫衍為相，將張儀趕回秦國。

公孫衍任相的第二年，便發動第一次五國合縱攻秦的戰爭，因楚和燕沒有派兵參戰，三晉聯軍為秦所敗。

後來，西戎義渠國國君朝拜魏王，公孫衍聽說張儀又做秦相，並且迫害義渠國。公孫衍便對義渠國君說：

「貴國路途遙遠，今日別後，不容易再來相見。我想告訴你的是：關東各諸侯不聯合攻打秦國，那秦國就會滅掉你的國家並且獲取你的土地；如果各諸侯一起攻打秦國，那秦國就會派遣使者帶著厚重禮物去向你求援，表示侍奉你。」

不久，楚、魏、齊、韓、趙五國攻秦，陳軫果然向秦王提出給義渠國君贈送財物，以安撫他的心志。

《史記·張儀列傳》載，秦王：

以文繡千純、婦女百人遺義渠君。義渠君致群臣而謀曰：「此公孫衍所謂邪？」乃起兵襲秦，大敗秦人於李伯之下。

據《戰國策·齊策二》載，公孫衍帶領魏國軍隊與齊軍在承匡（河南睢縣西南）交戰，魏國沒有取勝。張儀便對魏王說「不用臣言以危國」，魏王於是又任張儀為相國。

此時，張儀決定把秦、魏、齊三國聯合起來形成連橫的親密關係。但是公孫衍想破壞張儀的連橫計畫。

於是，公孫衍給張儀下藥。

公孫衍請衛國國君轉告張儀：他其實對張儀沒有什麼怨恨，只是在治國的方法上所見不同，有想法大家可以談。

張儀答應公孫衍的要求，在衛國國君面前，三人進行一場會談。

會談後的第二天，張儀到齊國去，公孫衍親送至齊國國境。

此情此景入不得齊王的眼。

齊王得到這個消息，對張儀跟公孫衍親近的事，大發脾氣：「公孫衍是我的仇人，而張儀跟他一同前來，這定是與公孫衍合計要出賣我們齊國。」

結果，齊王不聽張儀的連橫主張。

公孫衍與張儀水火不容，《戰國策·秦策二》載：

秦惠王死，公孫衍欲窮張儀。李仇謂公孫衍曰：不如召甘茂於魏，召公孫顯於韓，起樗里子於國。三人者，皆張儀之仇也。公用之，則諸侯必見張儀之無秦矣。

張儀死後，公孫衍就前往秦國任相。

「嘗佩五國之相印」的公孫衍主張連橫，並破壞張儀的五國合縱。《史記》將公孫衍和張儀放在同一傳中，結評：

夫言縱橫強秦者，大抵皆三晉（趙、魏、韓）之人也。

范睢

《須賈大夫諢范叔》

元，高文秀所著雜劇劇情就是描寫須賈打范睢的
這段故事，不過劇中寫救出范睢的人是須賈家裡
的「老院公」。

范睢（？～公元前二五五年）字叔，魏
國人。曾到各諸侯國遊說，想待奉魏王，
但家境貧困，連生活都無法維持，便先
在魏中大夫須賈那裡找點事做，後來到
秦國完全是出於偶然。

一次，范睢隨須賈奉魏昭王命出使齊
國，留在齊國數月，都沒法完成任務。齊
襄王聽說范睢很有辯才，便派人送給他
黃金千斤和牛灑，范睢未接受。

不過須賈得知此事後，大為生氣，以
為范睢向齊國洩密，才得到這些賞賜。回
國後，魏相魏齊派人打斷范睢的肋骨、牙
齒，並肆意侮辱他。

後來魏人鄭安平帶范睢一起逃離魏
國，范睢改名張祿。秦國使者王稽見范睢
是賢才，便設法將他帶回咸陽，向秦昭王
推薦范睢。

很長一段時間，秦昭王不見他，范睢
便上書請求進言機會。秦昭王終於在離
宮接見。

范睢向秦昭王詳盡分析秦國優越的
地理條件和強大的軍事勢力，提出「遠交
近攻」的方略。

「遠交近攻」是指對處於中原的韓、
魏兩國要親近，使秦國成為天下的中心，
以威脅楚、趙二國，范睢認為：

楚強則附趙，趙強則附楚，楚、趙皆
附，齊必懼矣。齊懼，必卑辭重幣以事秦，齊

附而韓、魏可虜也。

之於善變的魏國，則主張：

王卑詞重幣以事之；不可，則割地而賂之；不可，因舉兵而伐之。

秦昭王表示敬聽尊教，於是封范雎「為客卿，謀兵事」。秦昭王三十九年（公元前二六八年），秦昭王聽從范雎的計謀，派五大夫綰攻魏，占取懷縣（河南武陟西南）。二年後，又攻取邢邱（山東東阿縣境）。

范雎第二個貢獻是向秦昭王進言：

今臣聞秦太后、穰侯用事，高陵、華陽、涇陽佐之，卒無秦王。

今自有秩以上至諸大吏，下及王左右，無非相國之人者。見王獨立於朝，臣竊為王恐，萬世之後，有秦國者非王子孫也。

秦昭王聽後大為恐懼，於是廢太后權，把穰侯、高陵君、華陽君、涇陽君放逐到關外。封范雎為相國，將應（河南寶豐西南）封給范雎，號稱應侯。

秦昭王四十七年（公元前二六○年），秦昭王採用范雎貢獻的第三計，用反間計誘使趙王改用趙括替代廉頗為將軍，使秦軍在長平大敗趙軍。趙國中計後，痛定思痛的反省是：我也會。

長平戰役結束，秦國再向趙都邯鄲進兵，趙國以重金賄賂范雎，挑撥范雎和白起的關係，使范雎建議秦昭王不要再攻打邯鄲，暫且休養士卒，而讓韓、趙二國割地求和。秦昭王應允。

從此，白起和范雎仇結大了。

范雎夠狠，繼續向秦昭王進言，殺白起，並保薦帶他逃出魏國的鄭安平率軍攻趙。結果，鄭安平不改逃跑本色，帶兩萬士卒降趙，范雎為此「席稿請罪」。

范雎所做的事，依秦法：

任人而所任不善者，各以其罪罪之。於是應侯罪當收三族。

但是據《史記·范雎蔡澤列傳》載：

秦昭王恐傷應侯之意，乃下令國中：「有敢言鄭安平事者，以其罪罪之。」而加賜相國應侯食物日益厚，以順適其意。

秦昭王的溫柔讓范雎內疚。他向秦昭王請罪，表示「願請藥賜死」，秦昭王沒有答應。而後，范雎薦燕人蔡澤，《史記·范雎蔡澤列傳》載：

秦昭王召見，與語，大悅之，拜為客卿。應侯因謝病，請歸相印。昭王強起應侯，應侯遂稱病篤，范雎免相。

范雎免相不久即過世。《史記·范雎蔡澤列傳》感慨形容范雎、蔡澤：

二人羈旅入秦，繼踵取卿相，垂功於天下者，固強弱之勢異也。然士亦有偶合，賢者多如此二子，不得盡意，豈可勝道哉！然二子來困厄，惡能激乎？

尉繚

有關《尉繚子》

臨沂銀雀山漢墓出土竹簡共有《孫子兵法》、《孫臏兵法》、《尉繚子》、《六韜》、《晏子》、漢武帝《元光元年曆譜》等。
圖為目前已整理完成的《孫子》殘簡。

尉繚，原稱為繚，魏國大梁（河南開封西北）人。

秦王政十年（公元前二三七年），秦王政剷除呂不韋、嫪毐的政治勢力，取消逐客令，並派兵伐韓，欲全力攻打關東六國，尉繚來到秦國，並向秦王獻反間計：

以秦之強，諸侯譬如郡縣之君，臣但恐諸侯合縱，翕而出不意，此乃智伯、夫差、湣王之所以亡也。願大王毋愛財物，賂其豪臣，以亂其謀，不過亡三十萬金，則諸侯可盡。

秦王政器重尉繚，更因為他是一位軍事家。現存軍事著作《尉繚子》書，已為近年山東銀雀山一號漢墓出土的竹簡《尉繚子》所證實。在該書中尉繚講的都是保證軍事上必勝的政策法令和措施。

據《尉繚子・兵教上》載，尉繚認為戰爭應該是「誅暴亂，禁不義」、「凡兵，不攻無過之城，不殺無罪之夫」、「寬其政，夷其業，救其弊」、「足以施天下。」「併兼廣大，以一其制度」。

在治軍方面要「審法制，明賞罰，便器用」、「殺一人而三軍震者殺之，賞一人而萬人喜者賞之」。

尉繚所提出的軍事政策法令和措施，為秦王政所接受。秦進行兼併戰爭過程中所使用的戰略戰術，有多處與尉繚的觀點吻合。

李斯

李斯（？～公元前二〇八年），字通古，楚國上蔡（河南上蔡西南）人。

年少時為郡小吏，後從荀子「學帝王之術」，然而旨趣卻與荀子大為不同。荀子嘗議兵以仁義為本，李斯卻說：

秦四世有勝，兵強海內，威行諸侯，非以仁義為之也，以便從事而已。

琅邪刻石

秦始皇四次巡行都命李斯刻石記功，刻文為李斯所書，李斯書法為秦代小篆的代表作。

學業完成後，李斯不以為侍奉楚王能成大事，他認為「六國皆弱，無可為建功者，欲西入秦」。

《史記·李斯列傳》載，李斯動身往秦國之前，向荀子辭別：

斯聞得時無怠，今萬乘方爭時，游者主事。今秦王欲吞天下，稱帝而治，此布衣馳騖之時而遊說者之秋也。

莊襄王三年（公元前二四七年），李斯到秦國，莊襄王去世，秦王政即位。

李斯到秦國後，遊說秦王政應「滅諸侯，成帝業，為天下一統」。於是秦王政用李斯計，對六國「離其君臣」。

秦王政十年（公元前二三七年），秦王政因韓國的「疲秦計」而發出逐客令，李斯上《諫逐客書》。列陳歷代秦王重用外籍人士而「使秦成帝業」的事例，指秦王政「逐客」的決定是：

資敵國，損民以益仇，內自虛而外樹怨於諸侯，求國無危，不可得也。

秦王政「乃除逐客令」，並任李斯為廷尉。

李斯助秦王霸業的軍事主張倒楣了韓國。李斯認為必須先攻取離秦最近較弱小的韓國，給其他諸侯國施壓。

儘管在當時的現實局勢上先攻滅韓國取得向東出入軍事位置是可以被理解的局勢，但是第一個被秦國吞併的韓國

還是很倒楣。

秦王政稱帝，任李斯為丞相，後來秦始皇實行「明法度、定律令」、「同文書，治離宮別館」，以及「巡狩，外攘四夷」等措施，李斯都參與其事。

始皇三十七年（公元前二一〇年），秦始皇在巡行途中病逝，李斯祕不發喪。

李斯因為跟秦始皇的長子扶蘇在「坑儒案」上頭已有過節。他為保住自己的安全及政治地位，便聽受趙高的唆使，篡改始皇遺詔，立胡亥為太子，逼死扶蘇。

如果李斯是利用「坑儒案」穩固自己政治地位的「道」，那麼趙高就是利用秦二世信寵的「魔」。

趙高三番兩次讓李斯在秦二世玩得正高興時，去向秦二世進諫諍言，讓秦二世覺得李斯是個討厭鬼。

結果秦二世判定講他好朋友壞話的李斯才是壞人，便將討人厭的李斯交給趙高問罪。

完蛋了。

秦二世二年（公元前二〇八年），李斯被栽上跟兒子共同謀叛的罪，處五刑，在咸陽城腰斬，夷三族。

李斯的路上有商鞅手牽手。

不寂寞。

元代
《秦併六國平話》

圖為《斬李斯父子》，即是李斯遭趙高誣陷，被腰斬於咸陽的故事。圖中，李斯真的被砍成兩段，不像前述明刻本《新列國志》只畫五隻牛示意。不知道是不是將商鞅分成五塊實在太殘忍。

125

一本萬利的政治投資

子楚、呂不韋與秦始皇的出生和成長有著密切的關係，他們曾因演繹過一段曲折的歷史事件，而為後人所熟知。

春秋戰國時期，由於諸侯國之間利益的衝突，在複雜多變的割據兼併戰爭中，某些諸侯國君會聯合起來制約他國。為取得盟國的信任，國君往往把自己的兒子、孫子送到盟國去當作「抵押品」，這些被作為「抵押品」的公子王孫，稱為「質子」。這些質子在他國生活的好壞，生命的安危與否，全由兩國間戰與和的關係來確定。

異人的父親為安國君太子柱（即後來的秦孝文王），因異人兄弟有二十幾個，自己不是長子，其母夏姬失寵，故被祖父秦昭王送至趙國作「質子」。

異人客居他國，日子很不好過。據《史記·呂不韋列傳》記載，由於秦國經常攻打趙國，所以趙國對秦國倍加警惕，對秦王送去的「質子」嚴加控制。趙王不禮遇異人，不提供所乘坐車輛，日常財用不富足，生活困苦，異人心裡很不得意，時常想回秦國，但希望渺茫。

戰國車軸飾
這個東西至今仍在使用中，現在叫「輪圈蓋」。

在異人幾乎處於絕望之際，突然來了一位救星——呂不韋，異人的命運發生戲劇性的轉機。

呂不韋是衛國濮陽（河南濮陽）人，在韓國陽翟（河南禹縣）經商，生財有道，是「家纍千金」的鉅富商賈。一次，他來到趙國都城邯鄲做生意，得知異人的為難處境，便開始推想秦國當時的政治情況。

在秦國，當時即將登上王位的安國君太子柱非常寵愛華陽夫人，華陽夫人的弟弟被封為陽泉君，他們在秦國擁有相當大的權勢。但華陽夫人無子，安國君的二十幾個兒子均為其他夫人所生。長子子傒又由相國士倉輔佐培養，照常例，由他繼承王位是穩固如山；但這對華陽夫人十分不利。因此，王位究竟由誰來繼承，在秦國王室內部即將有一場激烈的爭奪戰。

依此，呂不韋發現異人是另一類「貨物」，可以從異人身上賺到另一種「金錢」，於是決定做一筆政治投機的大生意。

《戰國策·秦策五》載，呂不韋得知異人的情況後，便急速回家，和其父商議。呂不韋問他父親：「種地能得幾倍利益？」他父親回答說：「能得十倍利益。」呂不韋又問：「經營珠玉能有幾倍贏利？」其父回答：「可贏利百倍。」呂不韋又問：「擁立一國的國君能有幾倍的贏利？」他父親驚嘆道：「多得無法計算。」

呂不韋十分高興，便對父親說：「現在用力種田，加緊耕作，也穿不上暖衣，剩不下餘糧。現在如果建立一個國家，確立一位國君，那麼他的利益就可以留傳後世。我願意出去作建國立君之事。」呂不韋決定把經商的資金轉投到異人身上，以取得更大的政治資本。便趕回邯鄲會見異人。《史記·呂不韋列傳》記載了他們會面後的一段對話。

呂不韋開門見山地對異人說：「我能光大你的門庭，使您出人頭地，公子意下如何？」異人一聽，不由得笑了起來，以為區區小商人，不可能插手王位的繼承，便笑著回敬呂不韋：「你還是先光大你的門庭吧？」呂不韋見異人不明他的深意，便直言不諱：「公子有所不知，我家的門庭只有等您的門庭光大之後才能光大。」異人略懂呂不韋的用意，便請他詳細深談。

呂不韋向異人說明秦國政治權力繼承的形勢後，對異人說：「現在秦昭王已經年老，晏駕後繼承王位的是安國君太子柱，而安國君最寵愛的是華陽夫人。但華陽夫人沒有生子，而將來確定王位繼承的只能是她。你們兄弟有二十幾人，你

又排行居中，並且不受寵幸，而長期被安排在趙國作質子。大王駕崩後，安國君繼立為王，你又怎麼能與長子子傒以及其他兄弟爭立為太子！」

這個分析一針見血，刺痛異人心靈深處的苦楚，也激發異人爭為太子繼承王位的念頭。他急盼得到呂不韋的幫助：「現在我該怎麼辦？」

呂不韋獻計：「要想立為太子，必先討得華陽夫人的喜歡，這樣才能得到安國君的應准。你現在很窮，既拿不出錢來奉獻給父王母后，又難以供養食客。不韋雖然貧窮，但願籌措千金替你到秦國去遊說，侍奉安國君及華陽夫人立你為嫡嗣。」

呂不韋的一席話，使異人頓感流涕，便叩首拜謝，並答應如果這一計畫能實現，他日後登上王位後，「請得分秦國與君共之。」

呂不韋與異人的政治交易初步談妥後，便不惜傾盡全部家財用千金來為異人的回國鋪平道路。《史記·呂不韋列傳》載，呂不韋拿出五百金送給異人，以作為他日常生活和結養賓客之用，另用五百金購買各種珍珠異寶、奇物玩好，親自帶著西行去秦國進行遊說。

呂不韋到達咸陽後，首先找到華陽夫人的弟弟陽泉君，並危言聳聽地對陽泉君說：「您的罪過已經達到被處死的程度，您知道嗎？您的門下之人沒有一個不是身居高職尊位的，而太子子傒門下之人卻沒有一個身居尊位者。您的府庫裡藏著許多珍珠寶玉，您的駿馬已經占滿馬棚，美女充斥後宮。現在秦昭王年事已高，一旦駕崩，安國君即王位，子傒即為太子，治理國家大事，那時您的處境比累卵還危險，您的壽命比朝開夕落的木槿花還要短暫。」

陽泉君大驚，急忙向呂不韋求教良策。呂不韋說：「我今有一條計策，可以使您千年富貴，安若泰山，無絲毫危亡之患！」

陽泉君離開坐席，向前請教。呂不韋說：「安國君已年近五十，華陽夫人雖受寵，但無親生兒子。長子子傒卻能繼承國業，同時還有相國士倉的幫助。安國君一旦去世，子傒作了國君，士倉治理國家大事，這時華陽夫人的門庭必然冷落，長滿蓬蒿野草。而公子異人雖非長子，卻是位賢才，今被拋棄在趙國做『質子』，又無母親關照，他每天引頸西望，急想歸秦。華陽夫人若能將他認為己子，並請求安國君立為太子，這樣就等於使異人原沒有國家而今有國家，華陽夫人原沒有兒子而今有兒子。」

陽泉君連連點頭稱是，隨即入宮向

華陽夫人說明此事，華陽夫人表示同意，並立即請求趙國把異人送回秦國。

　　起初趙國不同意遣返異人，呂不韋又去趙國宣傳：「異人是秦國所寵愛的人，他在國內雖然沒有母親，但是華陽夫人想把他作為自己的兒子。假使秦國真要屠戮趙國，它也不會考慮異人在趙國而推遲進伐趙國的計畫。這就是說，異人留在趙國，也等於空有一個人質。假如使異人回到秦國並且得以立為太子，趙國又用厚禮送返秦國，那異人是不會背叛趙國對他的恩德和厚賜的，他會用恩德來與趙國結好。安國君老了，一旦晏駕，趙國雖有人質異人，也不足以結好秦國。」趙國最終同意送異人回國。

　　呂不韋得到陽泉君的支持，仍不放心，他又去求見華陽夫人的姐姐，並將所帶的珍珠寶物，托她代異人進獻給華陽夫人，並極力稱讚異人是有才能而又聰明的人，還能廣交天下賓客。說異人雖在趙國為質，卻日夜傷心落淚，思念安國君和華陽夫人。

　　華陽夫人見到送來的各種珍珠寶玉等玩物，又聽說異人特別思念她，心裡十分欣慰。呂不韋借這個機會要華陽夫人姐姐向華陽夫人遊說：「聽說用美色侍奉人的人，一旦美色衰盡，所受寵愛也就跟著鬆弛。今夫人以美貌甚得太子安國君的寵愛，所遺憾的是沒有兒子，不如早從諸子中選一個賢德孝順的立為嫡嗣，並作為自己的兒子來侍養他。這樣，安國君在世時，你受到尊重，即使百年之後，所立者繼承

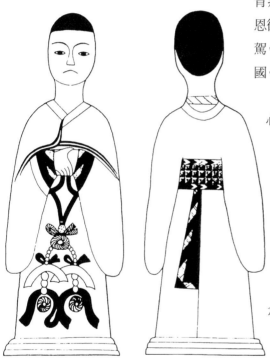

玉佩

中國人喜歡玉石，被稱為「玉」的礦物種類龐雜。一般而言，符合美觀、堅硬、溫潤等特點的礦物皆可能稱為「玉」。

呂不韋送到趙國的禮物中應不乏玉石，圖為戰國時期的玉佩以及戰國時期懸掛玉佩的彩繪漆木俑的繪畫。

不知道華陽夫人戴起玉佩是不是也如此模樣。

王位，夫人終生也不會失勢，這就是一言而萬世之利也！

如果不在受寵之時，立一子嗣作為根本，等到年老美色衰盡，受寵鬆弛之後，即使想再進一言，恐怕也不可能了。如今異人雖十分賢能，但在趙國作質，在諸子中又排行在中間，依次不得立為嫡嗣。再說，其母又得不到安國君的寵幸，他願依附夫人。夫人如能提擢他為太子，那夫人終其一生必在秦國受到寵幸。」

呂不韋的遊說打動華陽夫人姐姐，她將呂不韋的話轉告給華陽夫人。華陽夫人認為呂不韋的話很有道理。一次在承奉安國君時，她含淚向安國君請求：「妾有幸得以充塞後宮，不幸沒有兒子，希望能得有才幹的異人立為嫡嗣，來寄託妾的一生。」安國君答應，並與華陽夫人刻玉符立約，同時送去很多財物給異人，還請呂不韋作異人的老師。此後，異人的名聲便在諸侯國中盛傳開。

將異人立為嫡嗣，這是呂不韋進行政治交易的第一步，接著便是安排異人的婚配。

據《史記‧呂不韋列傳》載，呂不韋在邯鄲做生意時，結識一位姿色絕美又善於歌舞的女子，並與她同居。當呂不韋得知這位女子懷有身孕後，便盤算如何將這位趙國美女轉嫁給異人為妻，這樣既可透過趙姬控制異人，又可使將來生下的小孩繼承王位，得制朝政。

呂不韋利用自己做壽之機，請異人一同飲酒。暢飲正酣之時，呂不韋便叫趙姬

戰國青銅壺樂舞圖拓片

圖樣的意思是「鐘磬之樂」。

趙姬善歌舞，我們可以想像其中有個跳舞的人就是秦始皇的媽媽。

向異人敬酒，並隨樂起舞。異人長期作質，從未與絕色美女見過面，一見趙姬，甚為喜歡。站起來向呂不韋祝壽敬酒時，請求呂不韋割愛將趙姬給他作妻。呂不韋假裝生氣，異人苦苦哀求，呂不韋「欲以釣奇，乃遂獻其姬」。

趙姬隱瞞自己有身孕之事，秦昭王四十八年（公元前二五九年）正月，趙姬生下一男孩，因生於正月，取名為「政」。這個小孩就是秦始皇。嬴政出生時，正是秦、趙關係特別緊張的時期。在他出生三個月前，秦國在長平坑殺四十萬趙卒。趙國人對秦國人恨之入骨，異人的處境十分危險，所以為考慮趙姬母子安全，趙姬祕密生子，而且嬴政初生時隨母親趙姓而沒有姓嬴，而後才改回秦國嬴姓，趙姬則因生子而被立為夫人。

長平之戰後，秦國約定只要韓國獻出桓、雍，趙國獻出六城即可退兵。當秦國退兵後，只有韓國獻出桓、雍，而趙王不願割六城給秦，並且還想聯齊抗秦，秦王便再次派王齕向邯鄲發起攻勢，邯鄲城岌岌可危，趙國想殺死異人，呂不韋與異人密謀，送黃金六百金給守城官吏，異人才得以從邯鄲城中逃脫，跑進秦國軍營，順利回到咸陽。

趙王得知異人逃跑，揚言要殺趙姬及其兒子。趙姬得知後立刻躲起來，趙姬母子倖免於難。趙政在邯鄲度過苦難驚險的童年。嬴政在趙國的這段時間裡，認識同在趙國作「質子」的燕國太子丹。

異人回到秦國後，呂不韋讓異人穿楚國的衣服謁見王后華陽夫人。楚國出生的華陽夫人在見異人以楚服打扮，更是歡心，便認異人為親兒子，並將異人改名為「楚」，時人稱「子楚」。

秦昭王五十六年（公元前二五一年）秦昭王去世，已經五十三歲安國君繼位，為秦孝文王。按秦制，繼位者服喪一年後才正式即位。秦孝文王由於政務繁忙，又處理昭王喪事，不久就累病，即位後的第三天便駕崩。公元前二四九年，子楚登上王位，是為秦莊襄王。此時，華陽夫人尊為華陽太后，生母夏姬為夏太后。趙姬及其子趙政約在此這時回到秦國。

莊襄王依過去與呂不韋所訂「平分秦國」的約定，任命呂不韋為丞相，封為文信侯，以「藍田十二縣」為其食邑，後又改封至三川郡洛陽，食邑十萬戶，呂不韋「家僮萬人，富貴至極」，政治投資獲得豐厚的回報。

三年後，秦莊襄王去世，太子嬴政繼位，時年十三歲。呂不韋繼任相國，號稱「仲父」，輔佐嬴政。

身世之謎

關於嬴政的身世，《史記》有兩處記載。《秦始皇本紀》：

莊襄王為秦質子於趙，見呂不韋姬，悅而取之，生始皇。以秦昭王四十八年正月生於邯鄲。及生，名為政，姓趙氏。

《呂不韋列傳》：

呂不韋取邯鄲諸姬絕好善舞者與居，知有身。子楚從不韋飲，見而說之，因起為壽，請之。呂不韋怒，念業已破家為子楚，欲以釣奇，乃遂獻其姬。姬自匿有身，至大期時，生子政。子楚遂立姬為夫人。

《史記·秦始皇本紀》附記寫：班固回答漢明帝的詔問中稱嬴政為「呂政」。所謂「呂政」，唐代司馬貞《史記索隱》：

呂政者，始皇名政，是呂不韋幸姬有娠，獻莊襄王而生始皇，故云呂政。

《漢書·王商傳》說：

不韋求好女為妻，陰知其有身而獻之王，產始皇帝。

因為只有《史記》記載秦始皇為私生子，而《戰國策》又未載明，加之「大期」生政難於解釋，豪家女與邯鄲姬相互矛盾等問題的疑惑，因此不少史學家對《史記》這一記載產生懷疑。

明代湯聘尹《史稗》一書：

異人請婦，至大期而誕子，未必請之時

遽有娠也。雖有娠，不韋其肯輕洩之？而亦孰從知之？果有娠而後獻，當始皇在趙，母子俱匿，其嫗獨不能語子以呂氏之胤，如齊東昏妃子之於蕭綸耶？如語之故，始皇必不忍一本之系，何至忿然曰：「君何親於秦，號為仲父？」以奉先王之功，且躬出其後，而俾之遷蜀以死？雖賓客遊說萬端，而莫之阻，亦自知嬴非呂也。然則呂易嬴之說，戰國好事者為之。

明代王世貞《讀書後》：

毋亦不韋故為之說而洩之，秦皇使知其為真父，長保富貴耶？抑其客之感恩者，故為是以訾始皇，而六國之亡人，侈張其事，欲使天下之人謂秦先六國亡也？不然，不韋不敢言，太后復不敢言，而大期之子，烏之其非嬴出也。

清代梁玉繩《史記志疑》：

史公於《本紀》特書生始皇之年月，而於此更書之，猶云：世皆傳不韋獻匿身姬，其實秦政大期始生也。別嫌明微，合於《春秋》書「子同生」之義，人自誤讀《史記》耳。

現今史學家中有人對秦始皇為呂不韋之子也持否定的態度。錢穆在《秦漢史》一書中認為此事純屬子虛烏有。林劍鳴在《秦史稿》一書中說：

這種說法絕不可信，早已為古今歷史學家所證明，這裡無須贅述。問題是這樣的輿論是誰造出來的？古代有些學者認為，不是別人，正是呂不韋散布出來的，其目的是用以暗示秦始皇，使他將呂認作親父，以便永保富貴。

馬非百在《秦集史》（上冊）一書中對此進行詳細的考證，並將《史記·呂不韋列傳》和《戰國策·秦策》的相關記載進行詳盡的對比研究。指出兩書記載內容有六點不同：

一、是呂不韋籍貫不同，《史記》記為陽翟大商人，《戰國策》說是濮陽人。

二、呂不韋赴秦遊說時間不同，《史記》為秦昭王時期，《戰國策》為秦孝文王時。

三、呂不韋遊說對象不同，《史記》說是華陽夫人的姐姐，《戰國策》說是華陽夫人的弟弟陽泉君。

四、異人離趙方式不同，《史記》說是秦攻趙，趙欲殺異人，呂不韋用金六百斤賄賂守城官吏後，異人才得脫逃，復歸秦國。而《戰國策》說是華陽夫人請求趙國送回異人，但趙國不同意，後呂不韋赴趙做工作後，趙國才遣返異人。

五、呂不韋的采邑不同，《史記》說是「食河南雒陽十萬戶」，《戰國策》說是「食藍田十二縣」。

六、呂不韋娶邯鄲姬之事不同，《史記》說呂不韋娶「諸姬絕好善舞者與居，知有身」，而《戰國策》未載此事。

因此馬非百認為《史記》記六國時事，多本《戰國策》，惟此獨別據他說，以示新奇，而亦最不可信。不可信的根據有三點：

第一，就呂不韋入秦之年代言之，如果確在秦昭王時，則孝文王自身尚為太子，雖為王僅一年而死，然呂不韋非神人，豈能知其必不永年而預為此釣奇之謀？

第二，莊襄王元年（公元前二四九年），初置三川郡，據《漢書·地理志》稱，至漢高祖時，始改名為河南郡，則秦代並無河南之名，呂不韋安得以河南洛陽為其采地。

第三，呂不韋納姬一事尤為誕妄，《戰國策》一書，素喜採摭人家陰私，如果呂不韋當日確有納姬之舉，豈肯漏而不載。

馬非百又說：

《史記》記：「子楚夫人趙豪家女也，得匿，以故母子竟得活。」顯與不韋獻姬語相乖。錢大昕云：「不韋資助之，遂為豪家」。洪亮吉云：「子楚在趙，本自有夫人。後見不韋姬悅之，復取而生政耳。此夫人是指子楚之正配。若政生母為

邯鄲娼，即資之，安得為豪家乎？」按洪駁錢說是矣。然《不韋傳》明言：「子楚遂立姬為夫人」，又豈得謂其下夫人又別指一人哉？

史學家郭沫若在《十批判書》中斷言《史記》所載秦始皇是呂不韋之子一事，「確實是莫須有的事」，他認為這件事的本身實在是可疑：

第一，僅見《史記》而為《戰國策》所不載，沒有其他的旁證；第二，和春申君與女環的故事，如同一個刻板印出的文章，情節大類小說；第三，《史記》的本文即相互矛盾而無法說通。

然而，《戰國策》中雖未記載秦王政為呂不韋之子一事，但《史記》所記載的史事不少未見於《戰國策》，而這些史實被承認，也為後來的考古發掘所證實。如《史記》記載尉繚的事蹟，《戰國策》未載，而近年在山東銀雀山一號漢墓中出土的竹簡《尉繚子》一書，證明《史記》記載應可信。

或許因為即非婚生子女，在古代是不光彩的事又涉及到秦始皇，更是不敢宣揚，所以「姬自匿有身」。

但是，司馬遷何以知道沒人曉得的事？郭沫若在《十批判書》中提出他的推測，認為呂不韋將趙姬獻給異人一事，乃西漢初年呂氏稱制時，呂氏之族仿照「春申君和女環」的故事所編造。

呂后的父親呂公是河內郡山陽縣（河南修武縣）人，該地與呂不韋的食邑「河南洛陽」在秦國均屬三川郡。漢初的河南洛陽郡僅為三川郡的一部分，其「戶五萬二千八百三十九」，僅及呂氏戶口之一半而已，故呂后的父親呂公可能是呂不韋的族人。即使毫無族姓關係，呂后黨人為使其稱制臨朝合理化，認呂不韋為其族祖，秦始皇為其族父，這樣便可對劉氏黨人說：「天下本是我呂家的天下，你劉家還是從我呂家奪去的。」

「春申君和女環」出自《戰國策·楚策四》和《史記·春申君列傳》中所寫春申君與李園妹妹的事跡相同。

楚孝烈王沒有兒子，相國春申君對此感到憂慮，他尋找許多有生育能力的女子進獻給楚王，但終究還是沒有生出兒子。趙國人李園以自己的妹妹美色自矜，想把他進獻給楚王，聽說楚王沒有生育能力，又恐怕他妹妹因此而失寵，於是李園請求侍奉春申君，並作為他的舍人。

過一段時間，李園請求回家看看，故意沒有按時返回；回楚後對春申君說：齊王派使者求聘他妹妹。春申君想見他妹妹，於是李園便把他妹妹送過來，受到春申君的寵愛。李園得知妹妹懷有身孕，便和妹妹謀劃，說服春申君將其妹妹送

給楚王。經過一番精心安排。楚王將李園妹妹召進宮中，十分寵愛她。生下一個男孩，立為太子。

母以子貴，李園的妹妹被封為王后，同時楚王大加重用李園，李園遂得以過問楚國的政事。後因擔心春申君洩密，便在楚王死後，殺春申君，立太子為王，是為楚幽王。

郭沫若以「李園妹和春申君」與「子楚和趙姬」相似性，推測司馬遷《史記》記載秦始皇乃呂不韋之子有假。

不過，郭沫若自己說：

這只能是一種推測，尚無直接證據。奚椿年在《秦始皇史事辯疑》一文中提出他的「猜想」：

《戰國策》寫到秦王政二十六年（公

春申君

春申君是「戰國四公子」之一，本名黃歇。

《東周列國志》在第一百零三回中講「李國舅爭權除黃歇」，正是李園送妹妹的故事。春申君死在本是門客的李園設計中。

元前二二一年）秦滅六國時止，秦始皇為呂的私生子，很可能是到秦漢時才出於儒生之口。這些儒生身受秦始皇暴虐之害，不僅使他們忌恨秦始皇，報復之念也是一直存在的。他們私下裡或公開散布秦始皇為呂的私生子的流言以洩憤，也就實在算不得什麼。而司馬遷寫史時，自然會探求和尋找流言的根據，以決定取捨。而從他在《史記》中對呂不韋的為人的描述來判斷，真是「無絲有線」，不能不使他認為這是實有其事的。

子楚回秦繼王位後，是為莊襄王，後宮自然不止夫人一人，但史書上也未見有誰生子的記載。姬在與子楚同居期間，除了生政外，又別無所出。由此可知，秦始皇是個無兄弟姊妹的獨子。這就不能不使人懷疑，子楚生理上是否有缺陷？如果這懷疑可以成立的話，則秦始皇就不可能是子楚有的，他為呂的私生子因此而得到證實。

這或許是司馬遷將這件事寫進《史記》的緣由。

時謂《史記》自相矛盾之說，無非是指司馬遷時云「趙姬」，時云「子楚夫人趙豪家女」。

其實「姬」是古代對女子的美稱，也可以泛指美女。所謂「邯鄲諸姬」是說「邯鄲美女」，「絕好善舞者」是指從眾多美女中挑選出來的最美的善舞佳麗。

而「豪家女」不能單純理解為富豪

的女兒。張漢東等人認為：

豪字原出豪豬剛硬之刺，本指豪豬，後文義擴大，凡才智出眾、勇力過人、橫行不法者等皆稱之為豪，豪橫、豪猾、豪強等盡為豪字之義。有貴豪、有富豪、有奸豪、有賊豪，強盜稱為「豪首」，強門稱為「豪家」。雖說強橫勢力往往與權財相連，但「豪家」卻並非僅限於今日史家所解釋的那種富貴或大姓之類的狹窄涵義，擁有隱蔽勢力的貧賤之家同樣也是豪家，權財並不豪，豪就豪在一張黑網。

身處貧賤地位的黑道豪家，往往比官道上的豪家更能辦詭祕事情，後者做不成的，他們卻能輕易做成。王廷要殺趙姬母子，誰人最有能力藏匿？貴豪為官難於抗拒王命，一般富豪同樣缺乏有效手段，而黑道之豪辦理此事卻比較得心應手。趙姬「善舞」，委身富商，不像乎富貴大家閨秀，結合各方面情況分析，其「豪家」很可能是邯鄲黑社會之一豪。倘若這一推論沒有大誤，豪家女與邯鄲姬就並不相乖。

許多論述，許多觀點。嬴政究竟是不是呂不韋的兒子？

也許等科技日新月異，就能找到嬴政、子楚跟呂不韋的骨頭，就能發現真正的事實

不過，正如曹植究竟跟嫂子有沒有一腿並不影響他的歷史形象，嬴政的爸爸不管是誰，他做過的事終究自己要扛。

戰國宴樂畫像杯拓片　這是一個戰國時代從戶內到戶外的貴族「派對」，有舞樂、烹食、狩獵、射箭靶場、席宴。編鐘表演還有「搭舞台」。

呂不韋

呂不韋（約公元前二九〇年—公元前二三五年），濮陽（河南濮陽西南）人。《史記·呂不韋列傳》說他因在韓國陽翟（河南禹縣）經商時，「往來販賤賣貴，家累千金」，成為大富商。

經濟上獲得豐厚的利潤後，呂不韋開始尋求政治上更大的前途。他在趙國邯鄲做生意時，知道在趙國作質的秦昭王的孫子異人，因係庶出，不受寵愛，在趙生活處境窘迫不堪，急想回秦。呂不韋認為異人「奇貨可居」。

於是，呂不韋採取各種方法主動與異人結交，並西入秦遊說華陽夫人，致使秦孝文王決定立異人為太子。孝文王死，子楚即位，是為莊襄王，呂不韋為丞相。莊襄王去世，嬴政即位，呂不韋權傾一時。

從莊襄王元年（公元前二四九年）呂不韋登上秦國的政治舞臺，到秦王政十年（公元前二三七年）免職，十二年期間，他是秦國的實際統治者。主要政績有兩個方面：

一、繼續執行秦國吞併他國的既定方針。莊襄王元年（公元前二四九年），呂不韋親率秦軍滅東周，攻取韓國成皋、滎陽，連同東周、西周舊地設置三川郡。次年，秦軍強攻魏國、趙國，取得趙國三十七個城。

莊襄王三年（公元前二四七年），秦軍又攻韓、趙，並以榆次、新城、狼孟三十七個城，設太原郡，並解除五國（趙、魏、韓、楚、燕）聯軍進逼函谷關的危機。

秦王政五年（公元前二四二年），秦軍大舉伐魏，連克酸棗、長平、雍丘（缺註今

地）、山陽等二十個城，設立東郡。這段時期秦國軍威大振，呂不韋有重大貢獻。

呂思勉在《先秦史》一書中說：「秦滅六國，始於魏冉，而成於呂不韋、李斯」。

二、是組織賓客編纂《呂氏春秋》，建立中央集權制度的理論。

呂不韋在嫪毐之亂後，見大勢已去時，自殺身亡。

呂不韋的生涯富於戲劇性色彩，是中國古代史上以個人財富影響政治進程的第一人，同時是建立中央集權制度提供理論準備的第一人。

呂不韋

古本《東周列國志》插圖評呂不韋「儈如其智」，「儈」是介紹買賣以從中取利的人，或者指撮合買賣，現在的說法叫「仲介」、「牽勾仔」。以呂不韋生平看，他都牽大勾。

宮廷政變

莊襄王三年（公元前二四七年）五月，嬴政即位，年僅十三歲，不能理政，呂不韋繼任相國，並以「仲父」身分，輔佐秦王政。直到秦王政九年（公元前二三八年），嬴政二十二歲親政前，秦國的政治、軍事、外交等大權完全為呂不韋掌握。

九年掌權期間，呂不韋連續幾年對外用兵，秦國取得至少在十五個郡以上，約占而後全國總郡數二分之一的大片土地。使東方六國無力與秦國抗衡，為嬴政親政奠定吞併諸國的基礎。

此期間，呂不韋組織賓客編纂《呂氏春秋》，主張用「義兵」消滅諸國，建立中央集權國家。然後法令一統，用道家的「無為」和儒家的「德政」來進行統治。

呂不韋的政治主張不符自秦孝公任用商鞅以來，重用法家的政治主張。秦王政年齡漸長，兩人在觀念、統治手段上意見分歧日益嚴重。

呂不韋與秦始皇雖一致於掌統天下的霸業，但對如何鞏固政權卻有嚴重分歧。也許呂不韋察覺到這一點，所以想以編撰《呂氏春秋》的方式，擺出「黃帝誨顓頊」的姿態說服嬴政。

但是嬴政似乎並未將自己當顓頊看，而呂不韋也不像黃帝。

《史記·呂不韋列傳》載，嬴政十三歲即王位後，其母升為王太后。趙姬喪夫守寡，忍耐不住宮闈寂寞，常與呂不韋私通，即使嬴政年齡漸長，兩人仍來往頻繁，「淫不止」。

時間一久，呂不韋怕嬴政知道他與太后私通，便將自己的舍人嫪毒推薦給太后，充當倖臣。

明刻本《呂氏春秋》

本書第一刷原版已迭失，所以沒有竹片書可看。不過，該書講：「亂國所生之物，盡荊越之竹，猶不能書」是成語「罄竹難書」的起源，由此或可窺知戰國時期竹片可能是楚國出口貨物的大宗。

　　為使嫪毐有侍奉太后的身分，呂不韋與太后商議，派人假裝以須論腐刑之罪的罪名告發嫪毐，太后收買主持腐刑的官吏，假裝治嫪毐的罪，拔去他的鬍鬚使其變成宦官的模樣來侍奉太后。嫪毐進宮後，太后與嫪毐私通，並「絕愛之」，嫪毐因此得寵。

　　太后為嫪毐請封，嬴政便封嫪毐為長信侯，賜給山陰地，又把河西太原郡作為嫪毐的封國。太后給嫪毐以豐厚的賞賜，嫪毐成了大貴人，家有奴僕僮客數千，一千多賓客求做嫪毐的舍人。嫪毐的權勢竟與呂不韋等齊，秦人常將他們二人相提並論。

　　太后長期與嫪毐私通，不久懷孕祕密生下兩個兒子。太后為避人耳目，假裝占卜指示須出宮外迴避一段時間，便離開後宮搬到秦國舊都雍城離宮居住。

　　有太后作為靠山，嫪毐權勢愈來愈大，凡宮室車馬、衣服、苑囿、馳獵等事都由嫪毐來決定。連擔任宮廷衛隊長（衛尉）的竭、擔任掌治京師的行政長官（內史）的肆、擔任掌管打獵事務（佐弋）的竭、擔任秦官中大夫令的齊等都是他的黨羽。嫪毐在宮裡飛揚跋扈，驕橫奢侈。

　　《說苑·正諫》載，有一次嫪毐和侍中左右貴臣一起遊戲喝酒，酒醉後因言語不當相互爭執而發生衝突，嫪毐睜大眼睛怒氣沖沖地說：「我是皇帝的假父，你們這些窮小子怎敢和我相比！」爭鬥者聽此狂言，大吃一驚，急忙溜走，偷偷跑去告訴秦王嬴政。

呂不韋墓

門下賓客偷偷埋葬呂不韋的「北芒山」，位於河南偃師首陽山鎮大冢頭村。這個村因呂不韋的「大冢」得名。首陽山名人不只有呂不韋，還有不「食周粟」寧願餓死在首陽山的伯夷與叔齊。

秦王政九年（公元前二三八年），嬴政二十二歲。依秦國禮制，嬴政要去雍都蘄年宮舉行加冕禮，開始親政。此時，有人告發嫪毐根本不是宦官，常常與太后私通，並生下兩個兒子，都把他們藏匿起來。並指嫪毐與太后謀議，秦王若死，就以他們的兒子繼立為王。秦王嬴政得知後，留宿雍都蘄年宮，同時下令該事交給法吏嚴辦。

嫪毐見事態危急，便先發制人。他假造嬴政和太后的印信，發動縣裡的軍隊以及侍衛、官騎、戎翟君公、舍人，準備進攻蘄年宮發動叛亂，推翻剛剛加冕的嬴政。嬴政得知後，令相國昌平君、昌文君起兵攻打嫪毐，雙方在咸陽交戰，斬殺叛軍數百人，嫪毐敗逃。嫪毐叛軍全部被活捉，其黨衛尉竭、內史肆、佐弋竭、中大夫令齊等二十人全被殺頭，車裂示眾，並且夷滅他們的宗族。嫪毐門下的賓客，罪輕的被罰勞役三年，至於奪去官爵流放到蜀地的，共有四千多家，命令他們居住在房陵。嫪毐和太后的兩個兒子也被殺掉，並將太后遷到雍都萯陽宮。

嬴政雖平嫪毐之亂，鞏固政治地位。但是未忘記將嫪毐推薦給太后的呂不韋，呂不韋即使未參與叛亂，此事卻仍然埋下禍根。

秦王政十年（公元前二三七年）十月，秦王嬴政免除呂不韋相國的職位，要他回封地洛陽。

此期間，各國諸侯的使者和賓客絡繹不絕地去拜見呂不韋。秦王嬴政怕他反叛，便寫一封信給他：「你對秦國有什麼功勞？秦國封你在河南，食邑有十萬戶。你與秦有什麼關係，竟能號稱仲父？你一家遷徙到蜀地去吧！」

秦王政十二年（公元前二三五年），呂不韋喝鴆酒自殺。

《史記·秦始皇本紀》載，呂不韋死後，他的門下賓客聚集在一起，偷偷地把呂不韋屍體埋葬在洛陽北芒山。嬴政得知後下令，凡為呂不韋送葬者，如果是三晉之人，一律驅逐出境；如果是秦人而且俸祿在六百石以上，奪去官爵，流放到房陵；五百石以下未參加葬禮的官員也遷徙房陵，但可保存官爵。秦王嬴政還正告各級官吏：「從今以後如果再有像嫪毐、呂不韋那樣專橫的人，一律按照此例籍沒其全家為奴隸，子孫一律不得擔任官職。」

嬴政兩年內剷除了嫪毐和呂不韋這兩個勢力，不僅消除了秦國分裂割據的隱患，也清除損害秦國政治機體的「毒瘤」，使地位更穩固。

暗殺事件

秦始皇一生中至少曾遭受過四次暗殺，但都僥倖死裡逃生。第一次下手的人就是有交情的燕太子丹。

曾於趙國作人質的燕國太子丹在邯鄲生活時，和少年的秦王政有過親密交往。秦王政即位後，太子丹又被送到秦都咸陽作人質。一次，太子丹以昔日友情，向秦王政提出返回燕國的請求。秦王政不戀舊情：「等到烏鴉頭變白，馬頭長角時再放你回國。」

太子丹聽罷仰天長嘆，而後懷怨恨逃回燕國。

秦軍攻燕滅韓國、趙，兵臨易水，燕國兵少將弱，不是秦軍對手，雖與代國趙公子嘉聯軍進行抵抗，但先後都被秦將王翦擊敗於易水之西，面臨滅亡的威脅。太子丹自知國家實力太弱，無法抗拒秦軍，便下決心指使荊軻暗殺秦王政。

《史記·刺客列傳》載，荊軻祖籍齊國人，後移居衛國，衛國人稱他為慶卿。後來到燕國，燕國人稱他為荊卿。

荊軻喜愛讀書，長於擊劍。到燕國後跟一個善於擊筑的人高漸離交情很好，經常在街上擊筑唱歌。他還因善於結

荊軻刺秦王圖像
原石刻實物斷裂，左邊斷缺部份以拓印本拼接。

交賢豪長者，受到燕國處士田光的熱情接待。

太子丹因結識鞠武好友田光，又經田光介紹認識荊軻。太子丹在接見荊軻的時候，向他說明秦軍大舉東進的態勢，說如果能像曹沫劫持齊桓公那樣劫持秦王就好，萬一不行，也可以藉機刺殺他，這樣諸侯聯合起來，想要破秦必定能夠成功。最後太子丹說：「此丹之上願，而不知所以委命」。在太子丹的一再請求下，荊軻「然後許諾」。

隨即太子丹尊荊卿為上卿，讓他住上等的館舍，每天將牛、羊、豬等食品供其食用，珍珠玩好，寶馬車騎，窈窕美女讓荊軻姿意取樂。過了很久，荊軻還沒出發的表示。這時秦軍到達燕國南方邊境，太子丹心急如焚，急催荊軻趕快行動。

荊軻回答說：「如果現在就去，沒有使秦王政取信之物，是無法挨近他的。如今秦王政想捉拿樊於期，並懸賞千斤黃金、萬家食邑。如果能得到樊將軍的頭和燕國最肥美的督亢（今河北涿縣一帶）的地圖奉獻給秦王，秦王必定會高興地接見我，到那時我才有辦法為您效命。」

當時秦國將軍樊於期得罪秦王政，逃到燕國，受太子丹收容。太子丹的太傅鞠武勸諫應盡快送樊於期去匈奴，不然災禍臨頭。太子丹不忍因為強秦威脅而攆走他同情的朋友。此時荊軻的要求，太為難。

太子丹說：「樊將軍在極端困難的情形下來投奔我，我不忍為自己的私事，傷這位長者的心，希望您再另想辦法！」

荊軻知道太子丹不忍心，便私下去見樊將軍。樊於期得知荊軻要他的頭，以便去刺殺秦王政，便袒露出一隻肩膀，用左手緊緊地握住右臂，向前走進激動地說：「這正是我日夜憤恨得咬牙切齒、痛心疾首的事情，不意今天才聽到這個辦法。」說完，自刎而死。

太子丹聽到這個消息，飛奔而來，伏屍慟哭，極為悲痛。於是收殮好樊於期的屍首，把他的人頭裝入匣內並密封。

太子丹花百金從姓徐的一男人手中買來一把最鋒利的匕首，並叫工匠用毒液浸染，令匕首「見血封喉」。又派燕國勇士秦舞陽作副手，陪同荊軻入秦。

荊軻離燕時，太子丹和眾多賓客都穿戴白衣白帽送行，來到易水邊上，太子丹再次為荊軻一行敬酒壯行。好友高漸離擊筑道別，荊軻和著擊筑聲唱下有名的歌詞：

風蕭蕭兮，易水寒。壯士一去兮，不復返。

唐代詩人駱賓王途經易水岸邊觸景生情，感慨萬千，詩云：

此地別燕丹，壯士髮衝冠。昔時人已沒，今日水猶寒。

荊軻和秦舞陽兩人裝扮成燕國的使者來到秦國都城咸陽後，便拿著價值千金的禮物，賄賂秦王政寵臣庶子蒙嘉。蒙嘉為他們向秦王政秉報使者來意，秦王政十分高興，便穿上朝服，設九賓大禮，在咸陽宮接見燕國使者。

荊軻捧著盛樊於期頭顱的匣子，秦舞陽捧著裝地圖的匣子，兩人一前一後按次序進宮。到宮殿的臺階下，秦舞陽見秦王政威嚴，臉色驚恐突變，群臣覺得奇怪。荊軻表現得十分鎮定，他轉回頭向秦舞陽笑笑，上前向秦王政謝罪：「他是一個北方蠻荒沒有文化的粗人，從來沒有見過天子，所以害怕。希望大王寬恕他一些，使他能在大王面前完成使命。」

秦王政打開地圖來看，當地圖展到末尾時，一把雪亮的匕首突現出來，荊軻迅速用左手抓住秦王政的衣袖，右手拿起匕首就刺向秦王政，匕首還未刺到秦王政身上，秦王政頓時大驚，隨即奮力跳起來，衣袖都扯斷了。他想拔劍，因劍很長而未拔出，荊軻急忙追趕秦王政，秦王政繞著柱子急跑。群臣都非常驚慌，不知所措，亂作一團。

按秦國法令規定，群臣在殿裡侍駕不准帶任何兵器。那些擔任侍衛的郎中官（宿衛官）雖帶有兵器，但都排列在殿下，沒有皇帝的命令不准上殿。危急之時，秦宮御醫夏無且用所帶藥囊砸向荊軻。在旁大臣向秦王政喊：「大王，把劍背起來！」秦王政這才把劍推到背上，拔出劍來，砍斷荊軻的左腿。

荊軻雖受重傷，仍無畏懼，隨即舉起匕首擲向秦王，沒有擊中，打到銅柱上，秦王政揮劍向荊軻砍去，荊軻身上八處地方受重傷。荊軻自知事情不能成功，便倚靠著銅柱大笑，後蹲坐在地上叱罵秦王政道：「今日殺你所以沒有成功，只因為想活捉你，是想得到你退還諸侯土地的諾言，好去回報太子丹。」

最後左右的人上前殺死荊軻，秦王政「目眩良久」。

荊軻行刺使秦王政更加痛恨燕國，加派軍隊攻伐燕國，秦王政二十二年（公元前二二六年）十月，秦軍攻陷燕都城薊。燕王喜等逃到遼東郡，而後燕王喜聽代王嘉之議殺太子丹以為向秦王道歉，秦王未接受。秦王政二十五年（公元前二二二年），秦將王賁率軍攻打遼東郡，活捉燕王喜，燕國滅亡。接著又追緝太子丹四散逃亡的門客。

秦王政第二次遇刺其實是第一次的下集，出手的人就是荊軻的朋友高漸離。

高漸離得知荊軻被秦王政刺死後，改變姓名離開燕都薊城，逃到宋子縣（河北平鄉）給一酒家當傭工，躲避劫難。

一日，高漸離聽見主人廳堂上有客人擊筑，便在廳堂外邊徘徊，捨不得離開。對客人的擊筑聲，高漸離加以評論說：「他這裡擊得好，那裡擊得不好。」

聽差的因此告訴主人說：「那個傭工竟然懂得音樂，私下批評好壞。」那家主人便叫高漸離到堂上擊筑，所有在座的賓客都稱讚他擊得好，賜給他酒喝。

高漸離覺得自己長久以來隱姓埋

戲曲版畫《秦廷筑》

《秦廷筑》即是講高漸離與秦始皇的故事。
中國戲曲版畫是傳統的木版畫，起於元雜劇説唱詞話的插圖，明萬曆時，
金陵戲曲版畫盛極一時。戲曲版畫一直沿傳到清末道光年間，西方石印法
傳入中國，傳統的木版畫失去市場競爭力，戲曲版畫也逐漸消失。

名，窮困寒酸沒有終了，便辭退下去，回房間從行李中取出精心保存的筑，換上一套好衣服，再走回堂前來。所有在座的客人都很吃驚，走下堂來和他以平等的禮節相見，把他當成上賓，請他擊筑唱歌。

高漸離邊擊邊唱，歌聲如泣如訴，悲壯激昂。賓客無不為他演奏的樂曲所感動，情不自禁地淚流滿面，一個個悄悄地離開坐位。而後宋子縣的人輪流款待他，高漸離擊筑的消息不脛而走，後來被秦王政知道，便召見他。

當時有人認出高漸離，秦王政惜他擅長擊筑，饒恕不殺，但弄瞎他的眼睛。秦王政喜歡高漸離擊筑，漸漸和高漸離接近。有一天，高漸離把一塊鉛熔鑄在筑裡，等進宮靠近秦王政時，猛舉起筑撲打，卻沒有打中。秦王政殺高漸離後，從此終身不再接近諸侯國的人。

秦始皇第三次遇刺是在始皇二十九年（公元前二一八年）出巡山東時，當時秦始皇的巡遊大隊浩浩蕩蕩走到陽武縣南面博浪沙（河南中牟縣北），突然飛來一個一百二十斤重（約三十公斤）的鐵錘，鐵錘未擊中秦始皇所乘之車，但誤中後面的副車。秦始皇大為震怒，下令大肆搜索刺客，限期捉到，結果一無所獲。

這次出手的人是張良。張良是韓國人，祖父和父親兩代作韓國五代國君的相國。張良父親去世後二十年，秦滅韓。飽嘗亡國奴的痛苦，他弟弟去世時，他不去料理他弟弟的喪葬，而是拿出全部家財來招募刺客，企圖謀刺秦王報仇。為此他募到一位大力士，策劃這次襲擊秦始皇的行動。

行刺失敗後，張良亡命躲藏在下邳一帶，而後跟隨劉邦抗秦，成為劉邦的謀臣。元人陳孚在題《博浪沙》一詩中發出感慨：

一擊中車膽氣豪，祖龍社稷已動搖。如何十二金人外，猶有民間鐵未銷！

第四次是始皇三十一年（公元前二一六年）。一天夜晚，秦始皇帶四個武士私自出行咸陽宮，走到一個叫蘭池宮的地方時遭到襲擊，刺客雖然當場就被捉拿了，但秦始皇仍不甘心，下令在關中大搜查二十天。

不死之夢

人的生死是自然法則，任何人都逃脫不了。但擺脫死亡，企求永生，是人從誕生之日起就有的一種想法。古代中國人就憧憬成為長生不死的神仙，秦始皇也不例外。

秦始皇深知凡生必有死，所以十分畏懼死亡。對永遠生存的追求與渴望，對死亡的恐懼與逃避，使他十分信仰神仙，相信只有神仙才擁有不死之藥。

所以，秦始皇到處尋訪名士仙人，求長生不老之藥，企圖借藥力來打破生死大限求得永生。

秦始皇喜好神仙深篤迷信，一方面與他晚年怕死好求長生有關；另一方面

秦皇陵出土銅車馬

圖為「安車」，秦始皇出外遊玩的時候，有八十一輛這樣的馬車，秦始皇為隱慝，會更換座車。大力士若未得到情報而憑猜測，鐵錘擊中的車輛僅差一數。可惜沒有「秦皇大樂透」否則不中頭彩也能拿二獎。

是戰國以來方士學術與陰陽家思想流行的影響。《史記·封禪書》載：

> 自齊威、宣之時，鄒子之徒，論著終始五德之運，及秦帝而齊人奏之，故始皇採用之。而宋毋忌、正伯僑、充尚、羨門高最後皆燕人，為方仙道，形解銷化，依於鬼神之事。鄒衍以陰陽主運，顯於諸侯，而燕、齊海上之方士傳其術不能通，然則怪迂阿諛苟合之徒自此興，不可勝數也。

秦始皇接受鄒衍的「五德終始說」，相信齊、燕方士鼓吹的神仙說。

五行學說是先於鄒衍之前而存在的一種對物質構造的古老學說。

這種學說提出物質世界中的萬物雖然形態、大小、質量各不相同，但最終是由金、木、水、火、土五種物質所構成的。

後來這種學說由於子思、孟子的創導而流行開來。到鄒衍時把它說成和歷史發展、朝代變遷有關的一種神學政治學說。

鄒衍的五行說雖產自齊地，但其學術來源並非僅是齊學。荀子說：「案往舊造說，謂之五行」，這其中的「往舊」，應包括秦文化在內。

鄒衍「五德終始說」中的五帝：「太皋、炎帝、黃帝、少皞、顓頊」，可能是由秦人四帝：「白、青、黃、赤」發展而來，五帝方位及顏色的配備也與秦人四帝一致，這很有可能是「五德終始說」的內容吸收部分秦文化的結果。

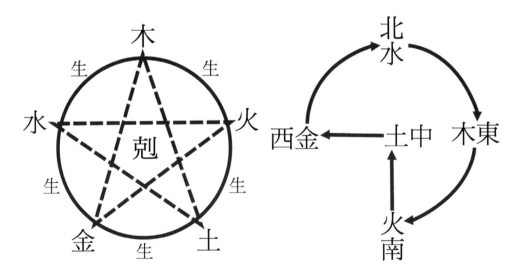

五行生剋方位示意

秦文化中有很多陰陽五行的成分，但沒有理論，將之組織為政治理論的人雖是齊國鄒衍。但呂不韋的《呂氏春秋》卻是將「五德終始說」引入秦國的媒介。

呂不韋招聚天下賓客，使人人著所聞，這些門客中有不少便是燕、齊的方士。秦始皇在稱帝前便略知「五德終始說」，稱帝後齊人又將鄒衍「論著五德之運」的一套理論上奏始皇，秦始皇便「推終始五德之傳」，並根據五德中水德的模式，制定一套新制度予以推行。如採用顓頊曆，以夏曆十月為歲首，不稱十月為正月，也不改正月（秦人稱為端月）為四月，這種曆法其春夏秋冬和月份的搭配，同夏曆完全相同。又如服色尚黑，數以六為紀，主刑殺，定「五行」舞等等。

秦始皇其所以如此容易接受並看重五德終始說，一是因為它與秦文化中的陰陽五行思想相吻合，因此容易理解和接受；二是五德終始說能為秦統有天下，提供理論依據。正如《史記‧秦始皇本紀》所載：

始皇推終始五德之傳，以為周得火德，秦代周德，從所不勝，方今水德之始。

「五德終始說」本是歷史哲學。鄒衍本人並不鼓吹方術，然而陰陽五行講祥瑞災異，「大祥而眾忌諱」，成為方術活動的濫觴。

燕、齊之地，是神仙傳說的發源地，這是因為燕、齊地臨大海，海天的明滅變幻，海島的迷茫隱約，航海的艱險神奇，不解的海市蜃樓，都引發出人們豐富的遐想深思，因而出現神山、仙人的傳說。

又由於當時齊國的文化和經濟都達到較高水準，擁有以鄒衍、田駢、慎到等一批稷下學者，使這種神仙思想更加得到發展和傳播。呂不韋招來的門客便有不少燕、齊方士傳述陰陽、五行及五德終始說。

稱帝後，又再加入大批燕、齊方士如齊人徐福，燕人盧生、韓終、侯公、石生等人，這些方士促使鄒衍的五德終始說向方術轉化。方、仙兩道開始盛行。

秦始皇極欲求仙，多次派人或親自尋訪，求不死之藥。《史記‧秦始皇本紀》記錄秦始皇東巡尋找仙人仙藥的過程：

始皇二十八年（公元前二一九年），始皇東巡，在泰山封禪刻石後，即向渤海進發，登上之罘島。該島東西長五、六公里，南北寬五、六百公尺，高出海平面三百多公尺。沿海邊既有寬廣的沙灘，又有像刀切般的懸巖峭壁。登高遠望，海色天邊連成一體，還時有海市蜃樓出現。秦始皇至此，心曠神馳，浮想聯翩，駐足久久不願離去。

徐福等人得知秦始皇來到之罘島，便上呈書信說東海中有蓬萊、方丈、瀛洲三座神山是仙人居住的地方，希望能齋戒沐浴，率領童男童女前往覓尋，向仙人求長生不老之藥。於是始皇就派徐福帶數千童男童女，到東海中去訪求仙人。

三座神山究竟如何？《史記·封禪書》說：

據說蓬萊、方丈、瀛洲這三座神山都在渤海中間，距離塵世不遠，可是當探尋神山的船快要靠近目的地時，這些船便會被風吹得遠遠地，人們無法登上彼岸；可能曾經有人到過三神山，據說好多仙人和長生不老的靈丹妙藥都在那裡。

山中的物類飛禽走獸都是白色，那些宮殿是用黃金、白銀砌成的。當人們未到的時候，遠遠望去，茫茫一片雲海，到達時，三座神山反而在海水下面。再要逼近，往往被風吹開，因此沒有人能夠到達神山上面。海外仙山上有金宮銀闕、不死之藥、長生不死飛來飄往的仙人，是一個令人嚮往的神仙世界。

在當時來說，解決長久以來靈魂歸宿的問題，把死後成仙、飛居神山的虛幻希望留在人間，又設不死之藥的假說，指出達到長生不死的途經，成為東部沿海盛極一時的仙說，刺激王侯將相求仙、尋找長生不老之藥的願望。所以戰國時齊威王、齊宣王和燕昭王都曾先後派人入海去尋找三神山，結果都無功而還。

三神山是山東半島山嶽、島嶼等顯現的海市蜃樓。但是古人卻將這現象描繪成一片永生的浪漫，很美。

始皇三十二年（公元前二一五年），秦始皇第四次出巡，到達碣石後，派燕人盧生訪求仙人羨門和高誓。又派韓終、侯公、石生等人尋訪仙人，求不死仙藥。之後，始皇便巡行北境，從上郡回來。

燕人盧生到海中尋找仙人，回來以後為說明鬼神之事，向始皇奏上讖緯圖書，書上說「亡秦者胡」，於是始皇命令將軍蒙恬率三十萬大軍到北方去打擊胡人，略取黃河以南一片土地。

始皇三十五年（公元前二一二年），盧生又遊說秦始皇，說他們老是找不到靈芝奇藥以及神仙，是因為物類會傷害他，所以方術合乎君王的時候，就必須隱微而行以躲避惡鬼。惡鬼躲避，真人才會來。臣子知道君王居住的地方會妨礙神露。所謂真人，沉沒水底，也不會被水浸濕，進入火坑，也不會被火燙傷，駕著雲氣在天空裡遊行，壽命和天地一樣長久。「現在陛下您為了治理國家，生活無法安靜清淡，希望您居住的宮殿不要讓人知道，此後長生不死的仙藥才能找到。」

始皇說：「我非常羨慕真人。」然後

自稱「真人」，不叫「朕」，還下令咸陽附近二百里內，建造宮殿二百七十座，以復道、甬道互相連屬，把帷帳、鐘鼓、美女安置在裡面，分別記載所處的地方，不准遷移，他所臨幸的人如果說出他在哪裡，就要被處以死刑。

始皇三十六年（公元前二一一年），秦始皇苦於尋找仙藥而不得，心中悶悶不樂，他命令博士各作「仙真人詩」若干首，又令樂人譜入管弦，作為歌曲，以供出外巡遊之時，讓樂工演奏。這年秋天，有一使者從關東來，夜過華陰平舒間的

道路時，忽有一人手持玉璧攔住使者說：「替我把這塊玉送給水神滈池君。」又說：「今年祖龍（指秦始皇）會死掉。」使者問他為什麼，這人放下玉璧後，便忽然不見了。

使者上呈玉璧，並把以上之事告訴秦始皇。始皇沉默很久才說：「山鬼之輩只能預見一年內的事。」退朝以後他又自言自語地說：「祖龍是人類之先，君之象，指的該是我吧！」便將玉璧交給御府查看，得知是始皇二十八年巡行天下時，渡長江祭江神丟進水裡的那塊玉璧。來

秦咸陽及關中一帶宮苑分佈圖

人說要將這玉璧轉送給水神滈池君，秦始皇擔心這是意味秦朝的水德將盡。

秦始皇想由占卜來瞭解神的意志，便急令太卜占卦。結果得到「游徙吉」的卦象，於是秦始皇下令遷徙三萬戶人家到北河、榆中一帶定居，同時決定按照卦象於次年展開第五次巡行。

始皇三十七年（公元前二一〇年），秦始皇第五次巡遊時，再次到琅琊。方士徐福花很多錢出海尋找神藥都沒有找到，他怕受到秦始皇的譴責，於是騙秦始皇說：「蓬萊山上仙人的不死藥是可以拿到的，就是因為海上有大鮫魚襲擊，所以

無法到達，希望派些善於射殺大鮫魚的人和我們一起去，大鮫魚一出現就用連弩射殺它。」

秦始皇相信徐福說的話，恰巧秦始皇一次作夢中夢見自己和海神搏鬥，海神的形狀好像人，便去詢問解夢的博士，博士回答：「海神的本來面目是無法看到的，它往往假借大鮫魚或龍作替身，現在皇帝您禱告祭拜既完善又恭謹，卻出現這個凶神，應該設法除掉它，而後善神才會來臨。」

博士的說法等於是幫徐福背書，使秦始皇相信海中大鮫就是他求仙不得的

秦始皇的永生從這裡出發
圖為山東省膠南市的海灣，為當年秦始皇遣徐福東渡起航的海域。

障礙，便下令入海捕鮫，他自己也準備連弩，等待大鮫魚出現時射殺它。他從琅琊起程，北至嶗山、成山，大鮫魚都沒有出現。再到之罘時，大鮫魚果然出現，便射殺一條。

秦始皇認為此後出海將一帆風順，仍命徐福入海求仙藥。但未等到徐福求藥歸來，這位竭盡全力追求長壽與永生的始皇帝，便在這次東巡西返途經沙丘時病死。

對秦始皇三番五次執意要找到長生不老之藥，唐代大詩人李白在《古風》詩中評論說：

銘功會稽嶺，騁望琅邪臺。刑徒七十萬，起土驪山隈。尚采不死藥，茫然使心哀。連弩射海魚，長鯨正崔嵬。額鼻象五嶽，揚波噴雲雷！鬐鬣蔽青天，何由睹蓬萊？徐福載秦女，樓船幾時回？但見三泉下，金棺葬寒灰。

秦始皇對神仙的嚮往，對不死之藥的追求，幾乎是一生中頭等重要的大事。

為得到仙藥，多次聽任方士的擺弄，在方士們「不死之藥殆可得也」的蠱惑下，終年奔波於長途跋涉之中，勞民傷財在所不惜。同時我們也看到方士們的所作所為直接影響著秦始皇的政治決策。

如秦始皇第一次聽徐福說後，便「遣徐福發童男女數千人，入海求仙人」。

第二次盧生出海沒有帶回不死神藥，卻帶回一種「錄圖書」。書中說：「亡秦者胡也」，秦始皇「乃使將軍蒙恬發兵三十萬人北擊胡，略取河南地」。

第三次，因盧生向秦始皇又獻「願上所居宮毋令人知，然後不死之藥殆可得也」的方伎，誤導秦始皇深居簡出，遠離大臣，秦始皇便自稱「真人」，「乃令咸陽之旁二百里內宮觀二百七十復道甬道相連」，「行有幸，有言其處者，罪死」。

又因有人洩露秦始皇對丞相李斯車騎甚多的不滿，而捕殺所有「諸時在旁者」。尤其是當侯生、盧生認為「始皇為人，天性剛戾自用」，又「專任獄吏」，「樂以刑殺為威」；「天下之事無小大皆決於上」，「貪於權勢至如此，未可為求仙藥」，於是「乃亡去」時，秦始皇便以「誹謗」罪，株連方士、儒生「四百六十餘人，皆坑之咸陽」。

方士讓秦始皇求到永生前，先遺失其掌握天下的權力。

第四章
帝國的初成

逐匈奴

匈奴是中國北方的古老民族。

遠古時期，居住在大漠南北草原一帶的游牧民族有「葷粥」、「鬼方」、「獫狁」、「戎」、「狄」等族。

戰國時期，北方游牧民族的社會型態由單一氏族、部落向部落聯盟發展。部落幾經合併後，其中最大的一個部落就是匈奴。

據《史記‧秦本紀》載，秦惠王更元七年（公元前三一八年），「韓、趙、魏、燕、齊率匈奴共攻秦」。

這是「匈奴」此名稱首次在史書上出現。此時匈奴主要活動於蒙古高原，沒有城郭及固定的處所，不長期經營農耕，是為尋找有水和草原地區居往的游牧民族。

匈奴部落軍事與生產的社會行為目的分野不明顯。溫和的部族以畜牧和射獵禽獸為生；具攻擊性的部族則操弓持箭，有攻戰能力。

狩獵和騎射是匈奴人的特長，使用的兵器為弓、箭、刀、矛等。個人戰力較中原地區為強。但是因為不擅長組織作戰方式，使匈奴的戰爭模式多屬於「有利則進，不利則退」的掠奪戰爭。

戰國中期開始，匈奴利用騎兵行動迅速的優勢，經常南下，越過陰山到達燕、趙、秦等國邊境地區，進行掠奪。

秦惠王更元十三年（公元前三一二年），匈奴的騎兵就曾侵至樓煩（山西武寧一帶）。

為抗禦匈奴的襲擊，秦、趙、燕等國除派重兵屯守邊塞外，先後各自在北部邊境地區修築長城。

戰國後期，由於中原地區諸侯國之間的兼併戰爭日趨激烈，各國疲於敵對國間的戰爭，無力顧及防禦匈奴部落，匈奴部落開始南侵。

匈奴率兵南下，首先攻打趙國，並越過趙國長城，控制陰山（內蒙古大青山）、北假（內蒙古黃河河套以北、陰山山脈以南的夾山帶河地區）、陽山（內蒙古狼山）以及河南地河南地（內蒙古伊克昭盟一帶），並以陰山、河套地區為基地，不斷與燕、趙、秦等國在邊境發生大規模的軍事衝突。

以趙孝成王時李牧與匈奴之戰為例。當時趙國以二十餘萬兵力滅匈奴軍

十餘萬騎。此時的軍事衝突的規模已進入戰爭狀態，而非小範圍的騷擾。

　　秦王朝建立的前夕，匈奴部落已經具備強大的經濟和軍事實力，並展開向外擴張的軍事行動。主力軍隊占據陰山地區西部與賀蘭山地區北部，另一小部控制河南地。「河南地」北據黃河，是屏蔽關中的重要地區，該地氣候溫和濕潤，

水草地豐美，適合於游牧和農耕。

　　對秦來說，匈奴占領「河南地」，雖如芒刺在背，但是秦國與六國交戰的期間，如其他國家一樣，專注於吞併中原的戰事中，將抗擊匈奴的事置於次要，使匈奴部落勢力在北方逐漸發展壯大。

　　《史記‧秦始皇本紀》載，秦王朝建立後，秦始皇於始皇三十二年（公元前

鷹形金冠

戰國時期匈奴王飾冠，冠頂是展翅的鷹站立在狼羊咬鬥圖紋的半球狀體上。額圈由三條半圓形金條榫鉚插合而成，上有浮雕臥虎、臥式盤角羊和臥馬，中間為繩索紋，盡是草原文化的風情。

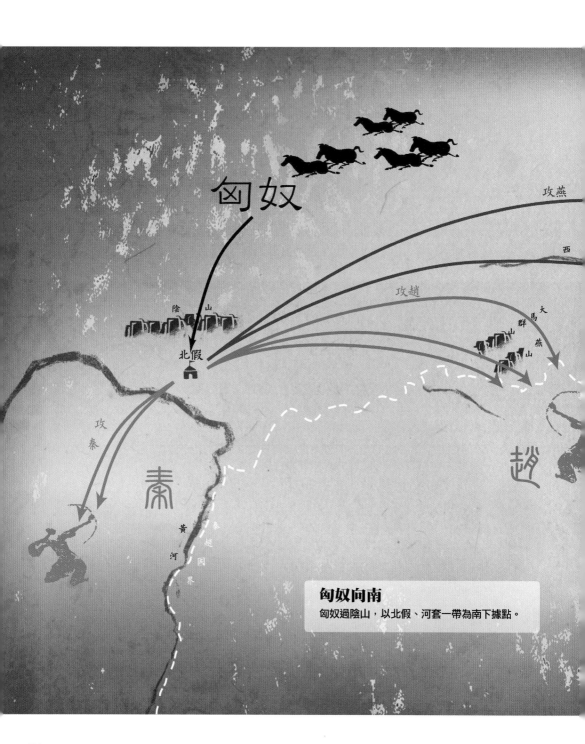

匈奴向南

匈奴過陰山,以北假、河套一帶為南下據點。

二一五年）「巡北邊，從上郡入」，視察右
北平、漁陽、上谷、代郡、雁門、雲中、上郡
等北部邊境主要防線。

　　為解除匈奴的威脅，確保關中安全，
秦始皇決定集中兵力打擊匈奴的薄弱環
節，把奪取「河南地」作為戰略目標，派
三十萬大軍北擊匈奴，收復「河南地」。

　　蒙恬率軍很快收復河套地區。次年
又越過黃河，奪取匈奴控制的高闕（內蒙
古杭錦後旗東北）、陽山、北假等地，將
匈奴驅逐到陰山以北、賀蘭山以西。

　　秦始皇為增強北部邊防的實力基
礎，減少運輸糧草至邊境的需要，決定開
發「河南地」，於此地重新設置九原郡。
在西起榆中、東接陰山的黃河沿岸附近，
設立四十四個縣，並下令遷徙罪犯於此，
充實開發勞力。

　　始皇三十六年（公元前二一一年），
秦始皇再次下令遷徙內地人口三萬戶到
北河、榆中（內蒙古伊金霍洛旗以北）
屯墾。《漢書·食貨志》說：不到十幾年，
「河南地」開發富庶的「新秦」。

　　開發邊境不單阻止匈奴南侵，同時
提高經濟力。漢代思想家賈誼在《過秦
論》一文中形容：

　　　卻匈奴七百餘里，胡人不敢南下而牧
馬，士不敢彎弓而報怨。

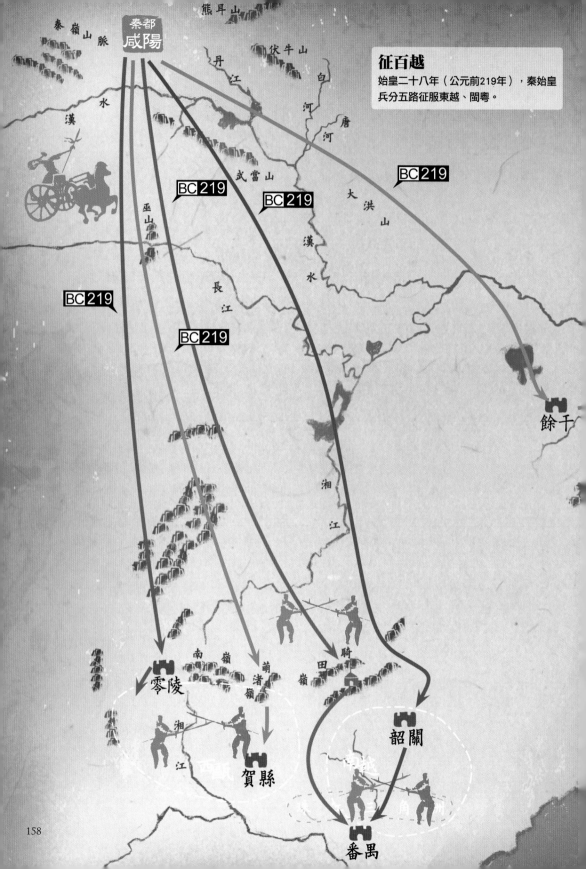

征百越

始皇二十八年（公元前219年），秦始皇兵分五路征服東越、閩粵。

秦嶺山脈

熊耳山

伏牛山

秦都
咸陽

丹江

白河

唐河

漢水

漢

武當山

大洪山

BC 219

巫山

漢水

BC 219

BC 219

長江

湘江

餘干

BC 219

BC 219

南嶺

萌渚嶺

騎田嶺

零陵

湘江

西甌

賀縣

南越

韶關

三角洲

番禺

158

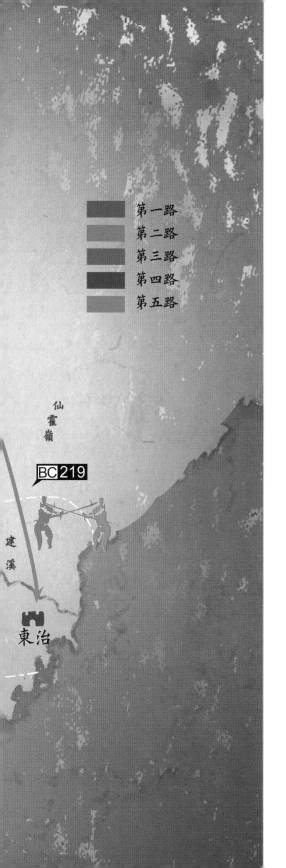

第一路
第二路
第三路
第四路
第五路

仙霍嶺

BC 219

建溪

東治

征百越

　　「百越」一辭最早見於史籍《呂氏春秋》。在該書《恃君覽》篇中說：

　　揚漢之南，百越之際，敝凱諸夫風餘靡之地，縛婁陽禺驩兜之國，多無君。

　　此後，「百越」便成為中國東南和南部地區民族的統稱。

　　越族有其自己的文化特徵。如：斷髮紋身、契臂、巢居，以及使用舟、水戰和使用銅器等，在服飾、生活習慣各方面多與中原地區不同。

　　春秋時期，越王允常建立越國。戰國中期，昭王元年（公元前三〇六年），楚國滅越國，越王無強被殺，從此，于越以及東甌、閩越所在地區就成為楚國的一部分。

　　秦王政二十四年（公元前二二三年），秦軍攻入楚都壽春（安徽省壽縣），俘獲楚王負芻，楚國滅亡，居住在該地的越人成為秦王朝版圖的一部分。

　　在秦滅楚之前，越人雖「服朝於楚」，但楚國沒有在越人的居住地設立郡縣進行直接統治和管理。秦滅楚後，越族不「服朝於秦」，不斷反抗秦軍深入江南，秦軍和越人的戰爭連續不斷。

　　秦王政二十五年（公元前二二二年），秦國派將軍王翦率軍在攻取楚國

江東郡，即向東南推進，平定于越，降服其頭領，在于越族居住地區設立會稽郡，進行直接統治和管理。

此時，尚有「南越族」和「西甌族」所在的五嶺以南，即故古稱「嶺南」的兩廣地區，未併入秦版圖。

據《淮南子·人間訓》記載，始皇二十八年（公元前二一九年）冬，秦始皇派軍十餘萬，分五路南下，對嶺南用兵。

第一路：由零陵（廣西興安縣）南下，從正面進擊西甌部落。

第二路：出萌渚嶺（湖南江華、鍾山境內），至賀州（廣西賀縣），從側面進擊西甌各部落。

第三路：由騎田嶺進入廣東西北，沿連江南下，直取番禺（今廣州）攻南越。

第四路：由大庾嶺進入粵北，經今韶關沿北江南下，與第三路合攻番禺南越。

第五路：由餘干（江西餘干）沿江東下，越武夷山進入閩中腹地，直取東冶（福建福州市），攻東越和閩越。

第五路軍很快征服東越和閩越，並設置了閩中郡。對南越和西甌這兩個方向進攻的其他四路軍隊，戰爭雖然取得勝利，占領一些戰略要地和平川，但被征服的越人利用嶺南山高谷深，苔滑、水多的地勢，深入崇山峻嶺之中與秦軍周旋，逼得秦軍「三年不解甲弛弩」。

南越「人」字頂木槨復原模型

圖為復原模型，槨是放置棺木的宮室，南越風俗多與中原不同。

秦軍不熟悉當地情況，加之交通不便，後方供應困難，連年征戰更使秦軍士卒疲困，往往經常處於被動挨打的地位。甚至統帥屠睢都戰死疆場。

《淮南子・人間訓》形容征嶺南是「伏屍流血數十萬」。

為攻取越人占領的各個山林高地，秦始皇派任囂繼任統帥，同時開築通往嶺南的「新道」，開鑿聯結湘水與漓江水道的靈渠，改善軍事交通和後勤供應。

《史記・主父偃列傳》載：始皇三十三年（公元前二一四年），秦尉任囂、趙佗等「將樓船之士南攻百越」。同年末，秦軍攻下越人所控制的全部地區。

秦國向南征掠的地區人煙稀少，於是秦始皇徵發百姓向南移民，據史料記載，前後共有四次。

最大的一次就是攻百越的當年。《史記・秦始皇本紀》載，秦始皇令：

發諸嘗逋亡人、贅婿、賈人略取陸梁地，為桂林、象郡、南海，以謫遣戍。

秦始皇將「發兵攻打南越」、「設置郡縣」、「遷徙五十萬人屯守邊境」這三件事一併執行。

曾經逃亡的罪犯、窮苦入贅於女家的男子，以及做買賣的生意人。

始皇三十四年（公元前二一三年），秦始皇再下令：

適治獄吏不直者，築長城及南越地。

此時辦理訟獄不當的官吏，會被送去修築長城以及屯戍南方越地。

好官不離京，壞官逐千里。罰壞官修長城或也無可厚非，但是把派放越地當成處罰，就是連越人一起罰了。

秦始皇徙民實邊的政策，與開發「河南地」相同，在嚴固嶺南戍守的同時，對該地進行開發。

《水經注・垠水》說：

秦並天下，略定揚越，置東南一尉，西北一候。

戰國百越獸形青銅尊

「尊」為中大型的酒器。

有關「百越」

百越曾有各種不同的稱呼。

夏代稱「于越」，商代稱「南越」或「蠻越」，西周時稱「揚越」，春秋時稱「于越」。戰國時統稱「百越」。

這個族群分佈在今浙江、福建、江西、廣東、廣西一帶。雖都稱「越人」，但因支系繁多互不相屬，故泛稱「百越」。又因其地古屬揚州，又稱「揚越」。

在百越中有幾支較強的族體：東甌越，閩越、南越、西越、于越。

在這幾支越族中最著名的是于越，它的經濟、政治、文化的發展結構比其他越族完整，曾一度控制東甌和閩越。

越人族群
東越（東甌） 分佈在今浙江南部的甌江流域，以溫州一帶為中心
南越 分佈在今福建省福州一帶
閩越 分佈在今廣東省境內、廣西省東部，以番禺為中心
西越 即西甌，分佈在今廣西以南地區
于越 分佈在今浙江紹興一帶

此處所謂「東南一尉」，就是在嶺南三郡：桂林、南海、象郡，設置南海尉，由掌兵的南海尉駐南海郡，治番禺。

為避免分散南海尉的權力，三郡一律不設郡守，只設監御史主管一郡事務，使海南尉專斷一方，加強軍事應變能力。

另則所謂「西北一候」，即在嶺南西北方的交通孔道上建築城堡，駐紮重兵，以防西甌人北竄。

「候」是古代探望敵情的哨所，此處取駐兵監視之義。

此處的「候」，可見於今廣西興安縣西南四十華里的秦城遺址。

同一地，有個南陡村，先祖便是二千年前，秦始皇為平南越，開靈渠來自北方的工人，未再返回北方的人定居於此漸成村落。

這個村落人口稀少，比二千年前留下的先祖還少。村民守著靈渠的陡門，一守二千年。

開河渠

開河渠，是指秦始皇派史祿率領軍民開鑿，鑿通今湖南湘江和廣西漓江之間的水道：靈渠。

這是因為秦軍在攻打百越的戰爭中，由於沿路山河阻隔，後方糧草供應困難，「無以轉餉」，嚴重影響秦軍的進擊。為解決這一問題，秦始皇便命令史祿負責組織打通湘、漓兩江間的水道，直接從水路運輸糧草等軍需物資。

受命打通水道的史祿，經實地考察，得知處於湘江上游的廣西興安縣城東與縣城北漓江的支流始安河相距最近處僅為1500公尺，水位相差不到6公尺，兩河之間只相隔低矮的山坡，在這山坡上開挖水道就可連接湘江和漓江。

於是，史祿選定興安縣東南約兩公里的湄潭作為築堤分流的地點，在此將湘江水攔住，使水位提高六公尺左右，然後再修一條長三十四公里的南北渠。

於是史祿選定興安縣東南約兩公里的湄潭作為築堤分流的地點，在此將湘江水攔住，使水位提高6公尺左右，然後再修一條長34公里的南北渠。

靈渠工程由鏵嘴、大小天平石堤、南北渠道和秦堤、洩水天平和陡門等部分所組成。

靈渠的天平石堤
位於今廣西省興安縣。天平即滾水壩，因為具有可提高水位又可排洪滾水，以保持渠水平衡的功能，故稱「天平」

鏵嘴是用巨石砌成的分水工程。它把河水分成兩支：一支經南渠流入漓江；另一支經北渠流入湘江。

大小天平石堤在鏵嘴尾端，成「人」字形，它既是攔河壩，又是滾水壩。枯水期可攔截全部河水入渠，使南北渠保持船隻航行所需水量；洪水期可使洪水越頂而過，流入湘江故道以排洪。

南渠和北渠是靈渠的主體工程，南渠長30公里，自分水塘分流入渠，經興安縣城、嚴關，至榕江鎮附近匯入漓江；北渠長4公里，自分水塘分流而北，至洲子上村附近入湘江。在渠道水淺流急處築陡門，以提高水位，使船隻通行。

靈渠的陡門為船閘的先導，是現代梯級船閘的設計方法，也是世界上最早的運河通航措施。

靈渠修通後，促進華南地區經濟的交流。直到明清時期，靈渠仍稱為「三楚兩粵之咽喉」。

分水塘鏵嘴石堤

分水塘鏵嘴在靈渠大小天平前，是將七分水流入湘江，三分水流入漓江的分水石堤。它形如犁鏵，呈不等邊的四邊形，三面有石堤，一面緊接大小天平。兩條近似平行的南北邊堤，分別為73、43、23公尺，形成北偏東60度銳角，是鏵嘴的頂部。南北邊堤相距23公尺，整個鏵嘴面積有1000多平方公尺。

築馳道

所謂「築馳道」，就是拆除原各諸侯國在各地修築的關塞、堡壘等阻礙交通的障礙後，修築以都城咸陽為中心、通往全國各地的大道。

當時修建馳道有一個目的是為秦始皇巡遊各地，使其龐大的車隊能順利地通行，所以馳道有統一的修築規格。

馳道，自始皇二十七年（公元前二二〇年）開始修建，始皇三十七年（公元前二一〇年）秦始皇第五次出巡前，各地馳道已全部竣工。

據《漢書·賈山傳》所引賈山〈至言〉篇記載：馳道寬五十步，道旁每隔三丈栽青松一株。路基都築得很高，並用鐵錘夯實，十分牢固。

關於馳道的具體路線、走向和佈局等，史書上沒有明文記載，但從秦始皇五次出巡的路線看，除所走部分水路、海路以及由九原至雲陽的直道外，其他「所經皆治馳道」，大體上知道有五條。

第一條：從咸陽向西北直達北地，並經回中轉抵隴西。

第二條：從咸陽沿渭水河谷直達隴西。

第三條：從咸陽向北經上郡到雲中，由雲中向西通九原，向東經雁門、代郡、上谷、漁陽、右北平至碣石。

第四條：從咸陽向東出函谷關，經洛陽、濮陽、臨淄，直達山東半島最東端的成山。

第五條：從咸陽向東南出武關，經宛、襄陽直抵江陵。

這五條主要馳道都以咸陽為中心，北至上郡，可反擊匈奴；南達江陵，可控制江南；東至成山，可控制中原腹地；西達隴西，可鞏固西北邊防。這些馳道的總體佈局是針對關東的反秦勢力和北方匈奴的威脅而修築。馳道的興修與秦始皇的五次巡遊目的一致，即是宣揚秦朝的國威。

除興築馳道外，秦始皇還興修直道。據《史記·蒙恬列傳》載，始皇三十二年（公元前二一五年）蒙恬將匈奴驅逐到陰山山脈以北、賀蘭山以西地區，收復「河南地」，設置九原郡後，為防止匈奴的再度侵犯邊境，又能即時從咸陽徵調軍隊前往九原郡同匈奴作戰，秦始皇命令蒙恬修築一條由雲陽（陝西淳化西北）直達九原郡（內蒙古包頭市）的「直道」，該道全長一千八百里（約今一千四百公里）。

《史記·秦始皇本紀》形容是：「塹

古馳道

位於河北省井陘縣。井陘縣置於秦時，當時井陘驛是馳道上重要的驛站，如今古馳道遺跡上仍留有古代車軸的深痕。

山堙谷」。因為從咸陽至雲陽九泉宮是寬廣的馳道，所以這條直道是從秦都咸陽至北九原郡最捷近的一條道路，秦始皇對這條用於軍事目的的直道非常重視，確定最後一次出巡要專門從直道返回咸陽。故在第五次出巡病逝沙丘後，胡亥、李斯、趙高等隨裝載屍體的轀輬車「遂從井陘抵九原」，「行從直道至咸陽」所以，第五次出巡病逝沙丘，胡亥、李斯、趙高等隨裝載屍體的轀輬車「遂從井陘抵九原」，「行從直道至咸陽」。

司馬遷在考察北方時，也曾走過這條直道。《史記・蒙恬列傳》評論：

吾適北邊，自直道歸，行觀蒙恬所為秦築長城亭障，塹山堙谷，通直道，固輕百姓力矣。

「直道」不僅便利秦軍的行動，對鞏固北部邊防具有重要的戰略意義，而且是秦朝陸路交通幹線中最重要的一條。

秦始皇為更密切聯繫秦都咸陽與巴蜀以及西南地區，下令修築「五尺道」。

因為巴蜀和西南地區處在崇山峻嶺的群山之中，交通十分不便，人和物資大都靠驢馬駄運，更談不上戰車或大批集結軍隊成行。為解決此地區的交通，古人便在懸崖峭壁上鑿孔用木板架橋連閣，使路通暢。

正如《戰國策・秦策三》所說：

棧道千里，通於蜀漢。

但這些棧道由於長期經受風雨浸蝕，木柱已經腐爛，導致道路被阻斷，無法通行。秦始皇為使朝廷的政令和軍令能暢通無阻直達巴蜀和西南地區，便命常頻在原來棧道基礎上，將道路拓寬為五尺，成「五尺道」。據考證，「五尺道」大致從今四川宜賓經高縣、筠連，入雲南昭通，南至曲靖附近，使西南地區民眾可由此道入四川，再由四川進入關中。

五尺道遺蹟
位於雲南富源縣。

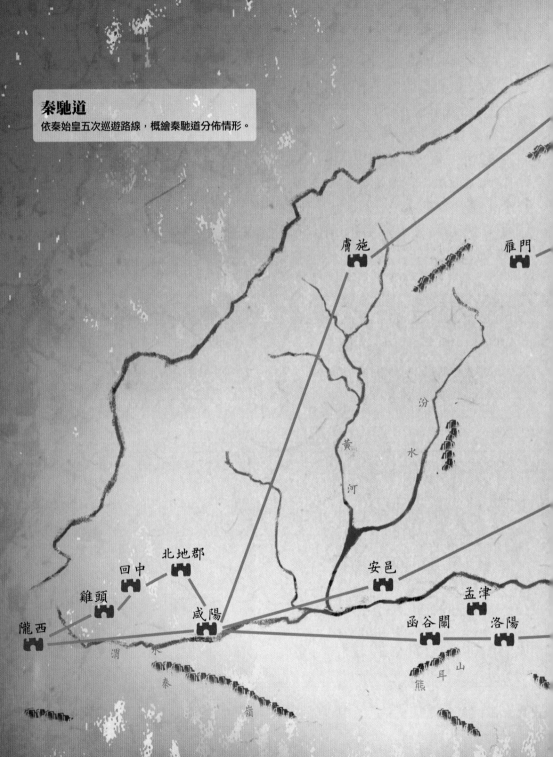

秦馳道

依秦始皇五次巡遊路線，概繪秦馳道分佈情形。

膚施　雁門

汾　水

黃　河

北地郡

回中　安邑

雞頭　孟津

隴西　咸陽　函谷關　洛陽

渭　山耳熊

秦嶺

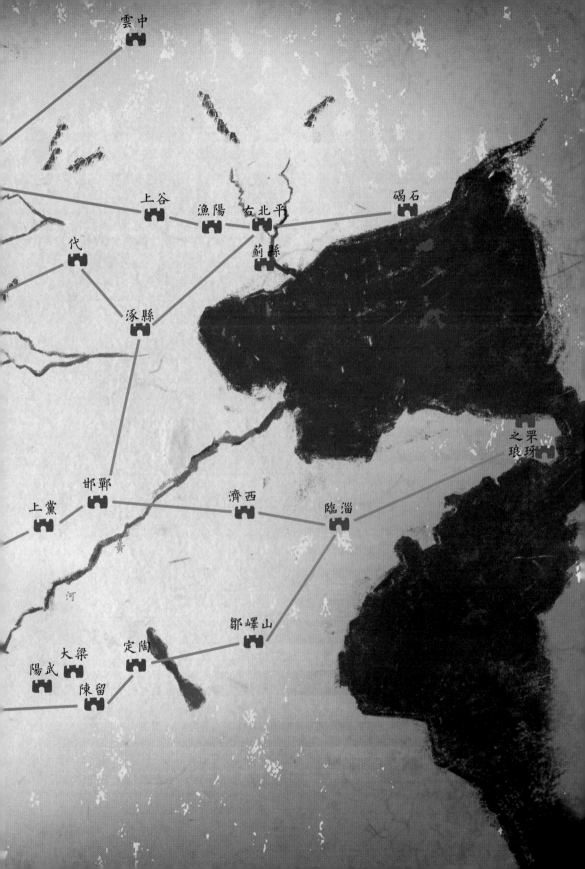

修長城

長城是中國古代的軍事防禦工事，隨著軍事對象不同，有不同的軌跡。

早在春秋時期，諸侯國為瞭解敵方軍隊的部署，使能即時傳遞信息防禦敵國的突然襲擊，並阻擋敵軍的入侵，大多數諸侯國會在與鄰國交界邊境修築關、塞、亭、障等守備設施。

而後，由於騎兵有較強的機動性和突擊能力，對敵人威脅性特別大。此時的防禦工事則必須有阻擋敵方騎兵突襲的功能，各諸侯國便用城牆將關、塞、亭、障連接起來，或把大河堤防加高加寬。這樣的防禦工事便是最原始的長城。

中國歷史上出現最早的長城是楚國的「方城」（由今河南鄧縣東北起經鎮平、南召、魯山、葉縣、舞陽至河南泌陽一帶）。

據《左傳·僖公四年》載，秦獻公二十一年（公元前六五六年），齊桓公率諸侯國進兵楚國，楚成王派屈完帶兵迎敵。齊桓公在召陵（河南郾城東）擺開陣勢，讓屈完一同觀陣，並威脅說：

「以這樣眾多的兵力，有誰能抵擋得住？有什麼樣的城不能攻下？」

屈完答：「君主如果以德來安撫諸侯，誰敢不服？如果要用武力，楚國有

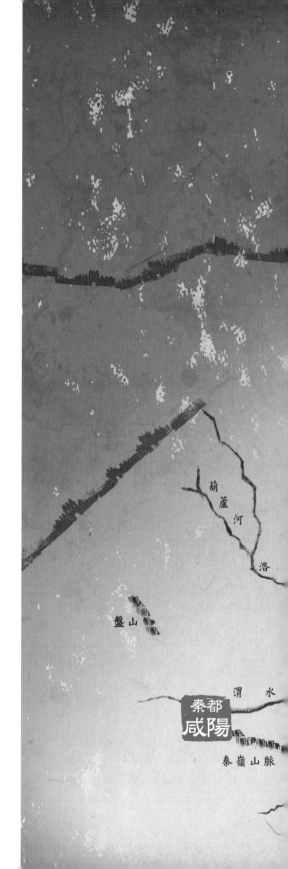

葫蘆河

洛

盤山

渭　水

秦都
咸陽

秦嶺山脈

太馬部山
燕山
洋河
軍都山

燕都
薊

黃河
汾河
大沙河
滹沱河
太行山脈
宜安

趙都
邯鄲

齊都
臨淄

山東
陵丘

黃河

丹江
唐河
白河

各國長城

不少諸侯國都在自己的領地邊建設長城，抵禦他國侵
犯外，也抵禦外族的攻擊。

171

『方城』作為城防，有漢水作為水溝，你們人多也沒用。」

齊桓公知道楚國已有準備，城防堅固，終於同意雙方訂盟講和，收兵而回。

晉平公元年（公元前五五七年），晉國進攻楚國，打到方城邊上，未獲進展，而退兵。此兩處所指「方城」即是楚國的長城，它的防禦功能顯而易見。

到戰國時期，隨著兼併戰爭的加劇，各諸侯國為軍事上的需要，先後修築數段長城。

如齊國為防楚，修築西起平陰（平陰縣東北），東連琅琊濱海的長城共千餘里；魏國為防秦，沿洛水東岸修築河西長城，又在大梁以西，黃河以南築河南長城；趙國為防齊、魏，在今臨漳、磁縣沿漳水修築滏長城；最小的中山國也在今河北、山西交界一帶修築中山長城；燕國築有南北兩道長城：為防齊而修南長城，由今河北易縣西南，經徐水、雄縣至大城縣西南；為防匈奴而修北長城，自造陽至襄平。

在秦簡公七年（公元前四〇八年），為防備魏國，在今陝西東部沿洛水西岸修築「塹洛」長城。秦惠王更元元年（公元三三四年）為防趙，在洛水中游「築上郡塞」。秦昭王時為防匈奴，又在隴西、北地、上郡間築長城，全長三千餘里。

這一段長城西起臨洮（甘肅岷縣），沿洮水東岸北上至狄道（甘肅臨洮），轉向東南至今甘肅渭源，向東北越六盤山，經今寧夏固原、甘肅環縣、陝西吳旗。長城築至今陝西安塞境內後，分為兩支：

一支向東，經今綏德北上，止於秦的上郡治所膚施（陝西榆林東南），另一支向東北，經今陝西橫山、榆林、神木，達於今內蒙古托克托縣十二連城附近黃河岸邊。

秦始皇併吞六國後，對原來各諸侯國所修築的長城，進行兩種處理。

一、拆除「墮壞城郭，決通川防，夷去險阻」的楚、韓、魏、齊四國長城，清除領土內阻礙交通往來，不利於商業發展的城牆。

二、將原燕、趙、秦三國間的長城加以修葺、連接和增築，成為一條西起臨洮，東到遼東的長城，以防匈奴部落南侵。

自始皇二十六年（公元前二二一年），將軍蒙恬奉命率三十萬大軍北逐匈奴，收復河南地之後，便組織軍民修築長城。《史記·蒙恬列傳》中形容長城：

因地形，用制險塞，起臨洮，至遼東，延袤萬餘里。

這條「萬里長城」修築了十二年。

秦長城五里墩遺址

這次修築長城不僅將原燕、趙、秦三國舊有的長城連接起來，更於沿路補充修繕關隘、城臺、烽火臺等軍事設施，使其與城牆主體組成綜合性的防禦體系。

秦始皇修築萬里長城，對秦朝的歷史發展意義深遠：：

第一，它有利於鞏固邊防。匈奴軍隊雖然沒有經過嚴格的軍事訓練，武器裝備也比較簡陋，但他們習於騎射，長於奔馳突襲。在奔襲過程中，沿途不斷有人加入隊伍，因而戰鬥力強，又無需後勤保障。

但他們卻不熟習各種戰術，尤其不善於攻城。因此秦修築長城，使匈奴的騎兵活動受到很大的限制，他們無法踰越如此高大而寬厚的城牆障礙，所以秦自修築長城後，邊境較為安寧，史籍再無匈奴入侵秦朝的記載。

第二，進可攻，退可守，對攻打匈奴有利。修築長城後，就等於在匈奴軍隊面

前設置一道牢固的阻隔，匈奴騎兵無法輕易南侵後，秦國得以守住廣袤的中原土地，並依長城為基地向北反擊匈奴。

第三，強迫邊境的開發。秦始皇在長城沿線設立隴西、北地、九原、雲中、雁門、代郡、上谷、漁陽、右北平、遼西、遼東等十二郡，委派郡縣官吏進行管理。同時遷移大批人民前往沿長城各地開荒種植，以供邊防軍民物資上的需要。

內蒙古固陽縣秦長城遺址

長城的結構

長城一般修建在險峻的山梁嶺脊之上或大河深谷之側，只有草原、荒漠之處才平地起城。關隘主要設置在高山峽谷等險要之處。半坡上有一個巨大的豁口，俗稱長城口，這就是古代關隘。城牆上每約隔半里到一里左右，有一個突出牆外的臺，稱為城臺。

築城的基本方法是：內外用整齊的條石或磚石砌成，內部用泥土石塊夯實。平均高度78公尺，牆基平均有6.5公尺寬，頂部只有5.8公尺。在牆體內部一面，每隔不多遠就有一個用磚石砌成的圓頂門，有石梯通到城牆頂上，守城士兵從這圓頂門上下。

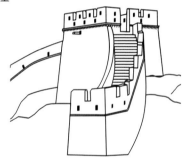

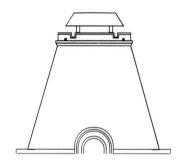

烽火臺，又稱烽堠、墩堠、狼煙臺、煙墩等，專為傳遞軍事信息而設置。如遇有敵情，白天燃起濃煙，夜間燒火沖天，不遠的烽火臺得知後，照樣燃煙燒火，這樣一個一個烽火臺前後連續燃煙燒火，敵情便很快傳遞到軍事總部。烽火臺是一個單獨的高臺，大多建在山頂上，有部分烽火臺設置靠近長城，作為長城的前哨信號站。

城臺有三種：「牆臺」，臺面與城牆頂部高低差不多，只是突出一部分於牆外，外邊砌有垛口，臺上還有遮風避雨的鋪房，這是士兵巡邏放哨的地方。另一種「敵臺」，分上下兩層，下層有許多用磚砌成的小房間，可容十餘人住宿，上層有射擊和守望的垛口。「戰臺」設在比較險要的地方，裡面可儲存弓箭、火藥、刀、矛等武器。

歷代長城之修築

從秦朝修築長城之後，直到明朝末期，萬里長城經歷朝歷代多次修繕和增築。

西漢初年，匈奴趁中原紛亂南下。當漢高祖劉邦還是漢王時，就修繕沿黃河一帶秦時修築的長城。後來劉邦因曾在平城白登山被匈奴圍困，便採用陳平計，對匈奴採取和親政策，邊境略為安寧。

元狩二年（公元前一二一年），漢武帝派霍去病在河西大敗匈奴，匈奴渾邪王率兵歸漢，漢朝就在該地設置武威郡和酒泉郡，同時修築一條從令君（甘肅民勤縣東北），經酒泉、玉門，到鹽澤（新疆羅布泊）的河西長城，這段長城全長二千多里，共花費二十年。

東漢王朝建立不久，為防禦匈奴，光武帝從建武十二年（公元三十六年）開始，先後派大將杜茂、馬成大量調遣士卒分別從西河（山西離石）至渭橋（陝西咸陽東），河上（陝西高陵）至安邑（山西安邑），太原至井陘（河北井陘），中山（河北定縣附近）至鄴（河北臨漳）等地修築堡壘，修造烽火臺，每隔十里設一堠（瞭望敵情的土堡），這些亭堠、障塞都是長城的一部分。

泰常八年（公元四二三年）北魏明元帝，在東起赤城（河北赤城縣），西至五原（內蒙古包頭市西北）一線，修補二千多里長城，並在沿線要地「備設戍衛」。太平真君七年（公元四四六年），魏太武帝又「發司、幽、定、冀四州十萬人，築畿上塞圍」。

這道被稱為「畿上塞圍」的長城，起於今北京市居庸關，向南經山西省靈丘等地，至山西省河曲縣黃河畔，用以保衛京都。

東魏武定元年（公元五四三年），高歡修築肆州長城，從今山西靜樂縣起至山西代縣崞陽鎮，目的是防禦西魏與柔然族聯合進攻東魏。

北齊曾多次修築長城。天保七年（公元五五六年），自西河郡的總秦戍（山西大同西北）起，東邊到達渤海（山海關），前後所築長城東西共三千餘里，每隔十里設一戍（駐兵的據點），並在要地設置州、鎮二十五處。

天保八年（公元五五七年），又在長城內修築一道城，叫作重城。西起庫洛拔（山西朔縣西南），東至塢紇戍（山西繁峙縣平型關東北），全長四百餘里。

隋代結束南北分裂局面。楊堅父子曾五次整修長城，新築不多，大多是將以前的長城進行修繕和加固。

金朝為防禦蒙古族，曾經大修長城。金章宗明昌年間（公元一一九〇～公元一一九六年）修築兩道長城，即明昌舊城和明昌新城。

舊城在北，也稱「兀朮長城」或「金源邊堡」，位於今黑龍江興安嶺西北的黑龍江沿岸，長約千里；新城在南，也稱「金源邊堡」，因其遠在舊城之內，所以又有「金內長城」之稱，亦稱「金濠塹」。這道長城西南起靜州（陝西米脂縣西），東北達混同江，經今山西、河北、遼寧、黑龍江等省，長達三千多里。

長城可以說從秦朝開始興修，經各朝代的不斷修繕，增築，到明朝才最後完成。而

歷代王朝中修築的長城規模最大的王朝應為明代。

公元一三六八年，明朝開國第一年（洪武元年），明太祖就派大將軍徐達修築居庸關等處長城。明王朝二百多年中，始終未停止長城的修築，並最後基本完成東起鴨綠江，西達嘉峪關這一萬二千七百多里長城的修築工程。

萬里長城中從山海關到鴨綠江這一千九百多里的一段大部已被毀壞，而從山海關到嘉峪關的這段，由於修築得非常堅固，至今大部分城牆仍保存完整，巍峨屹立在群山峻嶺之中。

明朝先後十八次修築長城，並在長城沿線設置九個防守區，即遼東、薊鎮、宣府、大同、山西、延綏、寧夏、固原和甘肅等九鎮，各鎮派總兵率兵駐守，負責管轄一段長城。

其中寧夏鎮管轄的路段最長，東起大鹽池（寧夏鹽池縣境），西達蘭靖（甘肅皋蘭、靖遠），全長達兩千多里。

此外，沿長城各要地，還建造許多城堡，派重兵把守。又建烽火臺，用來傳遞軍情。明武宗正德年間（公元一五〇六年～公元一五二一年），在宣府、大同兩鎮管轄的一千六百七十里的長城區段內就修築烽堠三千多所。

明朝名將戚繼光在任薊鎮總兵期間，隆慶三年至萬曆十一年（公元一五六九年年～公元一五八三年），對所管轄的一千二百多里的長城區段普遍加高加寬，修繕傾頹部分，在重要地段修建雙層的城牆外，在長城沿線要地建造一千二百多座高大的敵臺，以加強防禦。

這樣看來，自秦以降，有幾個王朝未曾修葺長城。元與清，不太需要解釋。

另外是唐。

明代修建的嘉峪關

帝都咸陽的建設

寢兵

《史記‧秦始皇本紀》載，秦始皇吞併六國後：

收天下兵，聚之咸陽，銷以為鍾鐻金人十二，重各千石。置廷宮中。

秦始皇將收繳來的全國兵器集中運到咸陽，鑄成十二銅人承托「千石之鍾」，並將它們放置在阿房宮中。

秦始皇鑄十二金人原因各有說法。

有祥瑞說。據《漢書‧五行志》載：

始皇二十六年，有大人長五丈，足履六尺，皆夷狄服，凡十二人，見於臨洮，故銷兵器，鑄而像之。

秦始皇以為臨洮出現的「符瑞」，是以「鑄十二金人」。

另有仿古說。日本漢學家瀧川龜太郎在《史記會注考證》中提出秦始皇效仿大禹鑄九鼎。

再一個說法如賈誼《過秦論》謂「弱黔首之民」，是為加強中央集權。

縱觀當時情況，此說法較合局勢。

戰國時期七國兵器約有一千七百萬件左右，且大都是青銅兵器。秦併六國後，未立時收繳的各國武器散落民間。

為解決六國遺留下的兵器，不使成為反秦武力，秦始皇收繳天下兵器並進行銷毀。並附會臨洮「出現的十二個身高五丈，足長六尺的大人」，以為「符瑞」，宣傳偃武修文，大抵是為鑄造十二金人的原因。秦王政在兼併六國的過程中，為控制六國舊貴族及豪富之家，將之遷至邊遠地帶。六國舊貴族和豪富的遷徙都帶有懲罰性，稱為「遷虜」。

如滅趙後，將趙王遷於房陵，趙國豪富卓氏遷於臨邛（四川邛崍）；破魏後，將魏的豪家孔氏遷往南陽；滅楚後，將楚王遷徙到嚴道（四川榮經）。

秦始皇在稱帝當年，「徙天下豪富於咸陽十二萬戶」。

遷徙豪富和收繳天下兵器，異曲同工，是將六國反秦勢力置於秦國的嚴密控制之下，使其失去在故地的「地利」，不能「成奸偽之業，遂朋黨之權」，並於削弱反秦勢力的同時，利用六國貴族的財富，發展經濟。

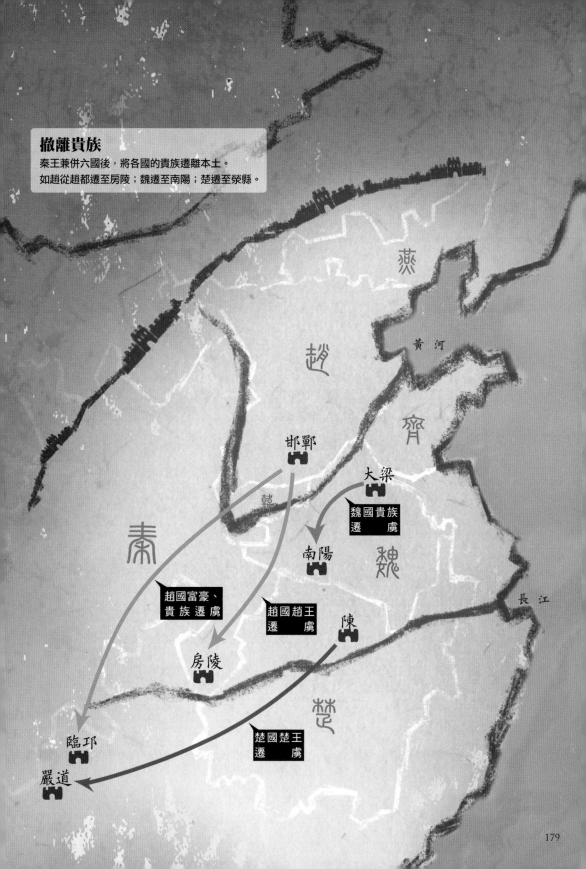

撤離貴族

秦王兼併六國後，將各國的貴族遷離本土。
如趙從趙都遷至房陵；魏遷至南陽；楚遷至滎縣。

燕

趙

黃河

齊

秦

韓

邯鄲

大梁

魏國貴族
遷　　虜

南陽

魏

趙國富豪、
貴族遷虜

趙國趙王
遷　　虜

陳

長江

房陵

楚

臨邛

楚國楚王
遷　　虜

嚴道

都咸陽

據《史記·貨殖列傳》載，趙國卓氏，原經營冶鐵而致富，秦滅趙後，將卓氏遷徙到蜀地臨邛。卓氏到臨邛後，即開採礦山，熔鑄生鐵，發財致富。

該傳又記載，程鄭也是秦國將其從太行山以東遷徙到蜀的富戶，也從事冶鐵事業，並把產品銷售到南越地，他的財富可以與卓氏相抗衡，同住在臨邛。

所以《華陽國志·蜀志》說：

始皇克定六國，輒徙其豪俠於蜀，資我豐土。家有鹽銅之利，戶專山川之材，居給人足，以富相尚。

此外，魏國大梁的孔氏被遷南陽後也以煉鐵為業，並開闢池塘養魚，成隊車馬交遊於諸侯，因而得到經商發財的方便，家中財富多達數千金。

據《史記·秦本紀》載，秦寧公二年（公元前七一四年），秦寧公將都城遷徙到平陽（陝西岐山縣西南）。

秦德公元年（公元前六七七年），秦德公又將都城遷到雍，此後雍一直是秦國幾代國王的都城，築有大批的豪華宮殿，秦王政的行冠禮也是雍城宗廟舉行。

雍城在秦國數代國君經營下，有頗具規模的城市建設。雍都遺址，周圍有東西長約3.3公里，南北寬約3.2公里的圍牆，中心部分宮殿林立，西邊有人工挖掘的外護城河，城郊外有十三個諸侯的陵園，還有由大門、中庭、祖廟、左右廊等建築組成的7000平方公尺的宏偉廟宇。

這個建築遺址還保存一百八十一個祭祀坑。此外在2.18萬平方公尺的建築用地上，還發現五個後宮的遺址。

秦先祖的陵園位於雍城南郊，現發掘出的一號大墓東西長59.4公尺，南北寬38.5公尺，是當時最大的木槨墓。

直到秦獻公二年（公元前三八三年），秦都才由雍都遷到櫟陽（陝西臨潼東北）。

三十多年後，秦孝公於公元前三五○年，又將國都從櫟陽遷到咸陽。

此後，秦國國都一直在咸陽。

咸陽城內的宮殿建築，數量日益增多，而且規模越來越大，各先祖的廟陵以及章台宮、上林苑都修建在渭水南岸。有「渭水貫都以象天漢，橫橋南渡以法牽牛」的規模。

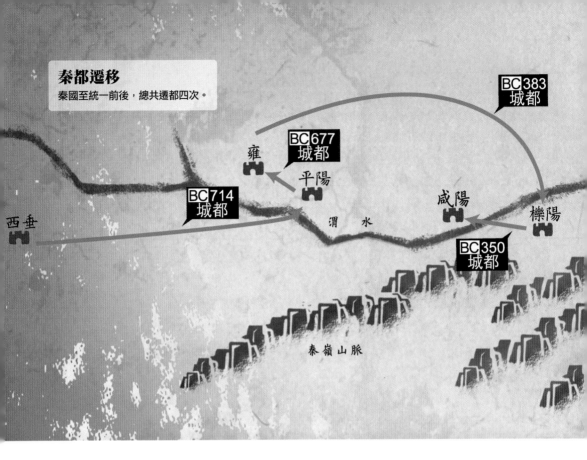

BC383
城都

BC677
城都

雍

平陽

BC714
城都

咸陽

櫟陽

BC350
城都

西垂

渭　水

秦嶺山脈

據《史記·秦始皇本紀》記載，在秦王兼併六國的過程中，同時在咸陽大興土木。

秦軍每滅掉一個諸侯國，便令工匠在咸陽北阪依該國國君所居往的宮殿樣式，仿建一座或幾座同樣的宮殿。

這片宮殿群全部建築在南臨渭水，自雍門以東至涇水、渭水之間，總共二百七十多座，長達二百多里。

宮殿建築物之間以雙層天橋，即「復道」相通，聯成一體，並將從六國國君宮殿裡搶奪來的鐘鼓和美女填置其間。

考古發掘出的第一號宮殿遺址，是臺階式建築，現存夯土臺基東西長60公尺，南北寬45公尺，高6公尺。宮殿周圍迴廊環繞，位置左右對稱的觀看臺為木造樓閣。在樓閣內部十一個房間中，部分尚保存當年壁畫痕跡。

秦王政稱帝後，認為先王所修築的宮殿太小，於是大修宮室。公元前二二○年，在渭河南岸修建信宮。

不久，把信宮改名極廟，象徵天極。從極廟打穿道路直通驪山。

又建造甘泉宮的正殿。並在咸陽到甘泉宮、極廟的馳道外築牆，使外面的人看不見天子行走其中。

秦始皇還認為周文王建都豐、武王建都鎬，豐、鎬之間才是帝王的都會所

在。於是又在渭水南岸的上林苑中營造朝宮。諸廟及章台、上林皆在渭南，另外渭南還有興樂、宜春諸宮。

秦始皇在渭南營建朝宮，是要將全國的政治中心由渭北移向渭南。於是在始皇三十五年（公元前二一二年）開始興建阿房宮。

《史記正義》引顏師古說：「阿，近也。以其去咸陽近，且號阿房。」是稱為阿房宮的緣由。

據《三輔黃圖》云：

阿房宮，亦曰阿城，惠文王造，宮未成而亡。始皇廣其宮，規恢三百餘里，離宮別館，彌山跨谷，輦道相屬。閣道通驪山八十餘里，表南山之巔以為闕，絡樊川以為池。

又因阿房宮前殿的東、西、北三面築有城牆，而稱阿城。阿房宮為朝宮，是群臣會見皇帝，會商軍國要務的中央政府所在地。

阿房宮與后妃燕處，皇帝行樂的宮室別館不同，所以該宮規模範圍非一般宮室別館所能企及。

阿房宮的臺基夯土層

阿房宮

阿房宮是一組宏大的建築群，總共離宮別館有二百多座，長達300多里。

整個阿房宮前殿東西寬約693公尺；南北長約116.5公尺，殿上可容納萬人，殿下可豎立高約11.65公尺的大旗。

阿房宮宮館相互間以復道、閣道和甬道相連屬。四周閣道從殿下直抵南山；在南山的山顛造起大門；向北又修復道，從阿房宮渡過渭水抵達咸陽，「以象天極閣道絕漢抵營室也。」

復道：樓閣間架設的空中通道，分上下兩層閣道；復道的上層加頂蓋的空中樓廊
甬道：宮館之間大道兩側築牆垣，皇帝出行時走在中間，兩旁遍佈帷帳、鐘鼓和美女

阿房宮的大小

阿房宮	紫禁城	中正紀念堂
60萬平方公尺，約84個足球場	72萬平方公尺，約100個足球場	25萬平方公尺，約35個足球場

一個足球場＝7140平方公尺

焚書令

焚書坑儒是秦朝的重大政治事件。

始皇三十四年（公元前二一三年）咸陽宮大宴群臣進行慶祝，宴會上七十個博士上前祝壽，向秦始皇歌功頌德。

僕射周青臣頌揚道：

「從前秦國的領土不超過千里，仰賴陛下您的神靈明聖，平定海內，趕走蠻夷，日月所照臨的地方，無不稱臣順服。把當年諸侯王的土地改置成郡縣，每個人安居樂業，再無戰爭的憂愁，這偉大的功業，可以流傳萬世，自古以來無人能及陛下的威德。」

秦始皇聽了十分高興。但是，齊人博士淳于越覺得周青臣只講好聽話，而不提當前潛伏的政治危機。

淳于越向秦始皇進諫：

「愚臣聽說商周王朝能有一千多年，是因為這些王朝把全國土地分封給子弟和功臣，讓他們共同輔佐朝廷。現今陛下統一海內，而子弟卻是匹夫，萬一出現像齊國田常、晉國六卿那樣的亂臣，沒有諸侯輔佐，如何相救？

事情不採取仿效古制的辦法而能夠長久不敗，從未聽說過。現今周青臣當面阿諛您，以此來加重陛下您的過失，實在不是忠臣。」

周青臣提「郡縣」；淳于越談「分封」，會討論有關秦王朝統治形式的政治議題，無非因為有統治上的危機。

秦併六國後，並未在戰亂結束便養生休息。巡遊、興土木等事一部分或有經濟上與軍事上的功能及目的，但不符合當時人民的期望。高壓統治手段，更致民眾不滿，甚而起兵反抗。

如在驪山修秦始皇陵的刑徒英布，就帶著一批刑徒逃跑，他逃至江中地區後聚集眾多刑徒成為「群盜」。

始皇二十九年（公元前二一八年）東巡時，秦始皇遭刺客暗殺，「為盜所驚」。始皇三十一年（公元前二一六年）十二月的晚上，帶四名武士出行咸陽街頭，在蘭池宮遭「盜賊」逼困。

反抗秦王朝統治的事件不斷，丞相李斯必須與秦始皇一起面對政治危機。

李斯反對淳于越的主張。他認為反抗秦王朝統治的政治危機，與是否施行「分封制」無關，而是來自儒生以古非今的煽動，他當場反駁淳于越：

「五帝的制度不相重複，三代的舉措不相互因襲，採行各自的方法治國，並非有意和前代相反，而是時代變遷的緣故。

現在陛下您創下大業，建立萬世不朽的功勳，不是這批愚蠢的讀書人所能瞭解。何況淳于越所說的都是夏商周三代的事，有什麼值得效法？

當時諸侯為相互兼併，才用優厚的俸祿招致遊學之士。

如今天下安定，政令都由陛下決定，老百姓在家就應該努力從事農工生產，士人應當學習法律政令，避免犯禁令。

這些儒生不學當今法令，而去仿效古人的做法，以古非今，惑亂百姓鬧事。

臣丞相李斯冒死上言陛下，從前天下離析混亂，所以許多諸侯同時興起。如今諸生們頌古非今，以漂亮的空話來擾亂名實，人人都認為自己所學的即是天下最完美，任憑主觀意測來誹謗陛下所建立的各項制度。

今天，皇帝統一天下，區別是非黑白，已制定統一的標準。可是那些讀書人仍然私自教授，結群攻擊政府的法令教化，每聽到法令下來，就以其所學的知識議論紛紛，在朝廷是口是心非，一出外便參與街談巷議，用誇大的言語欺騙君主來博取稱譽，標新立異來抬高自己，率領民眾造謠誹謗。

像這樣的情況，如果不禁止，必將削弱皇帝的權勢，臣下也會結成反對的派別。因此，應該嚴禁才對。」

李斯提出七項建議。

秦始皇同意李斯的看法，同意以「焚書」為解決政治危機的手段。

於是各地縱起「焚書」的火。

然而，解決此時統治危機的焚書煙灰未熄之際，又有人給秦始皇挖坑，製造新的危機。

李斯提出七條建議

一、將非秦國的典籍全數燒毀。

二、非博士官職務收藏之《詩經》、《書經》以及諸子百家著作，全部搜出送至官府燒燬。

三、有相聚討論《詩經》和《書經》等書者，處死暴屍。

四、推崇古代，菲薄當代，誅殺全族，官有知情而不檢舉者，以同罪處置。

五、焚書令下達三十日後，仍然不燒書者，就在臉上刺字，並發配到邊疆修築長城，服勞四年。

六、有關醫藥、卜筮、種樹這類的書籍不必燒毀。

七、如果有人想學習法令，必須到官府裡向官史學習。

坑儒案

秦始皇稱帝後，夢想長生不老。

始皇二十八年（公元前二一九年）派徐福入海去尋找三神山；始皇三十二年（公元前二一五年）派方士「盧生求羨門、高誓」，繼而又「使韓終、侯公、石生求仙人不死之藥」。

結果，始皇三十五年（公元前二一二年），煉不出仙丹的侯生與盧生，拿秦始皇「貪於權勢至如此，未可為求仙藥」當下台階，並在逃跑前將「主子」秦始皇批得體無完膚。

《史記·秦始皇本記》載有這兩個人批評主子的壞話：

始皇為人，天性剛戾自用，起諸侯，并天下，意得欲從，以為自古莫及己專任獄吏，獄吏得親幸。

博士雖七十人，特備員弗用。丞相諸大臣皆受成事，倚辨於上。上樂以刑殺為威，天下畏罪持祿，莫敢盡忠。上不聞過而日驕，下懾伏謾欺以取容。秦法，不得兼方不驗，輒死。然候星氣者至三百人，皆良士，畏忌諱諛，不敢端言其過。

天下之事，無小大，皆決於上，上至以衡石量書，日夜有呈，不中呈不得休息。

這段話的意思大概是說秦始皇這個人極端自以為是，大小事權一把抓，而且好殺殘暴，使得身邊的人都不敢講出秦始皇的過錯。

秦始皇是否因為在煉藥的過程中對盧、侯二人亂下「不專業」的指導棋，惹毛這兩個人才被罵得一文不值，不可考。

盧、侯二生究竟能不能煉出仙丹，司馬遷也未在《史記》中多做描述。「煉丹的可行性研究」，已挪往「玄幻修真小說」發展，不屬「歷史考證」領域。

不過，秦始皇並不將這件事當「玄幻修真小說」看，在他的眼中這是一樁嚴重的政治事件。

盧、侯跑掉之後，秦始皇大怒，當他發現盧、侯二人罵他的話已經在咸陽流傳時，更是大大的怒，令御史把所有儒生全部捉來審問，儒生經不起嚴刑拷打，互相告發有誰散播「訛言」。

結果，四百六十餘人被活埋。

當時，秦始皇長子扶蘇得知秦始皇要「坑儒」的消息，曾進諫要秦始皇要慎重考慮，秦始皇聽不進勸，將扶蘇趕到上郡去當監軍。

兩個「一手拿錢、一嘴罵主子」的背義者，搞死四百六十餘名讀書人。

還有扶蘇。

扶蘇與蒙恬

扶蘇（約？一公元前二○九年），秦始皇的長子。

始皇三十七年（公元前二一○年）七月，秦始皇第五次出巡返回途中患病，在平原津病重期間，寫一封蓋有玉璽的信賜給扶蘇，叫他回咸陽參加喪禮，然後將其埋葬。這封信當時放在趙高的掌理印信玉璽的辦公室，還未交給送信的使者，秦始皇去世。

另據《史記‧李斯列傳》記載，趙高與胡亥、丞相李斯密謀立胡亥為太子，並另外偽造一封遺詔賜給長子扶蘇，說：

「朕巡天下，禱祠名山諸神以延壽命。今扶蘇與將軍蒙恬將師數十萬以屯邊，十有餘年矣，不能進而前，士卒多耗，無尺寸之功，乃反數上書直言誹謗我所為，以不得罷歸為太子，日夜怨望。扶蘇為人子不孝，其賜劍以自裁！將軍恬與扶蘇居外，不匡正，宜知其謀。為人臣不忠，其賜死，以兵屬裨將王離。」

趙高與胡亥、李斯在詔書的封口處蓋上皇帝璽印，派遣胡亥手下的親信送到上郡給扶蘇。

使者來到上郡，扶蘇拆開詔書一看，就哭泣著走入內宅，準備自殺。蒙恬得知後，便勸阻扶蘇：

「陛下居外，未立太子，使臣將三十萬眾守邊，公子為監，此天下重任也。今一使者來，即自殺，安知其非詐？請復請，復請而後死，未暮也。」

使者在旁邊一再催促逼迫。扶蘇為人仁弱，便對蒙恬說：「父而賜子死，尚安復請！」說完就自殺了。

蒙恬（約？一前二○八年），先世是齊國人。祖父名叫蒙驁，自齊國入秦侍奉昭王，官做到「上卿」。父親名叫蒙武，曾為秦國副將。

蒙恬曾學獄法，作獄官，掌文書。蒙恬由於家世關係，為秦國將領，率兵攻破齊國，拜為「內史」。秦始皇吞併六國後，奉命率三十萬大軍戍守邊地上郡，又向北驅逐匈奴，收復黃河以南土地威震匈奴。秦始皇「甚尊寵蒙氏，信任賢之」。

秦始皇巡遊天下，蒙恬為其開路，從九原郡到甘泉宮，截斷山脈，填塞深谷，全長一千八百里，最後沒有完成。始皇三十七年（公元前二一○年）冬，秦始皇病死沙丘。中車府令趙高與丞相李斯密謀立胡亥為太子，並另外偽造一份遺詔，捏造罪名，賜給公子扶蘇、將軍蒙恬死罪，扶蘇自殺身亡，蒙恬內心懷疑請求復訴。

使者將蒙恬交給官吏，將其囚禁在陽周縣（陝西安定縣北）。秦二世胡亥繼位後，派使者至陽周，責怪蒙恬過錯太多，又因其弟蒙毅犯罪而受到牽連。蒙恬用周成王犯錯失而能改過振奮的事例陳述，希望皇帝為萬民，順從正道。使者表示只是接受詔令來執行刑法，不敢將話轉告皇上。蒙恬最後喟然嘆息，吞下毒藥自殺身亡。

中央政府組織與郡縣制度

戰國時期各國先後變法，改變社會結構，因土地私有化的形成人民自主力與社會階級相對較分封制時代提高許多。相對於過去較寬鬆且多元的社會結構，對初領六國政權的秦始皇來說是可能致使政權不穩固的危機，於是將政治權力集中於中央，削弱地方政

治權力，便成為秦始皇鞏固政權的第一要事。因此，秦始皇開始著手調改秦國原有的政治制度後施行於新領政權的六國地區，而後二千年的中國君主政治模式與制度即自此建立。

中國的中央集權的政治思想理論來自韓國貴族韓非。他以為君主當有最高且唯一的權力，《韓非子·主道》內說主有五壅，當臣子「閉其主、制財利、擅行令得行義、得樹人」時，君主則「失位，失德，失制，失明，失黨」，他強調這五事當為「人主之所以獨擅也，非人臣之所以得操」，並同時應有一個完整的制度協助「明主導制其臣」而非只由君主個人與臣子間的關係，使臣子「所惡則能得之其主而罪之，所愛則能得之其主而賞之」。

韓非的時代，還沒有民選制度與思想。他提出「政府」當有一個合理中立的「行政制度」以服務握有權力的君主，君

明萬曆年間刻本《韓非子》

《初見秦》：「臣願悉言所聞，唯大王裁其罪。」韓非便小心翼翼地希望韓王能理解他的想法，但終究韓王未曾聽進耳中。

主在這個制度中施行他的權力，這個想法即是中央集權制的理論基礎。

這些想法原是韓非寫給韓國國君的建言，無奈韓國國君不能理解，而後韓非入秦與秦王政相談甚歡，他的理念便在秦國吞滅其他諸侯國後，由秦王政著手實踐。

中央政府組織

秦朝中央行政機構分成四大系統，即以丞相府為首的行政系統，以太尉府為首的軍事系統，以御史大夫府為首的檢察系統和以宮官為首的宮廷府系統。

秦朝的中央政府機構，史無明確記載。胡三省在《資治通鑑》作注中說：「漢承秦制，以丞相、太尉、御史大夫為三公。」此後以此說作為定論，沿用至今。

丞相。《漢書·百官公卿表》說明他他的功能是「金印紫綬，掌丞天子，助理萬機」。

戰國時已有相，它是由春秋時的上卿演變而來。《史記》中常以卿相連稱。

秦國在公元前三〇九年「初置丞相，樗里子、甘茂為左右丞相」。贏政即位

秦王時，尊呂不韋為相國，秦滅六國後，正式在中央朝廷確立丞相制度，廢除以「親」、「貴」為標準的「世卿世祿」選官制度，而以「賢」、「能」選拔大臣，使皇帝有更大的權力，集權中央。

丞相為百官之長，是皇帝之下職位最高的官職。丞相是皇帝的幕僚長，有丞相府，又稱相府。相府是以丞相為首的政府機關，其僚屬，據史文記載的有長史、舍人、侍中等。

以李斯為例，李斯初入秦當過長史，即相府祕書，又當過呂不韋的舍人，即侍從賓客。而侍中，則負責往來殿中至東廂官員的奏事。

丞相雖然協助皇帝決策，制訂法令，考課群臣，權重責大。但秦始皇並非把一切國政都交給丞相，而只是要丞相作些事務性的工作，大權仍掌握在自己手中。

即是那兩個要命的背義者所說：「天下之事，無小大，皆決於上。」

一次，秦始皇臨幸梁山宮，從山上看見丞相李斯車騎甚多，就很不高興，可見秦始皇對分擔政事的丞相存有戒心。

解決的辦法一是設左右丞相，分散相權；二是設立牽制相權的官職御史大夫，讓皇帝易於控制釋放出去的權力。

丞相對百官實行垂直領導，有權命令朝內外百官處理各種政務，朝廷各卿

衙署雖不是相府下屬機構，但要聽命於丞相，諸卿在行政上亦當為丞相下屬。

太尉。據《漢書‧百官公卿表》記載說：「太尉，秦官，金印紫綬，掌武事。」可知尉是秦武官，太尉是武官之首，掌五兵，有府屬。

其中太尉一職是虛有其名。秦始皇從未將太尉一職委派給任何人，史籍中沒有任何人擔任太尉官職的記載。秦王朝建立後的重大國事，如議帝號、巡遊、刻石等均未見太尉的蹤影。

秦始皇虛設太尉的目的是要收回丞相「掌武事」的軍權，只是一種手段，而非政務上的實際需要。有關御史大夫，據《漢書‧百官公卿表》載：

御史大夫，秦官，位上卿，銀印青綬，掌副丞相。

御史大夫職位相當於副丞相，職責最初是「受公卿奏事」，並管理國家圖籍檔案，後來發展成「舉劾按章」具有檢察職能的官僚，主掌重大案件。

像是糟糕的盧、侯二生逃跑案，秦始皇「使御史悉案問諸生」、隔年有人在隕石上刻下「始皇帝死而地分」，便「遣御史逐問」。華陰平舒道「持璧遮使者」謂「今年祖龍死」，亦「使御史視璧」。

御史大夫掌律令，有司法審判權。其下有御史中丞及待御史。地方郡縣同設監御史，整體性的檢察系統可謂初成。

諸卿機構。主要是廷尉掌理司法；典客掌外事；治粟內史掌穀物。此機構的其餘官員均與皇室或皇帝私人事務有關。服務皇室的人與執行國家公務者一樣有官職。秦王朝定有一套宮廷官制，用以管理皇室、皇族的家務。《晉書‧職官志》載：

秦置散騎，又置中常侍，散騎騎從乘輿車後，中常待得入禁中，皆無員，亦以為加官。

中常侍應是漢朝所置，秦所置加官為常侍，出入禁中，即宦官。此外還有侍中、給事中等官。

據《睡虎地秦墓竹簡》、《漢書‧百官公卿表》載，秦皇後宮官有：詹事，總管掖廷事務；將行，主管對外事務。

秦始皇雖未預立太子，但史書記載秦有為皇太子服務的東宮官，如太子太傅、太子少傅為太子的老師。其屬下有太子門大夫、庶子、洗馬、舍人等，又有率更令、家令、僕等屬太子詹事，太子詹事為太子總管家。

「皇帝」的源由

秦王政沒有失憶，只是很關心如何訂定自己的稱號。

春秋戰國時期，各國諸侯主稱為「君」或「王」。併滅六國後，秦王政「自以為功過五帝，地廣三王，而羞與之伴」，覺得「今名號不改，無以稱成功，傳後世」，所以，從此不能稱他為「秦王」，名號要改稱。他下令群臣商議。

丞相王綰、御史大夫馮劫、廷尉李斯等大臣與博士商議後認為，古代有天皇，有地皇，有泰皇，其中泰皇最尊貴。「泰皇」，就是指「人皇」，古人總是把天、地、人放在一起說，因此稱「泰皇」最好。

秦始皇對這個稱號不滿意，他說：「去掉『泰』字，保留『皇』字，再採用上古五帝的『帝』位號，叫做『皇帝』。」

「皇帝」從此就成為中國最高統治者的名號。

「皇」，是「天下的總稱」，而「得天之道者為帝」。在商朝人們已將想像中主宰萬物的最高天神稱為「帝」，這裡的「帝」，是「神」的意思。秦王政將「皇」與「帝」連用，宣告他的功績遠遠高於傳說中的三皇五帝。

林劍鳴在《秦漢史》一書中說：「『皇帝』稱謂的出現，不僅僅是簡單的名號變更，它反映了一種新的統治觀念的產生。」為使皇位能千秋萬代承繼下去，秦王政自稱「始皇帝」，並規定自己死後，皇位傳給子孫。《史記·秦始皇本紀》載秦始皇以為自己的權力將「後世以計數，二世三世至於萬世，傳之無窮」。

為使皇帝的地位神聖化，他又頒布命令廢除謚法，認為子議父、臣議君，追封謚號，有損皇帝的尊嚴，因此不准下一代皇帝給前一代皇帝謚名號。

同時建立避諱制度，不准在臣下的語言或文字中涉及皇帝的名字，因此「正月」改為「端月」。以前一般人可使用的「朕」字，現在限定只有皇帝才能自稱「朕」。皇帝所下的命稱「制」，令稱為「詔」。只有皇帝用玉石雕刻的大印才能稱「璽」。皇帝所乘的車，稱為「金根車」，駕六馬。文書中逢「皇帝」字句時，均需另起行抬頭頂格書寫，等等。

林劍鳴《秦漢史》中解釋這些繁瑣規定的目的：

「無非是強調皇帝與眾不同，加強皇帝在人們心目中的神祕感。」

「設計皇位在家族內部世襲和建立皇帝個人絕對權威的各種辦法，這就決定秦王朝的政治制度具有如下兩個特徵：即國家最高權力的不可分割性（權力集中於皇帝一人手中）和不可轉移性（皇位在本家族內世襲）。」

秦朝中央政府

秦朝中央政府雖設丞相、太尉、御史大夫三職，但太尉是虛職，御史大夫爵秩又比丞相相差一個等級，沒有平等的政治地位，所以三公中實際上是丞相獨任制。

在丞相之下分掌國務的中央行政部門是由列卿領導的各衙署。《漢書‧百官公卿表》雖載秦設九卿，其實不止九個，東漢人劉熙認為秦和西漢一樣設十二卿。這些官署主要有：

奉常，掌宗廟祭祀禮儀。屬官有太史、太卜、太宰，又有博士數十人，「掌通古今」。

郎中令，「掌宮殿門戶」，司保衛皇帝宮殿。郎中為侍從近衛，長官稱為「郎中令」。

衛尉，掌管皇宮的警衛部隊，統轄衛士，衛護宮門。屬官有衛尉丞、公車司、馬衛士。

太僕，掌管皇帝及皇宮使用的車馬。該官還親自為皇帝駕車，並全權指揮皇帝出行時的車馬次第。屬官有車府令等。

廷尉，掌刑獄司法，負責依法治罪，決疑平獄。屬官有廷尉正、廷尉左右監。

典客，掌管外交和少數民族事務，屬官有譯官丞、行人丞等。

宗正，掌管皇室宗族及外戚的名籍、恩賜、褒獎和各類優待事宜。屬官有宗正丞等。

治粟內史，「掌穀貨」，領天下錢穀，以供國之常用。

少府，掌皇室財貨、山海池澤之稅。屬官有十二官令丞、三長丞等。

將作少府，掌宮室陵寢營造。

秦代九卿

官名	掌管	負責內容	屬官
奉常	祭祀	祭祀、禮儀相關	太史、太卜、太宰等
郎中令	宮殿門戶	專司保衛皇宮殿	無
衛尉	皇宮警衛部隊	統轄衛士、護衛宮門	有衛尉丞、公車司、馬衛士
太僕	皇帝和皇宮所有車馬	看顧車馬、養馬，並為皇帝駕車	無
廷尉	刑獄司法	依法治罪、決疑平獄	廷尉正、廷尉左右監
典客	外交	外交，少數民族事務	譯官丞、行人丞
宗正	皇族及外戚	名籍、恩賜、褒獎和各類優待事宜	宗正丞
治粟內史	穀貨、稅務	領天下錢穀，共國之常用	無
少府	皇室財貨	皇室財貨	十二官丞、三長丞

郡縣制度

秦朝地方政權機構是實行郡縣制。歷史上縣比郡出現要早一些。春秋初期，秦、晉、楚等諸侯國在新兼併的地方設縣，直接隸屬於國君。春秋中期以後，各國設縣漸多。最初的縣都設在邊地，帶有軍事設防性質。官吏直接由國君委派，可隨時調換，所以它不同於卿大夫的封邑。

郡到春秋晚期才出現，最初設在邊境或戎狄雜居地方。郡和縣的區別，開始不在於地域的大小，而在於郡遠而縣近，郡荒涼而縣富庶。郡的地位要比縣低。《左傳·哀公二年》載：春秋時，晉國趙鞅在戰前誓師：

克敵者，上大夫受縣，下大夫受郡。

戰國時期邊境地區土地逐步開發，郡由於地域面積過大，為便於管理，便在郡內分置若干縣。三晉首先建立以郡統縣的制度，此後燕、楚也建立郡縣制。齊國雖未設郡，但設「都」，都與郡的性質和作用相同。

郡縣制的設立是秦國發動對外兼併戰爭的產物。秦國在商鞅變法時只設縣，而不設郡，當時劃全國為三十一縣（一說

四十一縣），而後秦國只在新占領地區設郡，郡下再設縣。秦吞六國後，分全國為三十六郡，後來隨著邊境的開發和郡治的調整，總郡數達到四十六個。

其中秦最初設立四郡（巴郡、蜀郡、隴西郡和北地郡）。在趙國故地設置七郡（太原、雲中、邯鄲、鉅鹿、雁門、代郡、常山）。在魏國故地設置五郡（上郡、河東、東郡、碭郡、河內郡）。在韓國故地設置三郡（三川、上黨、潁川）。在楚國故地設置十一郡（漢中、南郡、黔中、南陽、陳郡、薛郡、泗水、九江、會稽、長沙、衡山）。在齊國故地設置五郡（東海、齊郡、琅玡、膠東、濟北）。在燕國故地設置六郡（廣陽、上谷、漁陽、右北平、遼西、遼東），在南越舊境設置四郡（閩中、南海、桂林、象郡），在匈奴舊境設置一郡（九原）。

郡級最高行政長官稱為「郡守」，或「郡太守」，負責郡內的政治、經濟乃至民俗、民情、民風等各項事務。郡守之下設郡丞，輔佐郡守管理行政及刑獄。另設郡尉負責軍事和治安、監御史負責監察官吏和百姓。郡守屬下有功曹、五官等掾吏。

縣是郡的下一級行政機構。縣的大小以萬戶為單位，凡是萬戶以上的縣，長官稱為縣令；萬戶以下的縣，長官稱為縣

長。縣令長全面負責縣裡各項事務，上對郡守負責。其屬下有縣丞輔佐縣令長處理政務，還主管刑獄、縣尉負責軍事和治安以及徵發兵役和徭役等、縣監負責監察官吏和百姓等。此外，還有縣司馬負責馬匹的管理和訓練、縣司空負責工程建設、令史、僕射等辦事小吏和下級軍官。

縣以下有鄉、里，另設亭為地方治安組織。據《漢書·百官公卿表》載：「大率十里一亭，十亭一鄉。」而《續漢書·百官志》引東漢應劭《風俗通》云：「大率十里一鄉」。那鄉、里、亭之間約是百家一里，十里一鄉。大鄉為一千五百戶到二千戶，小鄉為三百戶。

鄉吏設置「嗇夫」，即鄉主，主要職責是收租、取賦、徵兵、派役、聽訟訴。設「游徼」負責捕盜，維持治安，此外還有「三老」掌管教化，「三老」無任何實際政事執掌，非鄉官政府正式吏員，為官方樹立的道德典型。里設里典，有時稱田典。主要職能是在鄉政府主持下，具體承辦各類事務。如管理本里居民、協助徵役、司法、維持治安等。

此外還有「里監門」，為守門戶的服役人員，非里吏，但食於官，受官僱傭。里以下是居民的什伍組織，即十家為什，五家為伍，什有什長，伍有伍長。

亭，以維持地方治安、徽循鄉里、抓差辦案為主。與作為治民行政的鄉不同，兩者互不相屬。秦朝根據各地不同情況，有的地方設亭，有的地方設鄉。

一般來說，在交通要道或者人口眾多的市鎮設亭，其中有「郵亭」供傳遞公文之用、「市亭」專管工商和市場、「門亭」盤查往來出入城邑，以防盜賊、「邊亭、燧亭」設在邊境或交通要道上，供瞭望、傳警、防戍等用。還有一類亭，備有飲食、客舍設施，可供官吏、公職人員往來食宿之用。亭設亭長，屬武吏，由年輕力壯又有武藝技能之人擔任，一般是由縣廷任免。

亭依戶設定管理範圍，但是對戶沒有行政權。就行政關係而言，鄉直接統轄里，鄉下達行政公文以及辦事皆直達於里，而不以亭為中介。亭為平行與里的另一旁支治安行政系統。

秦代行政區域圖

秦帝國各郡，灰色部分為外族。

遼東郡
遼西郡
右北平郡
漁陽郡
上谷郡
代郡
雲中郡
雁門郡
廣陽郡
恒山郡
鉅鹿郡
濟北郡
臨淄郡
膠東
琅邪郡
薛郡
東郡
邯鄲郡
河內郡
碭郡
泗水郡
東海郡
九原郡
上郡
太原郡
上黨郡
潁川郡
陳郡
北地郡
隴西郡
河東郡
三川郡
內史
南陽郡
九江郡
衡山郡
郯郡
會稽郡
蜀郡
巴郡
漢中郡
南郡
廬江郡
閩中郡
黔中郡
長沙郡
南海郡
桂林郡
象郡

成都
江洲
臨沅
臨湘
番禺
彭蠡
江陵
宛縣
陽翟
洛陽
安邑
晉陽
離石
膚施
雲中
九原
代縣
沮陽
廣陽
漁陽
無終
白馬
南鄭
狄道
長子
鉅鹿
東垣
邯鄲
濮陽
陳縣
雎陽
博陽
魯縣
臨淄
薛縣
即墨
琅邪
郯縣
曲阜
相縣
吳縣
邾縣
襄平

邛都
夜郎
滇
漏卧
句町
桂林

195

文化與經濟的改變

書同文

半坡氏族遺址出土的彩陶刻紋，經郭沫若考證，認為是中國的原始文字。

有文字，人們便記錄下當時當地的語言、風俗、氣候、自然災異以及人們的社會活動和生產活動，還記錄下古代帝王的祭祀、禮儀、戰爭以及宮廷生活片斷。通過文字就可把上述內容傳給生活在不同時空的人。

由於生產活動不斷變化，生活內容也不斷更新，因而新的文字不斷出現。後來由於不同政治集團間的分歧和鬥爭，以及各地不同方言的出現，因而使漢字形體非常混亂。隨著時間的推移，文字又逐步向字體簡化和形聲化的方向演變。

先秦時代的文字異形多音，一字多體，還出現不同方音的假借字和不同字形的簡筆字。戰國時代銅器和陶器上的銘刻、璽印上的文字、銅幣上的銘文以及長沙出土的帛書和竹簡上的文字可見得不少實況。

當時一個字各諸侯國有各自不同的寫法，如「馬」字，齊國有三種寫法；在楚國有兩種寫法；在燕國也是兩種寫法；在三晉也有兩種寫法。

當然像「馬」字七國寫法完全不同的字數不多。

東漢許慎在《說文解字》中，收羅六國與秦寫法不同的字，將這些文字稱為「古文」。

秦國使用的文字與關東六國不同，稱為「小篆」，或稱「秦篆」。小篆創自簡省大篆的筆劃和偏旁。

大篆又稱籀文，小篆的形狀比大篆更加整齊和定形化，線條簡單、均勻，而且改變大篆的繁複寫法，減少許多異體字，如「梅」字，大篆寫成「㭊」，小篆只寫成「梅」。

始皇元年（公元前二二一年），秦始皇下令「書同文字」，廢除六國原有文字，推行原秦國使用的小篆，作為法定標準字體。並命李斯、趙高、胡毋敬分別用小篆體編寫《倉頡篇》、《爰歷篇》、《博學篇》，作為標準的秦篆範本和初學的識字課本。

這三本書已失傳，如今尚存者為秦

始皇巡行時留下來的《泰山刻石》殘存九個字、《琅琊刻石》殘存八十六字，以及嶧山、會稽兩刻石的摹本。

從這些存留的史料來看，秦篆字體已經規範化，確定各種偏旁符號的形體，而且每個字採用的偏旁為一種，位置也固定，不能用其他符號代替或任意移動。

此外，還基本上固定每個字書寫的筆順和筆數。這樣的小篆比起前六國文字更為易認，易寫，易記。

小篆是官方規定的文字，但民間使用的文字是比小篆更簡便的「隸書」。

這種「約定俗成」的新字體，不僅民間普遍使用，也在秦朝政府書寫的律令和文書中，大量地被採用。

西漢初年，隸書已在全國通用。而後出現的楷書、草書、行書都是以隸書為母體發展而來的。

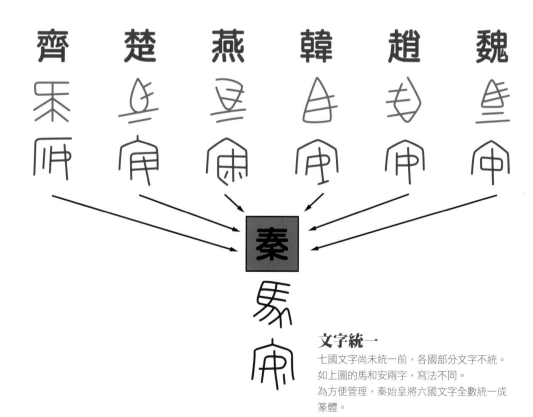

文字統一

七國文字尚未統一前，各國部分文字不統。如上圖的馬和安兩字，寫法不同。

為方便管理，秦始皇將六國文字全數統一成篆體。

貨幣的統一

戰國時期，各國貨幣從形狀、大小、輕重、名稱、計算單位均不相同，種類繁多，大致可分為：布幣、刀幣、圜錢和郢爰。

布幣的前身是一種鏟形農具，有的叫「鎛」，有的叫「錢」。鎛和錢的形狀、功用較為接近：上首空圓，可以裝木柄；中間厚重，不容易折斷；下足尖薄，適宜於鋤草。鎛、錢發展成為貨幣後，錢漸漸成為貨幣的專用代名詞，並延續到現在。

而在古代，鎛、錢樣式的貨幣，統稱為布幣。從錢演變而來的布幣，肩平足鈍，稱為平足布；從鎛演變來的，則肩略高，足略尖，稱作尖足布。

後來，布的上首雖仍是空圓，但上首段比較長，整個布體小而薄，稱為空首布。再發展下去，布的上首變得平而實，稱為平首布。總之，布幣分為空首布和平首布兩種。

空首布中又有肩平足鈍平足布、尖肩尖足布的區別。平首布中又有平足方肩布、尖肩尖足布的區別。布幣主要在魏、趙、韓等國流通。

刀幣，形狀像刀，是由叫「銅削」的漁獵工具變化而來的。它端尖，背弧，刃凹，下面有穿繩的孔。晚期的刀幣身輕體小，背直刀鈍，頭方或圓。

刀幣可分為古刀、尖首刀、明字刀和圓首刀，主要在齊、燕等國使用。

圜錢，又稱為圓錢，為圓形，中間有圓孔。從紡織工具的紡輪演變而來。因為它既像布幣那樣不易折斷，又跟刀幣一樣有孔可穿繩。後來成為受人們歡迎的貨幣，甚至代替布幣和刀幣。

布幣流行地區的圜錢是面平孔圓，而刀幣流行地區的圜錢，中間孔是方的，邊緣有突起的輪廓。

圜錢主要在秦和魏、趙兩國黃河兩岸地區使用。秦國圜錢有兩個特點：

首先，幣面上鑄有「兩」和「銖」字，這兩、銖是重量單位。其次，周顯王三十三年（公元前三三六年）開始，貨幣的鑄造權集中在王室，幣面上不再鑄地名。

郢爰，又稱金餅，黃金鑄造，盛行於淮河流域以南，長江中、下游的楚國。

金餅是一塊塊的小方塊，上面鑄有兩個字，一個字象「爰」，有人說這就是貨幣單位，也有人認為是表示重量；另一個字為地名，如楚國國都「郢」。

各國使用貨幣的不一致，繼續流通

六國各式錢幣形制

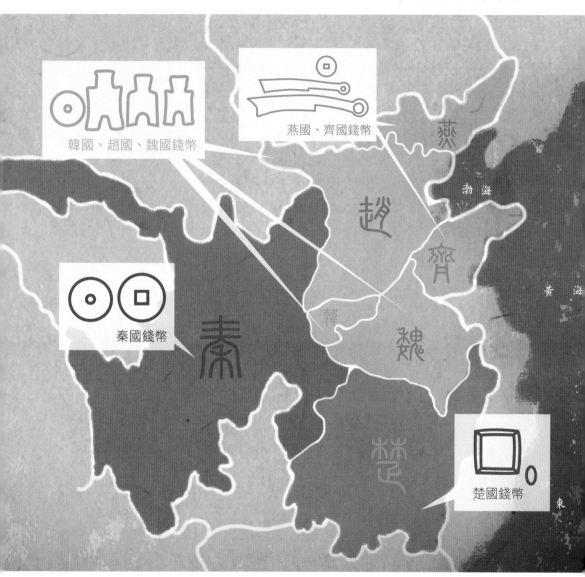

韓國、趙國、魏國錢幣

燕國、齊國錢幣

秦國錢幣

楚國錢幣

燕

渤海

趙

齊

黃海

韓

魏

秦

楚

東

將因換算複雜不便政務，秦始皇下令廢除六國使用的貨幣，以秦國的半兩方孔圓錢作為法定貨幣。

據《史記‧平準書》記載：

及至秦中，一國之幣為二等，黃金以鎰名，為上幣；銅錢識曰「半兩」，重如其文，為下。而珠玉、龜貝、銀錫之屬為器飾寶藏，不為幣。

秦始皇統一貨幣的主要措施有三：

第一、規定黃金與銅「半兩」錢為法定貨幣，這是一種金、銅平行本位制度。

黃金以鎰（二十兩）為單位，作為上幣。上幣，是在社會上層統治者間使用，如賞賜、饋贈等。

銅錢以「半兩」為單位，有法定的金屬含量，「半兩錢」是下幣，為一般市場買賣、賦稅交納等日常經濟活動直接使用的貨幣。

第二、從法律上規定珠、玉、龜、貝、銀、錫等一律作為器飾寶藏，不再作為貨幣使用，唯黃金與半兩錢有法定的貨幣資格。

第三、由中央政府對貨幣實行專鑄制，保護幣制穩定。

貝幣
所有貨幣中，最早開始的貨幣。

統整度量衡

度是指長度，分寸、尺、丈、引。

量是指容量，分合、升、斗、斛。

衡是指重量，分銖、兩、斤、鈞、石。

度量衡是商品交換的工具，並與賦稅制度有著密切的關係。

為此，秦始皇下令將以前商鞅頒布的度量衡標準器加刻詔書銘文，由政府製作相同標準器刻上銘文，發至全國。

詔書銘文如下：

廿六年。皇帝盡併兼天下諸侯，黔首大安，立號為皇帝。乃詔丞相狀、綰，法度量則不壹，歉疑者，皆明壹之。

歷年來出土的秦代度量衡器，如「高奴禾石銅權」，「商鞅方升」詔版等均有上述銘文。

秦王朝每年會對度量衡器鑑定一次，規定：仲秋之月，「一度量，平權衡，正鈞石，齊斗甬（桶）」。

《秦律·效律》中就規定：

衡石不正，十六兩以上，貲官嗇夫一甲；不盈十六兩到八兩，貲一盾。甬（桶）不正，二升以上，貲一甲；不盈二升到一升，貲一盾。斗不正，半升以上，貲一甲；不盈半升，到少半升，貲一盾。半石不正，八兩以上；鈞不正，四兩以上；斤不正，三銖以上；半斗不正，少半升以上；參不正，六分升一以上；升不正，二十分升一以上；黃金衡贏（累）不正，半銖以上，貲各一盾。

這些規定保證新度量衡制的推行。

使用度器發現不正者的處罰

單位	誤差程度	處罰
1衡石	16兩	嗇夫一甲（沒收鎧甲一具）
1衡石	8~16兩	貲一盾（沒收盾牌）
半衡石	8兩以上	貲一盾（沒收盾牌）
1鈞	4兩以上	貲一盾（沒收盾牌）
1斤	3銖以上	貲一盾（沒收盾牌）
黃金1贏（累）	半銖以上	貲一盾（沒收盾牌）

1衡石=72公斤　1鈞=15公斤　1兩=12銖

巡行天下

車隊

從始皇二十六至二十七年（公元前二二一～二一〇年）十二年中，秦始皇出巡五次。從西到隴西、北地，東到之罘、成山，南到雲夢澤，北到雲中、九原，除嶺南地區之外，幾乎走遍帝國的全部國土，「親巡天下，周覽遠方」，巡行的主要目的是向關東六國舊貴族和民眾顯示秦朝強大的軍事實力和作為皇帝凌駕一切的權威。正如秦二世所言：「先帝巡行郡縣，以示強，威服海內。」

秦始皇出巡時擁有豪華而隆重的儀仗隊和龐大的車隊，每到一處都要刻石頌功，宣揚功業。據《續漢書·輿服志》記載，秦始皇出巡時的車隊規模：

大駕屬車八十一乘，法駕半之。屬車皆皂蓋赤裡，木朱幡，戈矛弩箙，尚書、御史所載。最後一車，懸豹尾，豹尾以前，皆省中。

秦滅九國，兼其車服，故大駕屬車八十一乘也，尚書、御史乘之。

秦始皇出巡車隊規模是算術題。

戰國時各諸侯國國君出行時隨行車輛是九輛，秦先後攻滅九國，即東周、西周、衛、韓、趙、魏、燕、楚、齊。若以所有諸侯國國君出行車輛總數做為出巡車隊規模，請問共有幾輛車？

計算：9 x 9 = 81

答： 81 輛

秦始皇乘坐的車稱為「金根車」，用六匹馬挽駕。在隨從車隊中有能按季節調節車內溫度的輼輬車外，更多的是五時副車，即按五行所配的五色安車和五色立車。

五時副車都是翠羽車蓋、金製弓爪，車內塗黃色，插有帶標誌車等級的纛，馬帶繁纓，馬首掛金冠當顱。其他隨從屬車則是皂蓋赤裡，豎立朱幡，插以戈矛弩箙。最前面的車蒙以虎皮，最後兩輛車懸以豹尾。

唐李賀《秦王飲酒》描述此景：

秦王騎虎游八極，劍光照空天自碧。

秦始皇相信鬼神，出巡時要選擇良辰吉日。出巡車隊還要安排一輛避惡車，車上有桃木弓、蘆葦矢，認為用這些弓矢可以射死惡鬼，除不祥之兆。

此外開道的前驅車，上插木鍠，兩旁警蹕車保駕，虎賁猛士頭戴髦頭鎮妖怪。

《漢書·高帝紀》寫曾任泗水亭長的劉邦，帶役工到咸陽服徭役，恰巧碰到秦始皇出行的車隊，被威嚴壯觀的場面所震驚，情不自禁地長嘆：

嗟呼！大丈夫當如此矣！

劉邦喜歡有自己的車隊，於是決定朝「皇帝」這個行業發展個人生涯規模。

秦始皇陵西側出土的兩輛銅車馬是秦宮廷乘車的仿製品，相當於真車真馬的二分之一。據考證，這兩輛車就是按秦始皇巡行車隊中的五時副車所造的，一輛為立車，另一輛為安車。

立車，又叫高車。立車的車箱的前邊及左右都有車欄，車門在箱後。右邊車欄內側有一個盾袋，裡面裝著一面獸面形盾牌。車箱前有銅弩一件，還有裝銅鏃的銅盒，內有銅鏃六十多支。車箱的上方有一個傘蓋，車上有一個站立的銅馭官，高91公分，腰佩一把長劍。

安車，就是坐乘的車，又名輼輬車。車箱分前後兩室，中間用窗隔開。馭手坐前箱，車門在箱後，兩邊有窗，三十六根骨條支撐橢圓形車蓋。車輪有三十根輻條，車軸兩端懸有車鈴。整個車的表面彩繪幾何紋、雲龍紋圖案。

銅車馬 立車

路線

第一次巡遊

《史記·秦始皇本紀》記載，始皇二十七年（公元前二二〇年），「始皇巡隴西、北地，出雞頭山，過回中」。

秦始皇第一次出巡前往西北邊疆地區。林劍鳴認為其原因是：

「在西部邊郡宣揚『國威』，再通過這裡的遷徙不定的『戎』人，將秦朝的消息傳向遙遠的西方，通過這個方式，向全世界宣布：秦王朝在東方誕生了。」

第二次巡遊

始皇二十八年（公元前二一九年），秦始皇出巡東南郡縣。由咸陽出發後，先登鄒嶧山（山東鄒縣南）「刻石頌秦德」，再上泰山，行封禪禮。

封禪，就是接受天命的王朝向天地報告其政績的祭祀儀式。

泰山座落在今山東中部，古稱「東嶽」。春秋戰國時期，泰山為齊、魯文化中心，時人以為人間的帝王應上泰山去祭天，表示受命於天。

在泰山築壇祭天，稱為「封」；在泰山下梁父山祭地，稱為「禪」。在泰山祭祀天地，便統稱為「封禪」。

秦始皇自認是人間的帝王。到泰山要行封禪禮，封禪儀式該如何舉行。《史記·封禪書》載，秦始皇召來原是齊、魯兩國的儒生，問「封禪」這事該怎麼辦。

儒生說：

「古代封禪時天子所乘坐的車子，是用輕柔的蒲草將車輪包裹起來，以免壓傷山上的草木土石；再將地掃除一下，鋪上一些茅草、稻莖就可以祭祀，這是說照這樣做是很容易的。」

如此陳述的儒生被罷黜。

亡國儒生是否有意刁難秦始皇的出巡大隊車馬，不得而知，但是秦始皇覺得儒生所說的「很容易」一點也不容易。

他決定用自己的方法辦。

秦始皇下令士卒斬木鋤草，開山劈路，帶領文武官員上山，按秦國的禮儀祭天封禮，隨後率兵下山。

行至半路，突遇暴風雨，秦始皇只好在路旁一棵大松樹下避雨。

不一會雨過天晴，秦始皇覺得這棵松樹擋雨有功，便將這棵樹封為五大夫，是秦官第九級爵位。

秦始皇下山後又在泰山下的梁父山行祭祀禮。完成封禪禮，秦始皇刻寫碑石，稱「泰山刻石」。

巡行天下

始皇二十七年（公元前220年）秦始皇
第一次出巡路線。

無定河

黃河

汾河

涇河

渭水

洮河

岷山

秦嶺山脈

熊耳山

伏牛山

北地郡

回中

雞頭山

隴西

咸陽

秦始皇在碑文中頌揚自己「建設長利，專隆教誨」成就。這塊石碑現今只剩下十個字，斷成三塊殘石，保存在泰安市岱廟內。

泰山封禪刻石頌功完畢後，秦始皇繼續東向渤海進發，登上之罘，「立石頌秦德焉而去」，遂往南，登上琅琊山（山東諸城縣）。

秦始皇很喜歡琅琊山，在此逗留三個月，並修築琅琊臺。

此臺共三層，每層高三丈。當登上周長二百多步的臺頂平臺時，可望見大海。秦始皇下令遷徙三萬戶居住在琅琊臺的山下，並免除他們十二年的徭役。

秦始皇豎石碑，刻寫碑文歌頌秦的恩德，彰明政府甚得天下之意。該石刻稱「琅琊臺刻石」。

這篇碑文敘述秦王朝的疆土領域。

六合之內，皇帝之土。西涉流沙（臨洮、羌中瀕臨沙漠地帶），南盡北戶（泛指五嶺

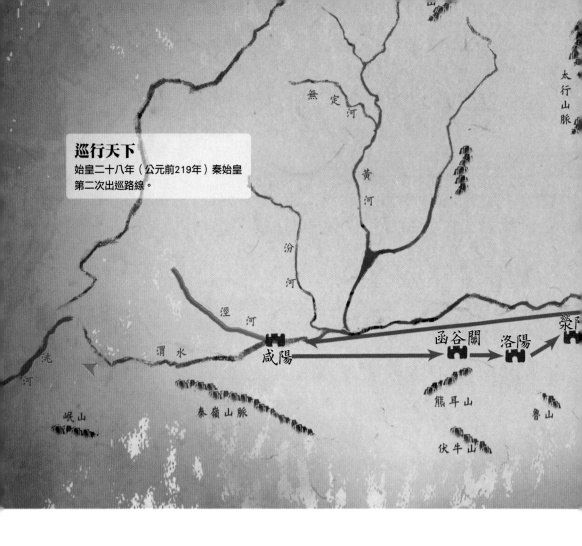

太行山脈

無　定　河

黃　河

汾　河

巡行天下
始皇二十八年（公元前219年）秦始皇
第二次出巡路線。

涇　河

渭　水

咸陽　　　　　函谷關　　洛陽　　榮[

洮　河

岷山　　　　秦嶺山脈

熊耳山　　　魯山

伏牛山

以南地區）。東有東海，北過大夏（陰山至遼東一線）。

碑文中的「四至」比較抽象，《史記·秦始皇本紀》中記載較為具體：

東至海暨朝鮮，西至臨洮、羌中、南至北向戶，北據河為塞，並陰山至遼東。

其文中的「北向戶」，是泛指五嶺以南地區。

刻石之後，齊人徐福等人上呈書信，秦始皇派徐福「入海求仙人」，便折向西南返回，過彭城（江蘇徐州）。

當他聽說象徵著天子權力的周鼎沉沒在泗水時，便吃齋守戒，親到泗水岸邊祈禱，同時派一千多人潛入水底打撈。

《史記·秦本紀》載，秦昭王滅西周的第二年「周民東亡，其器九鼎入秦」。

九鼎是象徵王朝的禮器，由過去夏禹將各地貢獻的金屬鑄造。九鼎像後傳國玉璽一樣，代代相傳，由夏至商、周。

依《史記正義》載：

秦昭王取九鼎，其一飛入泗水，餘八入於秦中。

滹陀河

黃

河

鄒嶧山

大梁
陳留

定陶

　依此說，秦國欠一隻，不擁有作為王朝的完備資格，所以始皇派人打撈最後一隻鼎。

　結果一無所獲。

　秦始皇又繼續南下想渡長江至湘山（湖南湘陰縣西）祭拜湘君廟時，不料突遇大風，河水翻滾，差點不能過河。

　秦始皇見天氣惡劣，不高興，問博士：「湘君是什麼神？」

　博士回答說：「聽說是帝堯的女兒，嫁給舜，死後就葬在這裡。」

　秦始皇覺得湘神祇是個帝妃，竟敢興風作浪阻攔巡行，十分惱怒，下令調集三千刑徒，將整個湘山樹木砍得精光，使其變成一座光禿禿的山。

　秦始皇向湘神示威後返回南郡，再北上經襄陽入武關（陝西商雒），返回咸陽。

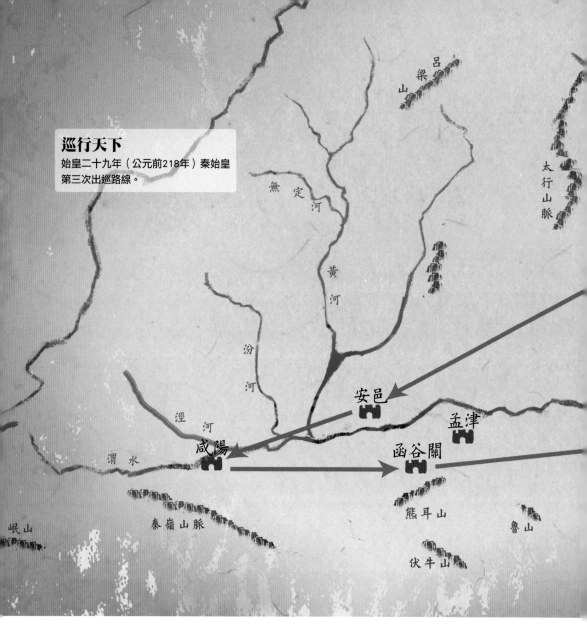

巡行天下
始皇二十九年（公元前218年）秦始皇
第三次出巡路線。

呂梁山

太行山脈

無定河

黃河

汾河

涇河

安邑

孟津

咸陽

函谷關

渭水

泰嶺山脈

岷山

熊耳山

魯山

伏牛山

第三次巡遊

　　始皇二十九年（公元前二一八年），
秦始皇再次東巡。

　　這一次，在途經陽武縣（河南中牟縣
北）博浪沙時，遭到張良所遣大力士的
狙擊，「為盜所驚」，差點丟了性命，

　　秦始皇下令抓刺客，「弗得，乃令天

下大索十日」。

　　因出門不利，險遭不測，秦始皇怏怏
不樂，沿上次東巡路線繼續向東走，再次
到達之罘時，在山上刻一座石碑。

　　在這篇「之罘刻石」中，秦始皇譴責
六國君主「貪得無厭，虐殺不已」行，解
釋他因哀憐天下民眾，「遂發討師，奮揚

大沙河

滹陀河

黃

河

之罘　琅玡

黨鎮

臨淄

南陽湖　鄒嶧山

大梁　定陶　朝陽湖

易武　陳留

微山湖

武德」，因此六國諸侯「莫不賓服」。

　　他再次強調「普施明法，經緯天下，永為儀則」。接著又在之罘東觀刻石頌德，表示秦朝政府官員盡職盡責。「東觀刻石」中說：

　　皇帝明德，經理宇內，視聽不怠。作立大義，昭設備器，咸有章旗。職臣遵分，各知所行。

　　離開之罘後，又到琅玡，不見徐福歸來，便掉頭回咸陽。

　　秦始皇在博浪沙遇襲返回咸陽後，兩年沒有出巡。他以為不出巡，待在宮中不會有什麼事，但事情依舊發生。

第四次巡遊

　　始皇三十一年（公元前二一六年）十二月晚上，秦始皇帶四名武士微服出宮至咸陽街頭，在路經蘭池宮時遭遇強盜襲擊。

　　反正出門有事，不出門也有事。秦始皇決定第四次出巡。

　　這次巡行的目的是碣石（河北秦皇島市附近）和北方邊塞。

　　所經多處原燕、趙、魏、韓等國的交界處和黃河流經之地，沿路不少的城堡、關塞、路卡和堤防。

　　秦始皇巡遊後，發現過去六國所築關塞使行途不便，且容易形成水患，便下令「毀壞城郭，決通堤防」。

　　秦始皇在碣石城門上刻字，史稱「碣石門刻石」，全文一百零八字，有「墮壞城郭，決通川防，夷去險阻」的字樣。

　　在碣石期間，秦始皇為尋求長生不老之藥，派燕人方士盧生訪求仙人羨門和高誓。後又派方士韓終、侯公、石生去尋訪仙人，求取不死的仙藥。

　　秦始皇離開碣石後，向西巡視北方邊境後從，上郡返回咸陽。

　　此時，方士盧生向秦始皇奏上讖緯圖書，說「亡秦者胡」，秦始皇即令蒙恬率大軍「北擊匈奴，略取河南地」。

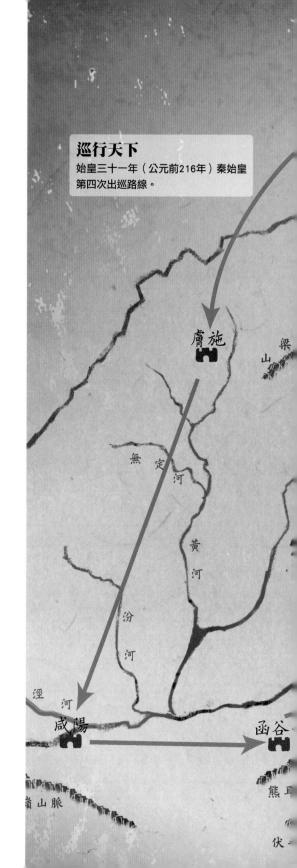

巡行天下
始皇三十一年（公元前216年）秦始皇第四次出巡路線。

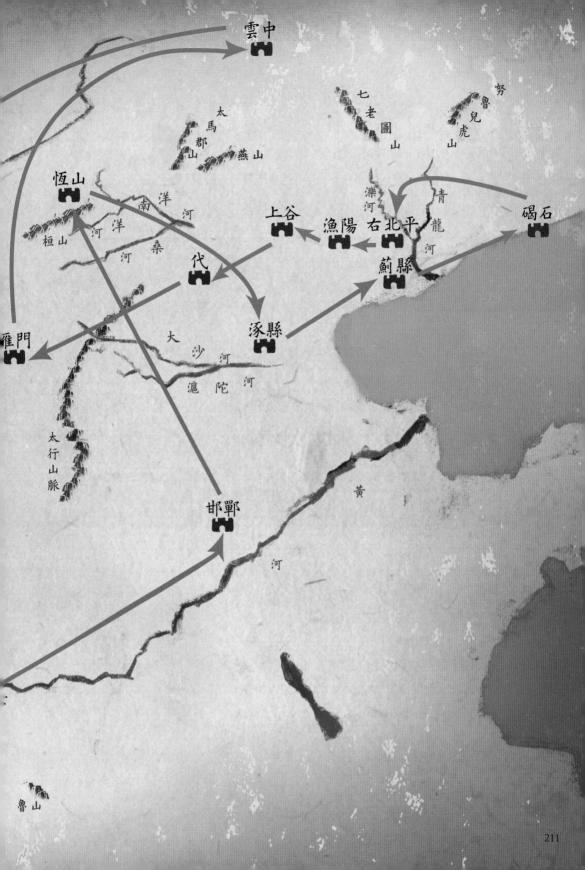

雲中

努
魯
兒
虎
山

七
老
圖
山

太
馬郡
山　燕山

恆山

桓山

南
洋
河

洋
河

桑
河

灤河

青
龍
河

上谷　漁陽　右北平

碣石

代

薊縣

雁門

涿縣

大
沙河
河
陀
瀘

太行山脈

邯鄲

黃

河

魯山

211

第五次巡遊

秦始皇第四次出巡返回咸陽後，將近有四年多未出巡。

這四年間，有「焚書令、坑儒案」，而且異象頻傳：天上掉下來的隕石上刻「始皇死而地分」、傳言「今年祖龍死」。

這些事件對秦始皇來說都是政治危機，他為避凶化吉，於是據「游徙吉」的卦象，決定第五次出巡。

始皇三十七年（公元前二一〇年）十月，秦始皇命右丞相留守京都咸陽，由左丞相李斯、少子胡亥、中車府令趙高陪同巡行，目的仍是東方郡縣。

巡行車隊從咸陽出發，出武關。十一月，沿漢水至雲夢（湖北雲夢縣境），「望祀虞舜於九疑山」。

九疑山在今湖南郴州，相傳是舜帝下葬之地，有舜帝的祠廟。秦始皇在雲夢遙祭九疑山舜帝。

之後，坐船沿長江順流而下，過丹陽（安徽當塗縣東），途經虎丘山時，相傳秦始皇得知吳王闔閭曾用三千把寶劍殉葬，便派隨行士卒掘墓鑿石求劍，但一無所得，其鑿處成深澗，該澗名為劍池。

後又利用水道抵錢塘（浙江杭州市），到浙江。

《史記‧項羽本紀》記載，秦始皇出遊，巡行會稽郡渡浙江，過去楚國名將項燕之子項梁和姪子項羽去看出巡車隊。

項羽說：「彼可取而代也。」

叔叔項梁急忙掩住項羽的口，叫他別亂講會滅族的話。

秦始皇到處跑，給自兒孫添麻煩。

離開浙江時，秦始皇渡水上會稽（浙江紹興市南），但因江中風大浪急，無法坐船渡河，只得西行二十里，從餘杭渡口，上會稽山祭拜大禹廟，然後在與南海相望的天柱峰上，刻石「頌秦德」，是為「會稽刻石」。

該刻石碑文共二百八十八字，頌揚秦始皇君臨天下，「始定刑名，顯陳舊章」，使「六合之中，被澤無疆」，並希望當地人民「皆遵度軌，和安敦勉，莫不順令。黔首修潔，人樂同則，嘉保太平」。

巡遊行伍從會稽返回，經過吳縣（江蘇蘇州），從江乘（江蘇鎮江市北）渡江，沿海岸北行，抵達琅琊。

秦始皇到琅琊，一直在這裡為秦始皇求仙藥數的方士徐福糟了。

為求仙藥，秦始皇在徐福身上花很多錢，徐福交不出成果，怕挨罵，於是再騙秦始皇：

蓬萊藥可得，然常為大鮫魚所苦，故不得至，願請善射與俱，見則以連弩射之。

秦始皇求藥心切，按徐福所言，立即派人入海射魚，自己也拿起連弩等候大

魚。但是秦始皇「射殺一魚」後上岸，再想要徐福繼續前進蓬萊山，聰明的徐福已經跑掉了。

秦始皇這輩子所做的最後一件事，是被徐福擺一道。

沒有仙藥，秦始皇從琅琊，「遂并海西」，取道臨淄往西回咸陽。

秦始皇車駕行至平原（山東平原西）渡口後，就得重病。他怕死，忌諱說「死」，以至「群臣莫敢言死事」。

這時秦始皇急派隨行上卿蒙毅折回會稽禱告山川之神，但病越來越重。

當自知時日不多後，令趙高擬詔書，賜玉璽，使公子扶蘇從上郡速回咸陽。

書信和玉璽封好後，放在趙高的辦公室，還未交給送信的使者。

七月丙寅日，車駕行至沙丘平臺（河北鉅鹿東南），秦始皇病故，年五十歲。

秦始皇掛了，依據「游徙吉」的卦象掛在出巡的路上。

這一卦吉了誰？

「出巡刻石」

秦始皇五次出巡，曾在七個地方刻石。分別是：嶧山、泰山、琅琊、之罘、東觀、碣石，以及會稽。

《史記·秦始皇本紀》載錄六塊刻石的碑文，獨「嶧山刻石」碑文沒有載錄。

現在所能看到的只有保存在陝西省博物館西安碑林第三室中的宋代刻石。這塊刻石是依五代時期南唐徐鉉的摹本刻成。

唐朝封演的《封氏見聞》中有一段關於嶧山石刻的傳說。

據說因為李斯手書的「嶧山石刻」是小篆的規範字體，所以前來拓本的人很多，當地村民疲於接待，便堆柴點火把石碑燒壞了。

儘管石碑已經殘缺不全，但達官貴人索求拓片的函件不斷寄來，直到有一任縣令在縣衙大堂設置一塊根據古拓本翻刻的石碑，村民們和衙役這才鬆一口氣。

杜甫的《李潮八分小篆歌》中對這件事描述道：「嶧山之碑野火焚，棗木傳刻肥失真。」

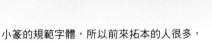

213

地底帝國——驪山皇陵

公元前二一〇年七月，秦始皇病死於沙丘平臺，李斯與趙高密謀扶公子胡亥繼位。為此「祕不發喪」，以防其他公子爭奪，同時也防止引起天下騷動。

更重要的是他們想趁機篡改秦始皇的遺詔。李斯深知扶蘇「剛毅而武勇，信人而奮士」，若繼承皇位，必然重用蒙恬，而他們不僅會得不到重用，反而連子孫都會遭殃。

趙高、胡亥、李斯三人密謀，假裝丞相接受始皇遺詔，命令丞相立胡亥為太子。另偽造遺詔，說扶蘇「數上書直言誹謗」又「為人子不孝」，因此「賜劍以自裁」。另指蒙恬「為人臣不忠，其賜死」。

扶蘇接到詔書，奉命自殺。蒙恬不從，被捕，囚禁於陽周。

為等扶蘇、蒙恬的死訊，趙高等人把秦始皇的屍體藏在輼輬車中，裡面坐一個親近的宦官，按時照樣進膳，百官依舊奏事，由宦官在輼輬車中批覆奏摺。

載著秦始皇屍體的車駕繼續前行，並按原定路線從井陘繞道九原，再折回咸陽。因時值盛夏，裝載屍體的輼輬車散發出臭味，趙高為掩人耳目，「乃詔從官令車載一石鮑魚，以亂其臭」。

車駕將抵達咸陽時，使者報告扶蘇自殺消息，趙高等人才發布喪事，太子胡亥繼位，為秦二世。

秦・少府印泥封

少府，秦置，掌山川澤池的收入以及供應皇宮內的用品製作，為服務皇帝各事的私府。

《史記・秦本記》寫秦始皇死後：「書已封，在中車府令趙高行符璽事所，未授使者。」

掌璽印、「中車府」均為「少府」所職。

九月，秦始皇葬於驪山。

北魏，酈道元在《水經注‧渭水》中解釋皇始皇陵修建於驪山的原因：

秦始皇大興厚葬，營建塚，壙於驪戎之山，一名蘭田，其陰多金，其陽多玉，始皇貪其美名，因而葬焉。

《太平御覽》引《皇覽塚墓記》：

秦始皇塚在驪山，古之驪戎國，今之所也。晉獻公伐驪戎，獲二女。其山陰多黃金，其陽多美玉，謂蘭田是也，故貪而葬焉。

這個說法不太合常情。

據《史記‧秦始皇本紀》記載，秦王政即位時，十三歲。按古代禮儀規定，帝王即位，就要預先為自己修建陵墓，稱為「壽陵」。所以，嬴政一做秦王，便在驪山給自己修陵，時為秦王政元年，即公元前二四六年。

十三歲的小孩在興建陵墓時，就考慮到該地是否產黃金和美玉，恐怕很難，而且也不太可能由他自己來選擇陵址。

史載，「王年少，初即位，委國事大臣。」因此，秦始皇陵的選址可能是由當時掌政的太后和呂不韋等大臣選定。

這個陵墓的選址完全正確。

首先，是符合晚輩居東的禮制。

根據古代禮制，帝王陵墓方位的確定是按尊卑、上下關係來排列。

《禮記》、《爾雅》等書記載：

南向，北向，西方為上。西南隅，尊者之位也。

東漢王充在《論衡》中說：

夫西方，長者之地，尊者之位也。尊者在西，卑幼在東。

這是指按禮制，陵墓以西邊為長，東邊為幼。

秦始皇先祖的陵園都在今臨潼縣以西的芷陽一帶。

「悼太子死於魏，歸葬芷陽」、「宣太后薨，葬芷陽酈山」，而後昭王去世，葬於芷陽。莊襄王同樣葬於芷陽。

既然祖先墓都在臨潼縣以西，作為晚輩的秦始皇自然只能在芷陽以東建造陵墓。

其次，古人選擇墓地都背山靠水，「依山造陵」。秦始皇陵背靠驪山，面對渭水，符合這一古代傳統習俗。

秦始皇陵為形制規範的帝王陵園。

據探測整個陵園共有56.25平方公里，是由南北兩個狹長的長方形城垣構成，分為內城和外城。

內外城牆是用夯土築起的，其周長分別為3870公尺和6210公尺。

內城中部還有一條東西向的隔牆，將內城分為南北兩部分。高大的封塚座落在內城的南半部，是陵園的核心。

內城北部正中有一道夾牆，將北部

分為東、西兩個區域，這裡有眾多的地面建築。

外城的四面各有一門，而內城的東、西、南三面也各有一門，惟內城北面有兩個門。

在內城的南門和西門之間，目前仍保留著高出地表三公尺多的闕樓臺基，門址附近還堆積著大量的燒土、木炭殘跡以及瓦片。顯示當年城牆門上都有闕樓建築。

在外城的四角，還有防衛的角樓。

陵園的地面建築主要分佈在封塚的北側和西北內外城牆之間。封塚北面150公尺的地方是始皇陵的寢殿建築，目前探知有四處寢殿建築遺蹟。

寢殿建築主體部分面積就有64平方公尺，房內各室有甬道相通，房外有用石片鋪成的路，房頂的木檁上鋪有板瓦，再用筒瓦合蓋在板瓦縫上，椽頭有花紋精美的瓦當。

考古工作者在遺蹟中發現直徑達61公分的夔紋大瓦當，可見木檁相當粗。寢殿的附屬建築有便殿，是墓主人靈魂出遊時飲食、休息、睡覺之處。

陵園的陪葬坑和陪葬墓主要分佈在封塚西側內外城牆之間。

目前初步探得有三十一座珍禽異獸陪葬坑、九十八個大型馬廄陪葬坑、六十一座空墓坑和一座甲字形陪葬墓。

秦始皇陵中最引人注目的是封塚。

據測定，該封塚底部近似方形，現存南北長350公尺，東西寬345公尺，周長1390公尺，占地面積12.075萬平方公尺。封塚頂部為長方形平臺，東西長24公尺，南北寬10.4公尺。

封塚高度，依《漢書‧楚元王劉尚傳》載：「上崇山墳，其高五十餘丈，周回五里有餘。」

漢時，一丈折合今2.3公尺，一里折合今433公尺，以此折算，漢時封塚高度為115公尺，底部周長為2165五公尺。

今初測高為52.5公尺，這減低的62.5公尺，是兩千多年來風雨浸蝕和人為破壞的結果。

高大的封塚下面中心35公尺處，便是神祕莫測的地宮。地宮中心是墓室，稱玄宮。

該地宮東西長170公尺，南北寬145公尺，主體和墓室均呈矩形狀。面積為18.032萬平方公尺，比現在封塚的底面積略大三分之一。

地宮周圍是一圈很厚的細夯土牆，即宮牆，南北長460公尺，東西寬392公尺，南牆寬16公尺，北牆寬22公尺，整個宮牆高約30公尺，非常壯觀。

關中地區歷史上曾發生過八次大的

右驂頭

每個馬車的右驂馬頭頂均有一個纓絡。稱為「纛」,只有天子乘坐的馬車右馬才有此裝飾。

地震，但地宮宮牆和墓室完好無損。近年來，考古工作者在封塚的東、北、西幾個方位發現由地宮通向地面的甬道，甬道呈斜坡形，寬約12公尺。

地宮除墓室外，裡面實際的面貌在秦始皇陵未開挖前，不得而知。但《史記·秦始皇本紀》載有秦始皇陵的情況：

始皇初即位，穿治驪山，及並天下，天下徒送詣七十餘萬人，穿三泉，下銅而致椁，宮觀百官奇器珍怪徙臧滿之。令匠作機弩矢，有所穿近者輒射之。以水銀為百川江河大海，機相灌輸，上具天文，下具地理。以人魚膏為燭，度不滅者久之。

「穿三泉」，是指地宮的深度，即從地宮到玄宮的距離。「三泉」就是指第三層地表水。「穿」，就是說向地下挖掘已經超過第三層地下水。

依秦始皇陵附近的水文資料，第一層地下水距地表為十六公尺。第二層和第三層水距地表是多少，目前無法肯定。

「下銅而致椁」是說為堵住地下水滲入，便採用冶銅方法鑄堵滲水處。

「宮觀百官」指將秦始皇生前住的宮殿和臺觀以及屬下文武百官的位次，在地宮中照樣模擬修建。

「奇器珍怪」是將珍貴精美的器物和珍稀動物。

「令匠作機弩矢，有所穿近者輒射

之」是武俠小說裡的「機關」，指為防盜墓，令工匠在墓門口製作機關，只要盜墓人一接近，就會觸動機關被箭射死。

「以水銀為百川江河大海，機相灌輸」是說將水銀灌入相互作用的機械中，讓其循環往復，來表現百川江河大海中的水流動。

「上具天文」是在地宮的穹頂繪製模擬天文星宿象圖。「下具地理」，是在下面佈置秦朝九州五嶽的地理形勢圖。

「以人魚膏為燭，度不滅者久之」，是說用人魚的脂肪製成蠟燭，放在地宮中燃燒很久而不會熄滅。

「人魚」，據《史記集解》引徐廣曰：「人魚似站，四腳。」即鯢魚，今俗稱「娃娃魚」。

不過，《異物誌》云：

人魚似人形，長尺餘。不堪食。皮利於鮫魚，鋸材木入。項上有小穿，氣從中出。秦始皇塚中以人魚膏為燭，即此魚也。出東海中，今台州有之。

另據《三輔故事》載，在秦始皇陵地宮中，還鑄金銀為鳧雁，琉璃雜寶為龜魚，沙棠沉壇為舟楫，並以明珠鑲嵌為日月星辰，雕刻玉石為松柏，以點綴地下「江山」。

據《史記·秦始皇本紀》，秦二世胡亥在埋藏秦始皇後，下令始皇後宮中凡是

沒有生過子女的嬪妃宮女，不予放出後宮，一律殉葬，一萬多名宮女慘遭活埋。

為防止經手墓內珍藏和修建機密設施的工匠漏地宮的祕密，葬畢秦始皇後，不等他們走出宮室，秦二世又下令將工匠封堵在墓道之中，然後在墳上種滿草木，作成山的模樣。

秦始皇將生前所過帝王生活，按原樣照搬到地下，「視死如生」的埋葬，使秦陵地宮成為中國歷代帝王陵墓中規模最大的陵寢。

《漢書·楚元王劉尚傳》言：「自古至今，葬未有盛如始皇者也。」

秦始皇陵周邊有大批的陪葬坑和陪葬墓。從目前考古發現的文物來看，最引人注目的是顯示秦朝強大軍容的四個兵馬俑坑。

兵馬俑遺跡再現兩千多年前秦朝軍隊的組織結構、武器裝備、後勤保障等真實情況，而且補充文獻記載的不足。

考古工作者在秦始皇陵西側1.5公里處發現一大片公墓，百具人體屍骨除三具是女性，兩具是兒童的骸骨外，其餘均為二十歲至三十歲成年男子的屍骨。

其中多具屍骨還可以清楚的辨認出曾受過刀傷、肢解以及腰斬等刑罰的痕跡。據判可能是修建陵墓役夫的墳墓。

此外，還發現十八塊瓦製的墓誌，上用小篆體書寫，陰文刻出生地、刑名、爵名、人名。

跽坐俑
此俑代表從事雜役的僕人。

從墓誌上所刻出生地，如東武（山東武城縣）、平陽（河北臨漳縣）、平陰（河南孟津縣）、博昌（山東博興縣）、蘭陵（山東鄒縣）、贛榆（江蘇贛榆縣）、武德（河南武陟縣）等地，可知這些役夫是從全國各地徵調來關中修建驪山始皇陵。

秦始皇陵從秦王政即位時開始修建，併六國後，又役使幾十萬民工修築，一直到秦始皇病逝入陵埋葬，前後歷經四十七年。

此後這座規模宏大的帝王陵墓是否遭到破壞或被盜墓過，素為話題。

《史記·項羽本紀》載，與秦國有世仇的項羽引兵西屠咸陽，殺秦降王子嬰，燒秦宮室，大火三個月不熄。

但史記未言及挖掘秦皇陵之事。

《水經注·渭水》對此事的記載是：

項羽入關，發之以三十萬人，三十日，運物不能窮。關東盜賊，銷槨取銅。牧人尋羊，燒之。火延九十日，不能滅。

酈道元是依據《皇覽塚墓記》和《漢書·楚元王劉尚傳》所載將項羽搶奪秦宮珍奇異寶東撤後，關東盜賊盜墓和牧羊人進入墓內尋羊，失手將地宮燒毀的傳說三者混雜在一起。

而《太平御覽》引《皇覽塚墓記》的記載與《水經注》又不同。

《皇覽塚墓記》說：

後項籍燒其宮觀，關中賊發之後，牧羊兒亡羊，羊入藏中，持火照羊，燔其槨後，賊遂取其銅。

秦始皇陵是否被盜，仍留想像中。

秦皇陵

抄手吏俑
除將軍、武官外。
秦始皇也命人製作文官俑。

兵器與裝備

近戰兵器

矛是一種直而尖利的刺殺兵器。

春秋晚期到戰國時期，青銅矛的形制趨於成熟。其特點是窄體、直刃、簡身、「骹」部有釘孔或雙紐。

南北方的窄體矛略有差異。

北方的矛體較短小，常帶銘文；南方的矛體稍長稍大，並飾紋飾。

戰國中晚期出現一種新的矛型，矛身在中脊線凸起兩個刃，形成較深的血槽，具有更強的殺傷力。

另外，戰國還出現鐵矛頭。由於鐵的堅韌程度優於青銅，可以適當延長矛頭以增加穿透力，所以其長度較之青銅矛頭有所加長，可達35公分左右。

出土的秦矛則刃體趨向寬而直，變短並附孔以固骹，通體長度穩定在15公分左右。

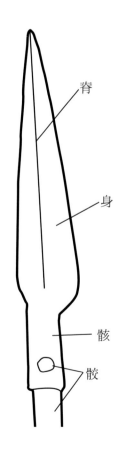

銅矛

矛是步兵和騎兵使用的主要長柄兵器。適合直刺、扎挑或投擲。

脊

身

骹

骹

戰國時期主要流行中胡和長胡戈，胡長，穿多，而且援基部上方再作一個小穿，因而使戈頭更加牢固地綁縛在柄上。從戰國初年開始，戈援和戈內發生較大變化。

戈援由平直變為弧曲狀，並在下刃和胡上作出於刺，提高勾殺功能。

戈內上翹，並作銳利的邊刃，使這一部分具有擊敵的功能。

戈體逐漸由寬變窄，更加靈活輕便。器柄多採用積竹柄。即是以木棒為芯，外貼十多根竹片，再用絲麻纏緊，淋漆而成。它的堅韌耐用程度優於木柄。

關於戈的長度，《考工記》說：兵器的長短應視具體情況，因戰制宜。

春秋晚期到戰國時期戈長基本可分三類：一，長約80至160公分，步戰為主；二，長2公尺左右，車、步戰六左右，車、步戰兼用；三，長3公尺左右，車戰為主。

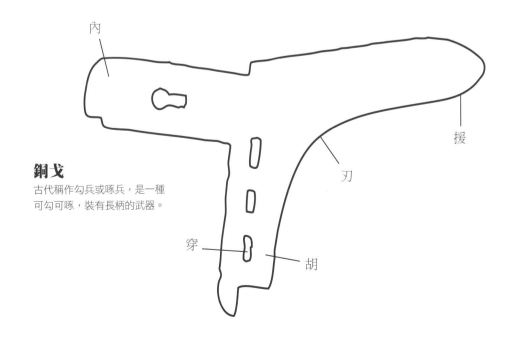

銅戈

古代稱作勾兵或啄兵，是一種可勾可啄，裝有長柄的武器。

內

援

刃

穿

胡

戟是一種可勾可刺的兵器。

商周時主要用於車戰。春秋晚期以後，成為步、騎兵手中的利器，並以其勾刺兼備的優勢，大有取代銅戈的趨勢。

戰國青銅戟的特點是：戟刺和戟援分鑄，靠木柄聯裝。戟刺漸趨短小，戟援弧曲，有的在胡上作出刺和刺距。

戰國晚期，有通體呈「卜」字型的鐵戟，但數量有限，目前發現的實物多集中於當時燕國和楚國境內。

鐵戟的裝柄方式與青銅戟有所不同。

為防止鐵戟在勾刺時前脱，在刺與援相交處鑄銅帽，然後將柄插入，用繩索通過穿縛綁。此種裝柄方式較之青銅戟的裝柄方式結實。

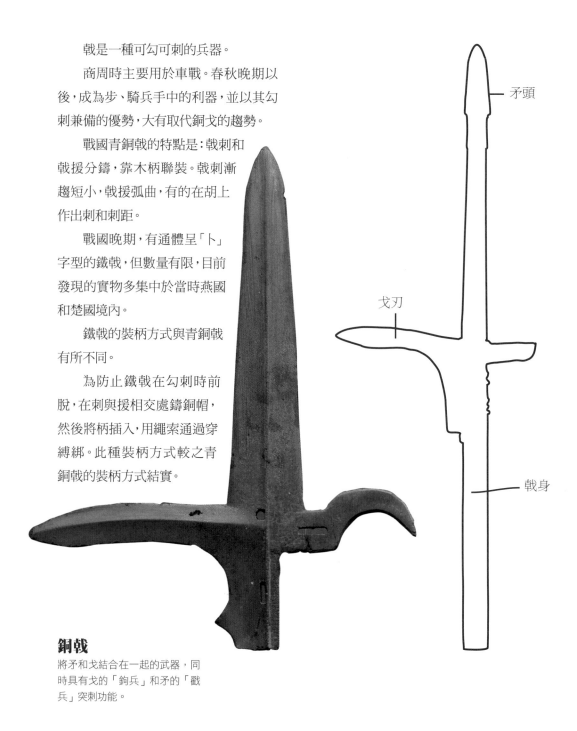

矛頭

戈刃

戟身

銅戟

將矛和戈結合在一起的武器，同時具有戈的「鉤兵」和矛的「戳兵」突刺功能。

劍為刺殺兵器。春秋晚期和戰國時期達到成熟和鼎盛階段，被大量用於步戰和騎戰中。

春秋晚期，南方的吳、越兩國鑄劍工藝最為精湛。此後，中原各國鑄劍術逐漸發展，劍遂成為短兵器的主要類型。

這時期南北方的劍形趨於統一，依劍柄特點可分為三種類型：

莖作扁條形，又稱「扁莖劍」。莖作全空或半空的圓環形，格薄而窄。莖作實心圓柱形，莖上有兩周或三周凸起的圓箍，首呈圓盤形，格寬而厚。劍莖一般纏繞絲繩，以利握持。

劍的穿刺能力與劍身的形制密切相關，其中以劍身輕薄、堅韌、刺擊方便見長的一種，在戰國時期應用最為廣泛。

春秋時代的劍，一般長30公分左右，戰國時發展到60公分，劍已發展為近戰格鬥的重要武器之一。

從秦俑坑的出土情況看，秦軍的近戰武器有長柄的戈、矛、戟、鈹，短柄的彎刀和劍，還有過時的鏢、殳、鉞等等。

其中戈、矛、戟、劍是當時流行的武器，鈹和彎刀是歷史上的新近發現。

鈹的首和劍相似，長約30公分，裝有長約三公尺的柄，是一種銳利的刺殺兵器。彎刀形如彎月，齊頭無鋒，兩面有刃，是一種砍、鉤兩用的兵器。

戰國鐵劍

劍是古代貴族和士兵隨身佩帶，用於防身、格鬥的兵器。

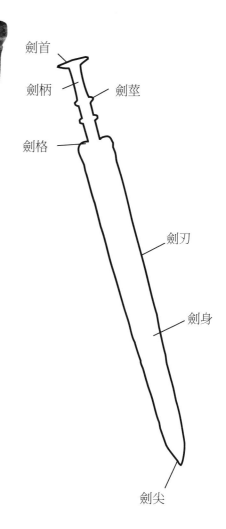

劍首

劍柄 ── 劍莖

劍格

劍刃

劍身

劍尖

遠射兵器

弩是一種裝有簡單機械控制裝置、可延時發射的弓。弩的起源很早，最初用於狩獵。作戰用弩，可能在春秋後期最先出現於楚國。

目前發現的戰國弩主要為臂張上弦的「臂張弩」。

據文獻記載，當時還有足踏上弦的「蹶張弩」。

《史記·蘇秦列傳》載，韓卒「超足而射」，即坐地，以足蹬弩，兩手將絃掛在弩牙上，箭矢可達六百步之外。

《荀子·議兵篇》中也有魏步兵「操十二石之弩」的說法。另外，《墨子·備高臨》提到用「連弩之車」守城池。

大概來看，戰國弩機射程更遠，殺傷力提高。加之射手有充裕的瞄準時間，待機而發，利於步兵野戰佈陣、設伏和守城作戰之用，在戰國時期，成為列國軍隊的「利器」。

戰國青銅弩機是轉軸連動式發射裝置，由懸刀、望山、牙、鈎心、鍵組成。

牙用於卡弦，望山用於瞄準，懸刀即扳機，鈎心聯接牙和懸刀，鍵將各部分組成一個整體並固定於後端的空槽內。

青銅弩弓

弩為扳機發射的弓，威力強於一般的弓。

張弦裝箭時，手拉望山，牙上升，鉤心被帶起，其下牙卡住懸刀刻月，這樣就可以用牙扣住弓弦，將箭置於臂上的箭槽內，使箭頂在兩牙之間的弦上，然後透過望山瞄準目標，往後扳動懸刀，牙下縮，箭即隨弦的回彈而射出。

戰國時期的弓多為複合弓，其製作技術已相當成熟。

其主要材料是：干、角、筋、膠、絲、漆六種，其選材、配料、製作程序和規格等都有嚴格規定。

在竹材或木材的內側貼動物角片，以增強弓體的堅韌和彈力，再粘縛筋、膠，後用絲線纏緊，通體淋漆。

弓體兩側掛弦的耳用動物角製作，弓弦採用絲或動物筋等，這種弓稱為「角弓」。

戰國時也有竹、木製作的單體弓。

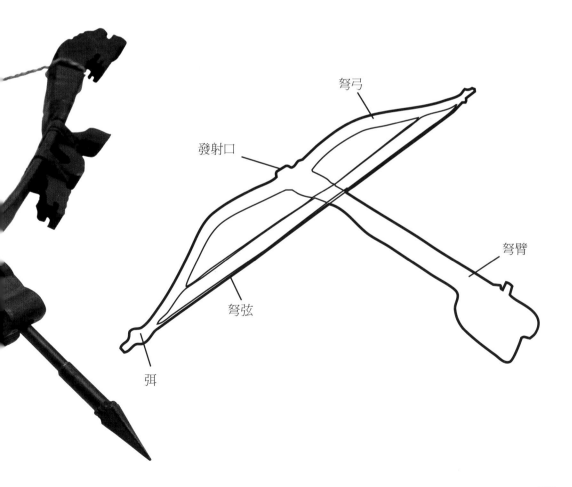

弩弓

發射口

弩臂

弩弦

弭

戰國時期的銅箭以三稜銅鏃為主。

骹頭日漸短小，而鏃鋌卻不斷加長，有的甚至達到30至40公分。

三稜銅鏃可細分為兩種式樣，一是剖面呈三角形，三個稜前聚成鋒；二是圓脊上凸出三個翼，前聚成鋒，其中後者所占比例較大。

鐵鏃仍以三稜形居多，基本承銅鏃的形制。

箭桿就地取材，南方產竹，則多以竹片加膠綑綁，束成箭桿，再加以塗漆。北方多木，則以木枝為主要材料，由於木製箭桿乾燥後會出現彎曲，所以將木料打去枝叉後，另有進行定形的加工處程序。桿尾裝有鳥羽，以為平衡。

一般弓用箭長70公分左右，弩用箭長五十公分許。箭整齊地插於木製矢箙中，佩掛於身右。

矢箙，即裝箭的箭匣。因為箭會受溫度及濕度的影響，所以箭匣或箭袋多以皮革或木匣製成，以達不透水的功能。

在秦始皇陵兵馬俑中，不論步兵、騎兵或車兵，都裝備有大量的弓、弩、箭。

一號俑坑內，步兵都「背負矢箙，手持弓弩」；二號俑坑有個弩兵隊列。

騎兵的武器不是刀、劍、矛，而是「一手牽馬韁，一手作提弓狀」，「配備是弓箭」。

戰車上的甲士，既持矛、戈亦備有弓箭。顯見「弓」、「弩」是秦軍的主要武器之一。秦始皇陵兵馬俑出土的弓弩分大小兩種，小者射程為150公尺，大者可達900公尺，比當時的韓弩600步更遠。

大弩的弓桿長176.1公分，徑4.5公分，弦長140公分，大於《考工記》中的規定，也比戰國末期的楚弓更大。

比較秦弩機與戰國中期的楚弩機。秦的弩機臂由51.8公分增至60公分，懸刀有所增長，望山與弦牙距也有所加寬。出土的銅鏃中，除有一支雙翼鏃外，其餘都是三稜鏃和進一步改良的三出刃鏃。

這是戰國末最盛行的類型，其特點是飛行中穩定，方向性和瞄準性較好。

還有一種特大的鏃，長達41公分，重約100克，專用於強弩。

而且秦鏃的含鉛量高達7.71%，也算是「毒箭」。

秦軍所裝備的弓、弩、箭都是當時最先進的遠射武器，是構成秦軍強大戰鬥力的重要因素。

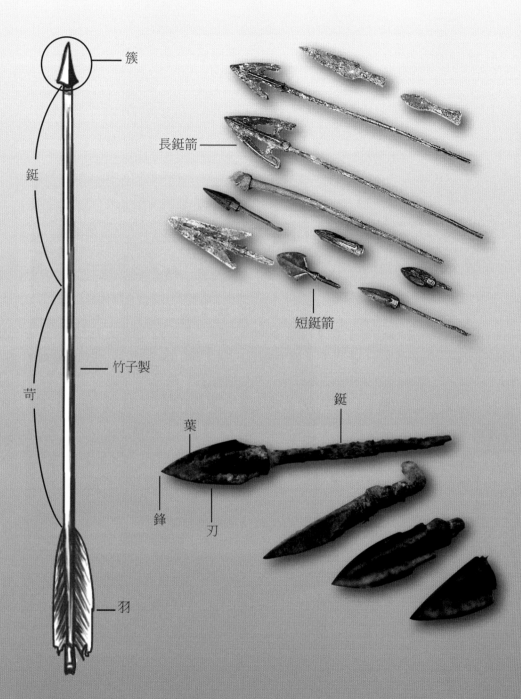

簇

鋌

竹子製

苛

羽

長鋌箭

短鋌箭

鋌

葉

鋒

刃

銅鏃

防護裝備

戰國盾

中國最早的盾，遠在黃帝時代的傳說裡。《山海經》描寫「刑天」一手操干，一手持斧，揮舞不停。「干」便是「盾」。陶淵明特別寫首詩給刑天：「刑天舞干戚，猛志固常在。」

隨著進攻武器的進步，戰國時期的盾、甲、冑等防護兵器無論在製作或使用上，都因刺殺格鬥兵器和拋射兵器的發展，而有所改進。

盾文獻中也稱為「干」，高約60公分，寬約45公分可以掩蔽身體，防衛兵刃矢石的殺傷，通常和刺殺格鬥類兵器，如刀、劍等配合使用。

早期的盾都用木、皮等材料製作，表面淋漆，分步兵的步盾和車兵的子盾。

戰國時期，盾的製作材料不變，但其形狀卻有較大的變化，其上部大多作成對稱的雙弧形，表面塗漆，並繪有精美的花紋。

騎兵出現後，騎兵盾，稱「旁排」。

旁排是正圓形，排中央向外凸出，內有兩根繫帶，縛在臂上，防射箭的損傷。

甲又叫「介」或「函」，防護人、馬軀幹。

戰國時期，皮甲仍被繼續使用。皮甲是用一排排長方形的皮甲片編綴而成。

大體上，一件甲的製作，若使用較堅韌的皮革，甲片會比較大而且長，所編綴的皮甲片排數也會比較少。

依《考工記》所載：

函人為甲，犀甲七屬，兕甲六屬，合甲五屬。犀

甲壽百年，兕甲壽二百年，合甲壽三百年。

合甲，由兩層皮革合成，製成的皮甲片較大且長，只要「五屬」，即「五排」編綴就可以。兕甲的牢度次之，犀甲的牢度又次之。所以「兕甲六屬」，「犀甲七屬」。

戰國後期隨冶鐵技術的進步，開始製造鐵胄和鐵甲。

《史記‧蘇秦列傳》載：蘇秦遊說韓宣王時，提及「當敵則斬堅甲鐵幕」。

條紋青銅頭盔

「堅甲」的數量若已經有可以被形容如「鐵幕」的壯觀場面，即便此言詞間或有三寸不爛之舌的誇大，該時期鐵甲與鐵冑的使用，可能也已臻普及。

燕，下都，曾出土戰國後期鐵冑。

這件鐵冑以八十九片鐵甲片編綴而成，頂部用兩片半圓形鐵甲片綴成圓形平頂，周圍以圓角長方形的鐵甲片從頂向下編綴，共七排。鐵甲片的編法都是上排壓下排，前片壓後片。製作已較完善。

秦始皇陵東側出土的大批披甲陶俑，俑身所塑鎧甲形象，正是鎧甲的模擬物。

陶俑所披鎧甲共有三種類型，其中一型由披膊和身甲兩部分組成，全由甲片聯成，甲片較大，四周不設寬的邊緣，是當時秦國軍隊中主要的防護裝備。

甲片的形制和編綴方法：縱編時自上而下編綴，上排壓住下排；橫編時自中間向兩側編，前片壓住後片。

秦俑坑出土的鎧甲和兜鍪，都是用質地均勻緻密、顏色青灰的石灰岩石片和扁銅條連綴而成，被稱為「銅縷石甲、石冑」，其原形應是金屬札葉製成的合甲，品類完備，製作精密。

甲衣由前甲（護胸腹）、後甲（護背腰）、披膊（肩甲）、盆領（護頸項）、臂甲（護臂）和手甲（護手）等部分組成，並因兵種、身分、戰鬥的需要而各有不同。

步兵前胸、後背和肩部易受傷害，其甲衣多由前甲、後甲和披膊三部分合成。

騎兵必須便於騎射，其甲衣比較短小，長僅及腹，沒有披膊。

車御的臂、手、頸易受攻擊，其甲衣不僅有前甲、後甲，還有臂甲、手甲，甚至有盆領。

將、佐的甲衣十分講究，是革、札結合的花甲，其胸、背、肩部分為皮革；腹及後腰的中心部分是金屬小札葉；前甲呈倒三角形，長垂膝間；後甲平直齊腰。

出土文物文中，還有一領特大型甲，從形體和結構判斷，可能是馬的鎧甲，即後世所謂的「馬鎧」或甲騎裝備中的「具裝鎧」。

這副「馬鎧」，有頸甲、身甲、當胸和搭後組成，已是非常完備的形制，要比文獻記載早四百多年。

兵馬俑中同時出土的三十六頂甲冑也可依上述所說分為三種類型。其共同特點是由圓形頂片和四周向下連綴的側片組成。

頂片四周鑽有十六組或二十六組小圓孔，用以連綴側片。有的頂片中心鑽有孔，用來裝飾縷絡。側片為橫向排列，一共五排。

由兜鍪頂到側片的下端長度約30公分，已能披到肩部，保護脖子和肩。

石鎧甲

甲片由青石切削打磨而成,有長方形、圓
形、梯形、半圓弧形等,每片甲片上都鑽
有圓形小孔,最多者一片有十個孔,甲片
之間用扁細銅絲通過小孔連綴,銅絲似為
薄銅片切割而成。

車馬

　　除兵器以外，戰國時期軍隊的裝備還有車馬。車馬皆由國家提供，雲夢秦簡中有《廄苑律》，是國家飼養牛馬的設施。

　　騎兵作為一個兵種出現，大約在春秋戰國之交。

　　公元前三〇七年，趙武靈王的軍隊面對北方游牧民族的輕捷騎士，顯得笨重的車兵進入山林地帶，往往被動挨打，於是「變服騎射」，向敵人學習騎射，組建騎兵部隊。

　　當時騎兵的馬具不完善，有「韉」無「鞍」，也沒有馬鐙，控馭馬匹較困難。

　　由於沒有馬鐙，騎士兩腳懸空，沒有著力點，不利於馬上格鬥。加之用於斬劈的厚背長刀在當時也沒有出現，不論使用長柄擊刺性兵器矛、戈、戟或短柄的劍，從馬上對敵步兵衝殺均為不便，騎兵的戰技、戰術發揮因此受限。

　　此時騎兵的功能在於以快速攻擊、遠距離射殺敵軍步兵。

　　戰國時的騎兵尚處於發展初期，雖不是戰場上的主兵，但仍然是一個獨立而有效的兵種，與步兵配合，構成快速而威烈的攻擊力量。

軍馬

軍馬俑，秦國車馬均為四馬的系駕。
秦國車馬的馬匹，幾乎都是五至六歲
的壯年馬匹。

235

軍隊編制與戰術

兵役制度

戰國時無論等級，凡男子若無廢疾等特殊原由，皆得從軍。商鞅「入使民為農，出使民壹於戰」，即是「耕戰合一」。

有關男子服役從軍的年齡，春秋時有「三十受兵，六十還之」的制度；戰國時期，平時依制是三十歲從軍，特殊情況下，十五歲左右的少年也被徵召。

如秦昭王四十五年（公元前二六二年），秦趙長平之戰時，秦昭王徵用河內十五歲以上男子。

秦國實行徵兵制，按《秦律》規定，男子十七歲達到「傅籍」年齡，即開始為國家服役。除役年齡，有爵位者五十六歲，無爵位者到六十歲。

逃避兵役也有相對的罰則。

雲夢秦簡《秦律雜抄》曾記載：招募的士兵回鄉，聲稱受雇的時期已滿，但根據契約所訂的時期還未到。不足的日數，每日罰居邊服役四個月。

兵種相關

兵種	護具	武器	稱謂	說明
車兵	金屬鎧甲	長兵器	輕車	車兵有三人，一人駕馭馬車，兩人執武器
重甲步兵	金屬鎧甲	戈、矛、鈹、鈹	材官	秦國主要兵力
輕甲步兵	較不穿鎧甲	弓、弩	材官	秦國主要兵力
騎兵	短鎧甲	弓	騎士	
水兵	輕裝	陸上兵器皆有	樓船	水、步功能並存

兵種與編制

車兵

在秦代，車兵雖已不是軍隊的主體，但仍是不可缺少的重要兵種。

從秦始皇陵兵馬俑出土的情況看，車兵有單獨的編隊，也有與步、騎相互配合的編隊。

車兵主要用於平原地區的作戰，進攻時用以衝陷敵陣，打亂敵軍的戰鬥隊形；防禦時用戰車佈為陣壘，阻止或遲滯敵軍的衝鋒攻擊；行軍時置於前鋒和兩翼，保障部隊的安全。

車兵的編制，從秦始皇陵出土的兵馬俑情況看，沒有步兵配合時，每八乘為一偏（即一行），二偏十六乘為一組，四組六十四乘為一隊。當有步兵配屬時，則以兵車一乘、甲士三人，步卒八人為一個基層單位，六乘為一組，十八乘加指揮車一乘為一隊。

這和春秋時每乘兵車步年多至七十二人的編制大不相同，其原因就在於兵種的發展和車、步的分離。

水軍

水軍也稱樓船士，其數量僅次於步兵，遠遠超過車兵和騎兵。併六國前，秦水軍主要建於巴蜀，而後廣建於江南。

水軍的戰船主要區分為大型的樓船和輕捷的艨艟、鬥艦等兩類，以利水上作戰時大、小部隊及輕、重戰艦互相配合。

水戰時遠以矢弩交射；近以鉤拒、伍兵進行攻守格鬥，或猛烈的衝角戰和接舷戰；一旦有機可乘，便施以火攻。

水軍不僅僅擔負水上作戰的任務，它實際上是江南水澤地域的綜合性兵種。除水上戰鬥外，登岸野戰、攻城守險等無所不能，戰於水上則相當於車、騎，戰於陸上則相當於步兵。

關於秦代水軍的整體編制規模，無文獻可證，《史記·張儀列傳》有一小段記載：即秦的巴、蜀水軍用「舫船載卒，一舫載五十人」，由此略可得知每舫相當於步兵一個屯。

此處「舫船」意指兩船相並。所以「一舫」載五十人，實際的計算是一條船載二十五人。

若依此估算征百越時動員的樓船士五十萬，則應有「船」二萬艘。

不過，這個「君在長江頭，妾在長江尾」的艦隊規模不太現實，「秦代水師」或恐是「陸戰隊」較多。

編組

秦代軍隊的戰時編組是依平時編制再合併組編為更大規模的臨時作戰部隊，一般稱為部曲制。

其具體編組的方法是根據作戰對象等各方面情況，確定總兵力，任命三軍統帥。統帥下，再分設若干個將軍，每個將軍統率若干個「部」。

「部」的長官稱校尉，即一部一校；每個部下設若干個「曲」，曲的長官稱軍候，即一曲一候。

曲以下即平對軍隊的編制，如步兵的千人（設二名五百主）、五百人（設五百主）、百人（設百將）、五十人（設屯長）、十人（設什長）、五人（設伍長），以及數量不多的車兵和騎兵。

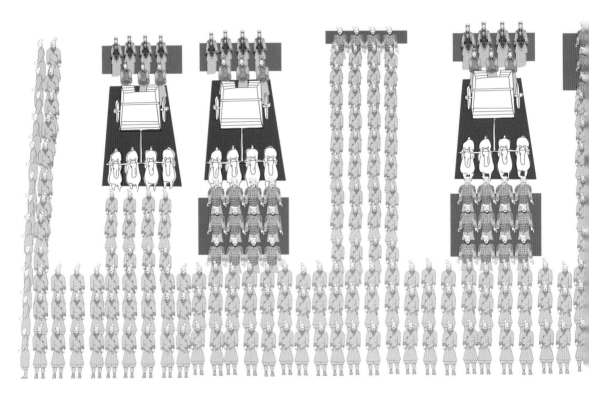

自五百主以上，各級指揮官都有自己的親兵衛隊，大約占其所率總兵力的十分之一，如五百主的衛隊為五十人。

凡將軍以上皆設有作戰指揮機構，稱為幕府。

幕府設各種指揮機關和參謀人員，達數十人之多。作戰行動結束後，曲以上指揮機構即行撤銷，將軍交出兵權，部隊恢復平時建制，士兵分別歸建或復員。

秦軍隊

本圖參考一號坑兵馬俑。藍色為將軍、綠色是重兵、紫色為車馬。

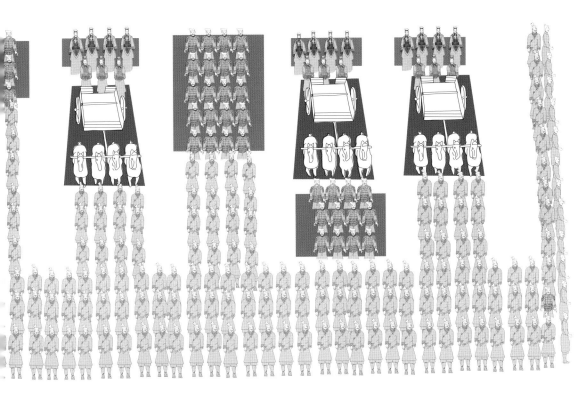

戰術應用

攻城

《孫子兵法》認為，「攻城則力屈」，「其下攻城。攻城之法為不得已」。

春秋時期的戰術理論，一般是避免攻城。事實上，春秋時期攻城，特別是強攻，成功的戰例也極為少見。但是到戰國時期，情況有所不同。

《孫臏兵法》把城邑分為難攻的城（雄城）和易攻的城（牝城）兩種，在理論上已並不反對攻城。《尉繚子》則更進一步把大城邑作為主要進攻目標。

戰國時期，攻城成功的戰例也很多，以秦為例，秦將白起一生就曾攻克包括楚國首都郢在內的八十餘城。

戰國時期的戰爭理論變化是因經濟結構改變，城池已成為戰略上的必爭之地。同時以步兵為主的軍隊，較之以車兵為主的軍隊，更適宜攻城。

戰國時攻城的戰術，除沿用奇襲、長圍外，在強攻戰術、技術上有很大的突破。依文獻記載有臨沖、飛鉤梯、衝車、雲梯、距堙、水淹、撞擊、坑道、空洞、蟻附爬城、轒轀、軒車等十二種攻城器械和方法。

據《孫子兵法》記載，春秋時攻城一

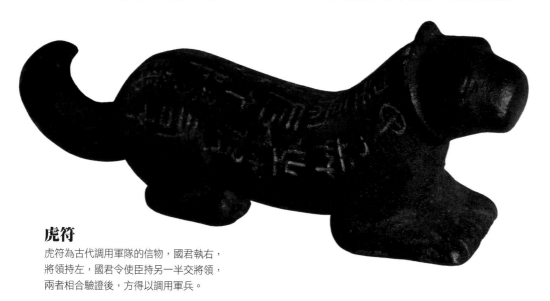

虎符

虎符為古代調用軍隊的信物，國君執右，將領持左，國君令使臣持另一半交將領，兩者相合驗證後，方得以調用軍兵。

般六個月不下就無法支持，而戰國時期，長圍達數年之久的也不少見。

樂羊攻中山「三年而後拔之」，魏軍圍邯鄲，也持續三年以上。

守城

至於守城，《尉繚子》稱，必須在城的外圍抵禦，同時在城外設置據點、障礙物等防禦設施，以進行抵擋，而不依靠單純的防禦手段取勝。

守軍一般分為守備部隊和出擊部隊兩部分，戰術理論為「出者不守，守者不出」。在絕對優勢的敵人攻擊下，守城者，靠外援或是長期疲憊削弱敵人，然後出奇制勝。

《尉繚子》稱：

有必救之兵者，則有必守之城；無必救之兵者，則無必守之城。

這是說援軍可以與守軍內外夾擊敵人；可誘使敵人以主力應付援軍，減輕守軍所受的壓力；也可從戰術上保持守軍的補給暢通從而增加守軍的抵抗力量。

無論採取哪種方式，最後總是要和守軍一起合作，擊破敵人，才能解圍。

秦昭王四十八年（公元前二五九年），秦軍在長平之戰後，乘勝圍攻邯鄲長達兩年之久，至秦昭王五十年（公元前二五七年），魏、楚兩國援軍趕到，趙軍組織「敢死之士」三千人出擊，配合援軍擊敗秦軍，才解邯鄲之圍。

也有不依靠外援、以自身力量出奇制勝者。田單以火牛破燕軍即是，但田單所用的戰術仍是「出擊」，而非單純防禦。

野戰

戰國和春秋一樣，兩軍對陣，相互衝殺，仍然是決戰的主要手段。

如齊魏桂林之戰、馬陵之戰、燕將樂毅伐齊的濟西之戰、秦趙閼與之戰、長平之戰等戰役，都是以此方式決勝負。

《孫臏兵法》所講的十陣，就是這種作戰形式中的佈陣方法。

與春秋時期比較，戰國時代的野戰，其特點是參戰兵力眾多、戰場範圍廣闊、持續時間長。

以長平之戰為例，雙方參戰兵力，雖無詳確記載，但從「白起坑降卒四十萬」及趙軍在投降前幾次突圍傷亡人數估

計，其參戰兵力約有四、五十萬，秦軍也不少於上數。

再秦國把河內十五歲以上的男子全部徵調到長平戰場，則秦軍總兵力應有七、八十萬之多，雙方戰場縱深百里，橫寬也有三十餘里，作戰持續時間達半年。

在會戰全過程中，採用各種戰術：

廉頗的堅壁防守。秦、趙兩軍的對陣決戰。秦軍的詐敗誘敵。趙括對秦軍壁壘的進攻。白起的兩翼包圍和秦王在丹朱嶺構成的對外正面。各種連續而不同的戰鬥，構成會戰。在野戰過程中，有時需要根據情況而轉入防禦。

例如，兩軍對戰中，一方處於不利情況時，軍隊首先由方陣變為圓陣，進行環形防禦。然後在陣前布設蒺藜等障礙物，把戰車前後連接列成環形，作為屏蔽，車上放置盾牌，如像城垛。其後再配置長、短兵器與弓弩。

這就是「次車以為藩」或「屏車之陣」，也就是臨時構成一個「車城」。

「車城」隨防守時間的延長而逐漸增築土牆、木柵等而加固，逐漸成為比較堅固的堡壘。

長平之戰中，趙軍就曾在這樣條件下，堅持四十多天，最後因糧食供應斷絕，突圍未成，被迫投降。

結語

秦帝國的建立是繼周代結束部落統治模式後，中國歷史上政治、經濟、社會型態的再一次變革，並於此時期奠立中國在主權、人民、領土的歷史基礎概念。中國而後各時期的迭替政權均在秦帝國統整的結構下修動，鮮少更大改變。

商鞅變法改造秦國的社會與經濟結構，在歷史意義上不僅於使秦國國力勝出於其他國家，以達霸權得以擴張合併六國領土的政治目的，土地制度的改革更是中國經濟上的大事。軍功制度將秦帝國推向軍國發展的同時，也是打破貴族階級專制的人民平權改革。

然而，商鞅變法之所以成功，除了收獲戰國時期經濟與工藝文明發展的成果外，更肇因於秦國遠離中原，貴族政治結構不如各國之牢不可破，而得以誘發全國最大的發展力，秦國當時最為各國恥笑的「野蠻」，卻是發展的最大優勢。

只是，盤存於中原近千年的舊貴族政治勢力，並非秦始皇吞滅六國領土即可被消滅。

秦國雖然因商鞅變法的軍功制度打破貴族壟斷社會地位與財富的結構，得以發展國力。但是，當秦帝國僅將社會地位做為達到擴張領土的政治目的手段時，六國被消滅，可以跟人民交換社會地位的標的，及與交換的必要性驟然停止，秦帝國國力與文明發展也隨之停擺。

秦帝國的新政權變成新的統治貴族，享受過去六國所擁有的政治地位與社會財富，成為被推翻的中原舊貴族以及不再有機會翻身的平民所抗爭的對象。秦國新貴族間的利益之爭更在政治局勢不穩定時，加速帝國的傾覆。

秦代帝國的立滅不及四十年，時間雖短卻是中國歷史上極重要的一個階段，瞭解秦王朝的發展，將可理解而後中國兩千多年的歷史軌跡。

秦國大事紀要

秦國年表

公元紀年	秦國紀年	秦國大事
前753年	文公13年	初有史記事
前750年	文公16年	伐戎，地至岐
前714年	憲公2年	徙平陽，伐蕩社
前703年	出子元年	大庶長弗忌等立出子
前688年	武公10年	伐邽、冀戎，初建縣
前687年	武公11年	縣鄭、杜，滅小虢
前678年	武公20年	武公死，以六十六人殉葬
前677年	德西元年	徙都於雍
前672年	宣公4年	與晉戰河陽，勝
前651年	穆公9年	送晉公子夷吾歸國
前646年	穆公14年	秦發生災荒，向晉借糧，晉拒絕
前645年	穆公15年	與晉戰於韓境內，虜晉君，晉獻河西之地
前640年	穆公20年	滅梁、芮
前638年	穆公21年	遷陸渾之戎於伊川
前636年	穆公24年	送重耳歸晉，是為晉文公
前630年	穆公30年	秦助晉攻鄭，後秦單獨撤兵
前628年	穆公32年	秦派孟明視、西乞術、白乙丙率兵攻鄭
前627年	穆公33年	秦攻鄭未成，滅晉邊邑滑，晉反擊秦軍，虜秦三將
前623年	穆公37年	秦伐西戎大勝，開地千里，遂霸西戎，天子使召公過賀穆公以金鼓
前620年	康公元年	秦送晉公子雍歸晉，晉立公子襄反擊秦，秦軍敗
前580年	桓公24年	與晉夾河而盟，歸而背盟，與翟合謀攻晉
前578年	桓公26年	晉率各國聯軍伐秦，戰於麻隧，秦軍敗，聯軍渡涇，追擊至棫林返歸
前562年	景公15年	使庶長鮑伐晉救鄭，敗晉兵於櫟
前506年	哀公31年	楚國申包胥至秦求兵伐吳，秦發兵五百乘救楚，敗吳師
前456年	厲公21年	初縣頻陽，晉取武城
前444年	厲公33年	伐義渠，虜其王
前441年	躁公2年	南鄭反
前430年	躁公13年	義渠戎攻秦，至渭南
前425年	懷公4年	庶長晁與大臣圍懷公迫其自殺，立懷公之孫
前419年	靈公6年	晉城少梁，秦擊之
前415年	靈公10年	簡公立

前413年	簡公2年	與魏文侯戰，敗於鄭
前412年	簡公3年	魏文侯圍秦城繁龐
前409年	簡公6年	令吏初帶劍。塹洛，城重泉。魏文侯伐秦，築臨晉、元里
前408年	簡公7年	初租禾。魏文侯伐秦，至鄭而還
前403年	簡公11年	韓、趙、魏三家分晉
前393年	惠公7年	魏敗秦於注
前391年	惠公9年	伐韓宜陽，取六邑
前390年	惠公10年	與魏戰於武城，縣陝
前389年	惠公11年	秦攻魏之陰晉
前387年	惠公13年	伐蜀，取南鄭
前385年	出子2年	秦庶長迎獻公於河西而立之
前384年	獻公元年	秦廢人殉
前383年	獻公2年	徙都櫟陽
前379年	獻公6年	初縣蒲、藍田、善明氏
前378年	獻公7年	初行為市
前375年	獻公10年	為戶籍相伍
前364年	獻公21年	與魏戰於石門，魏敗
前362年	獻公23年	攻魏少梁，虜其將公孫痤
前361年	孝公元年	商鞅入秦，秦伐魏，伐西戎，斬戎之獂王
前359年	孝公3年	秦用商鞅變法
前358年	孝公4年	秦敗韓師於西山
前356年	孝公6年	以商鞅為左庶長
前355年	孝公7年	與魏王會杜平
前354年	孝公8年	與魏戰元里
前352年	孝公10年	以商鞅為大良造，商鞅將兵圍魏安邑
前351年	孝公11年	商鞅圍魏固陽，降之
前350年	孝公12年	徙都咸陽，并諸小鄉聚，集為大縣，開阡陌
前348年	孝公14年	初為賦
前340年	孝公22年	商鞅伐魏，虜公子卬，鞅封於商
前338年	孝公24年	孝公卒，子惠文君立，誅商鞅
前336年	惠文王2年	初行錢
前335年	惠文王3年	攻取韓之宜陽
前333年	惠文王5年	犀首為大良造，張儀為客卿

前331年	惠文王7年	與魏戰，虜魏將龍賈，斬首8萬
前330年	惠文王8年	魏納河西地
前329年	惠文王9年	渡河伐魏，取汾陰、皮氏。與魏王會於應。圍焦，降之
前328年	惠文王10年	秦開始置相國，張儀為相。魏納上郡十五縣予秦
前327年	惠文王11年	義渠君稱臣。更名少梁為夏陽。將焦、曲沃等地歸還給魏
前325年	惠文王13年	惠文君稱「王」
前324年	惠文王更元元年	張儀率兵攻魏取陝
前322年	惠文王更元3年	韓、魏太子來朝。張儀免相
前318年	惠文王更元7年	魏、趙、韓、燕、楚五國攻秦，戰於修魚。秦勝，斬首八萬二千人
前317年	惠文王更元8年	張儀復相秦
前316年	惠文王更元9年	司馬錯滅蜀。取趙中都、西陽
前315年	惠文王更元10年	攻義渠，得二十五城
前313年	惠文王更元12年	攻趙，俘虜趙將，攻取藺
前312年	惠文王更元13年	擊楚於丹陽，斬首八萬。又攻楚漢中，置漢中郡。楚攻秦兵至藍田。秦助韓攻齊，助魏伐燕
前311年	惠文王更元14年	伐楚，取召陵。丹、犁臣、蜀相莊殺蜀侯來降
前310年	武王元年	與魏襄王會臨晉。伐義渠、丹、犁。誅蜀相莊。張儀至魏
前309年	武王2年	初置丞相，樗里子、甘茂為左右丞相。張儀死於魏
前307年	武王4年	開始置將軍，魏冉為將軍。拔韓宜陽，斬首六萬。渡河在武遂築城。魏太子來朝。武王舉鼎死
前305年	昭王2年	庶長壯及大臣諸公子為逆，皆誅
前304年	昭王3年	與楚在黃棘會盟。
前300年	昭王7年	攻克楚新城，樗里子卒
前298年	昭王9年	齊孟嘗君田文入秦為相。攻楚，取八城，殺其將景缺
前297年	昭王10年	孟嘗君歸齊，趙國樓援為相。楚懷王入朝秦，秦留之
前296年	昭王11年	楚懷王逃至趙，趙不納，復歸秦，死於秦 齊、韓、魏、趙、宋、中山共同攻秦。秦求和，歸還韓、魏河北及封陵
前294年	昭王13年	伐韓，取武始。攻新城
前293年	昭王14年	大勝韓、魏聯軍於伊闕，拔五城，斬首二十四萬
前289年	昭王18年	伐魏，取六十一城，魏獻河東地四百里，韓獻武遂地二百里
前288年	昭王19年	秦與齊同時稱「帝」，不久自去帝號
前287年	昭王20年	秦攻魏，拔新垣、曲陽
前286年	昭王21年	攻韓的夏山，攻魏之河內，魏獻安邑
前285年	昭王22年	與趙、楚會盟。蒙武率兵伐齊，得九城，設立九縣
前284年	昭王23年	燕、趙、韓、魏、秦五國攻齊

前283年	昭王24年	攻齊取勝，奪得陶。攻魏取安城，軍逼大梁
前282年	昭王25年	伐趙，拔兩城。與韓、魏王會盟
前281年	昭王26年	攻趙國離石
前280年	昭王27年	攻楚取黔中，楚獻漢北及上庸。攻趙，取代、光狼
前279年	昭王28年	攻楚取鄢、鄧、西陵
前278年	昭王29年	攻下楚國安陸，拔楚都郢，火燒夷陵，奪取竟陵，至洞庭。楚遷都於陳
前277年	昭王30年	攻楚黔中、巫郡。初置黔中郡
前276年	昭王31年	楚反攻秦，奪回十五邑。秦攻取魏兩城
前275年	昭王32年	攻魏，斬首四萬，魏割城求和
前274年	昭王33年	攻取魏卷、蔡陽、長社等城
前273年	昭王34年	秦戰趙、魏於韓的華陽。趙、魏敗後，秦占領華陽。魏獻南陽
前272年	昭王35年	初置南陽郡。助楚、韓、魏伐燕
前270年	昭王37年	攻趙之閼輿，趙大破秦軍
前266年	昭王41年	攻魏，取邢丘，用范雎為相
前265年	昭王42年	攻趙，取三城
前264年	昭王43年	攻韓，取九城
前263年	昭王44年	攻太行之南陽，斷韓本土與上黨道路
前262年	昭王45年至47年	攻趙，戰於長平，秦大勝，殺趙國降卒四十五萬人
前259年	昭王48年至49年	取趙的武安、太原，並攻邯鄲，邯鄲久攻不下
前256年	昭王51年	攻韓，取陽城、負黍，斬首四萬 攻趙，取二十餘縣，首虜九萬 攻西周，西周君走來自歸，盡獻其邑三十六城，口三萬。秦王受獻，歸西周君返周
前255年	昭王52年	周民東亡，其器九鼎入秦
前249年	莊襄王元年	呂不韋為相。滅東周。攻韓，建三川郡
前248年	莊襄王2年	攻魏高都、波，攻取榆次、新城等三十七城
前247年	莊襄王3年	全部攻占韓的上黨郡。平定晉陽，重建太原郡。信陵君合五國兵攻秦
前246年	秦始皇元年	秦始皇即位，年僅十三歲
前245年	秦始皇2年	攻魏取卷
前244年	秦始皇3年	蒙驁攻韓十三城，攻魏的暢、有詭
前242年	秦始皇5年	秦國蒙驁攻魏的酸棗等二十城。建東郡
前241年	秦始皇6年	攻魏取朝歌。將衛君角遷到野王。趙、楚、魏、燕、韓五國攻秦到蕞
前240年	秦始皇7年	攻取趙的龍、孤、慶都。攻魏的汲
前238年	秦始皇9年	嫪毐叛亂，即平。攻魏首垣、蒲陽、衍氏
前237年	秦始皇10年	呂不韋免相
前236年	秦始皇11年	攻趙，取閼輿等九城

前235年	秦始皇12年	助魏攻楚
前234年	秦始皇13年	攻趙的平陽、武城，殺趙將扈輒
前233年	秦始皇14年	趙大敗秦軍於肥。韓非入秦，被逼自殺。秦派李斯入韓，上韓王書
前232年	秦始皇15年	攻趙軍，秦軍敗
前231年	秦始皇16年	魏獻麗邑，韓獻南陽
前230年	秦始皇17年	攻韓，俘韓王安，建立潁川郡
前229年	秦始皇18年 至19年	攻邯鄲，大破趙軍，俘趙王遷，趙公子嘉逃代，自立為王
前227年	秦始皇20年	敗燕、代聯軍。燕太子丹派荊軻入秦刺秦王
前226年	秦始皇21年	攻克燕都薊。燕王喜遷都遼東。王賁攻楚
前225年	秦始皇22年	攻大梁，決河水灌大梁城，魏王出降。設右北平、漁陽、遼西都
前224年	秦始皇23年	設上谷、廣陽郡。攻楚，秦軍敗
前223年	秦始皇24年	攻楚大勝，入壽春，俘楚王，又攻江南，設會稽郡
前222年	秦始皇25年	攻遼東，俘燕王喜，燕亡。又攻代，虜代王嘉，代亡
前221年	秦始皇26年	攻齊，俘齊王建，六國亡
前220年	秦始皇27年	巡行隴西北地。開始修馳道
前219年	秦始皇28年	修鑿靈渠。秦始皇第二次巡遊，派徐市放海求仙
前218年	秦始皇29年	秦始皇第三次巡遊，張良在博浪沙刺秦始皇未成
前216年	秦始皇31年	秦始皇於蘭池逢盜
前215年	秦始皇32年	秦始皇第四次巡行。蒙恬率兵三十萬伐匈奴。秦始皇派盧生等求仙藥
前214年	秦始皇33年	平定南越
前213年	秦始皇34年	發五十萬罪徒戍五嶺。秦始皇下令焚書
前212年	秦始皇35年	修直道。秦始皇下令坑儒。建造阿房宮

秦始皇年表

公元紀年	帝王紀年	秦始皇大事
前259年	昭王48年	正月，嬴政生於趙都邯鄲 秦國攻取趙的武安、太原，並攻邯鄲
前258年	昭王49年	秦將王陵久攻趙邯鄲不下。昭王命白起代之，白起不肯行，以王齕代之。任王稽為河東守，鄭安平為將軍
前257年	昭王50年	秦迫令白起自殺 魏信陵君在邯鄲城下大破秦軍 邯鄲被圍時，秦質子異人得呂不韋之助，逃出圍城
前256年	昭王51年	攻韓，取陽城、負黍 秦滅西周，西周君獻其邑三十六城 周王赧去世
前255年	昭王52年	秦范雎免相，旋卒
前254年	昭王53年	秦攻魏國河東。魏攻取秦地陶
前251年	昭王56年	秦昭王卒，子孝文王立
前250年	孝文王元年	秦孝文王卒，子莊襄王異人立
前249年	莊襄王元年	任呂不韋為相 滅東周，封呂不韋為文信君，食洛陽十萬戶 蒙驁攻取韓成皋、滎陽，建三川郡
前248年	莊襄王2年	秦將攻取魏國高都、波及趙國榆次、新城、狼孟等三十七城，初置太原郡
前247年	莊襄王3年	蒙驁攻魏，信陵君自趙還魏，率五國兵擊敗秦軍 莊襄王崩，嬴政即位，年僅十三歲 呂不韋專權。李斯自楚入秦
前246年	秦始皇元年	將軍蒙驁平定晉陽，重建太原郡 用水工鄭國開鄭國渠
前245年	秦始皇2年	麃公將卒攻卷，斬首三萬
前244年	秦始皇3年	蒙驁攻韓，取十三城 蒙驁攻魏之𣈱、有詭 是歲大饑
前243年	秦始皇4年	秦攻占魏的𣈱、有詭 秦質子歸自趙，趙太子出歸國 蝗蟲從東方來，蔽天，天下疫 百姓納粟千石，拜爵一級
前242年	秦始皇5年	蒙驁攻魏，取酸棗、燕、虛、長平、雍丘、山陽等二十城，設置東郡
前241年	秦始皇6年	趙將龐煖帥韓、魏、趙、衛、楚五國之師合縱伐秦，取壽陵 秦出兵，五國兵罷 秦攻魏取朝歌 將衛君角遷到野王

前240年	秦始皇7年	將軍蒙驁死。秦攻取趙的龍、孤、慶都 秦攻到魏的汲 夏太后死
前239年	秦始皇8年	王北長安君成蟜叛秦降趙 嫪毐封為長信侯，事無大小，皆決於嫪毐 河西太原郡更為毐國
前238年	秦始皇9年	秦王在雍都蘄年宮舉行加冕，開始親政 長信侯嫪毐作亂 秦王令相國昌平君、昌文君發兵平嫪毐叛亂
前237年	秦始皇10年	罷免呂不韋相國之職 迎太后入咸陽 下逐客令 李斯上書諫說，撤逐客令，李斯始入權力層 太梁人尉繚來說秦王，任其為國尉，掌握軍權
前236年	秦始皇11年	王翦攻鄴，取九城 呂不韋被遷到河南
前235年	秦始皇12年	秦王發四都兵助魏擊楚 呂不韋自殺 秋，令嫪毐舍人遷蜀 天下大旱
前234年	秦始皇13年	秦將桓齮攻趙平陽、武城，殺趙將扈輒，斬處十萬 因東擊趙，秦王到河南
前233年	秦始皇14年	秦攻趙軍於平陽，取宜安，破之，殺其將軍，桓齮取平陽、武城 韓非使秦，秦用李斯謀留非 韓非被逼自殺 秦派李斯入韓，上韓王書
前232年	秦始皇15年	秦大舉出兵，一軍攻到鄴，一軍攻到太原，取下狼孟 地震 太子丹質於秦，亡歸
前231年	秦始皇16年	發兵收韓國的南陽，派遣內史騰攝理該地行政 開始命令男子報寫年齡 魏獻秦雍州新豐縣一帶土地，秦設之為麗邑
前230年	秦始皇17年	秦王派內史騰進攻韓國，虜獲韓王安，韓國納入秦版圖，改設為潁川郡 秦祖母華陽太后死 地震，民大饑
前229年	秦始皇18年	秦大舉攻打趙國，王翦率兵攻下井陘，楊端和率兵圍困邯鄲城 羌瘣攻趙
前228年	秦始皇19年	王翦、羌瘣平定趙國，在平陽虜獲趙王遷，公子嘉逃走，自立代王 秦王到邯鄲，從太原、上郡返回 始皇帝母太后死
前227年	秦始皇20年	燕國太子丹派荊軻前往秦刺殺秦王，被肢解身體示眾。秦王令王翦、辛勝進軍燕國
前226年	秦始皇21年	王賁攻打燕國，取得薊城，獲得太子丹的首級 王翦老病辭官還鄉
前225年	秦始皇22年	王賁攻魏，挖掘河溝，用大水淹灌魏都大梁，虜獲魏王，盡取其地

前224年	秦始皇23年	秦王再度徵召王翦 王翦進攻楚國，俘虜楚王 秦王出遊，到達郢和陳 楚將項燕立昌平君為楚王，在淮南起兵反秦
前223年	秦始皇24年	王翦蒙武攻打荊楚，昌平君戰死，楚將項燕自殺
前222年	秦始皇25年	命令王賁率軍進攻燕國的遼東，俘虜得燕王喜。又回兵攻打代國，俘虜得代王嘉 王翦平定楚國以及江南地方，降服越地的君長，設立會稽郡 為慶祝平定韓、趙、魏、燕、楚五國，特准置酒群飲
前221年	秦始皇26年	王賁從燕的南方攻打齊國，虜獲齊王建 自稱始皇帝 廢除謚法 把天下分為三十六郡 收天下兵器，聚集在咸陽，鑄為鐘鐻 統一度量衡 車同軌，書同文 從天下豪富於咸陽十二萬戶
前220年	秦始皇27年	秦始皇第一次出巡，遊隴西、北地 普賜天下民爵一級 下令治馳道
前219年	秦始皇28年	修築阿房宮 修鑿靈渠 秦始皇第二次出巡，派徐福入海求仙
前218年	秦始皇29年	秦始皇第三次出巡，在博浪沙遇刺未傷
前216年	秦始皇31年	秦始皇在蘭池遇盜 命民自實田
前215年	秦始皇32年	秦始皇第四次出巡 蒙括率三十大軍北擊匈奴
前214年	秦始皇33年	平定百越地區
前213年	秦始皇34年	用丞相李斯議，禁私學；燒秦記以外列國史籍；《詩》、《書》、百家語限博士官保有，私藏者交官燒毀；醫藥卜筮之書不燒；偶語《詩》、《書》者棄市；以古非今者族。欲令法令者，以吏為師 發五十萬逋亡、商人、贅婿等罪徙戍五嶺
前212年	秦始皇35年	築直道，從九原到雲陽 造阿房宮、驪山陵 殺「為妖言以亂黔首」之諸生四百六十餘人 以長子扶蘇諫坑儒，使至上郡監蒙恬軍
前211年	秦始皇36年	東郡降隕石，上刻「始皇帝死而地分」 遷民三萬戶至北河、榆中
前210年	秦始皇37年	秦始皇第5次出巡，登上會稽山 7月丙寅，始皇病死沙丘 宦官趙高與李斯矯詔立少子胡亥，令扶蘇、蒙恬自殺 9月，始皇帝葬驪山

封面設計　鍾文君

叢　書　名　歷史群像
書　　　名　**秦始皇——旭日東昇的大秦帝國**
主　　　編　徐　楓
出　　　版　三聯書店（香港）有限公司
　　　　　　香港北角英皇道 499 號北角工業大廈 20 樓
　　　　　　Joint Publishing (H.K.) Co., Ltd.
　　　　　　20/F., North Point Industrial Building,
　　　　　　499 King's Road, North Point, Hong Kong
香港發行　香港聯合書刊物流有限公司
　　　　　　香港新界大埔汀麗路 36 號 3 字樓
版　　　次　2013 年 2 月香港第一版第一次印刷
規　　　格　16 開（170 × 230 mm）256 面
國際書號　ISBN 978-962-04-3333-7

© 2013 Joint Publishing (H.K.) Co., Ltd.
Published in Hong Kong
本書由知書房出版社授權